SNS 혁명의
신화와 실제

'토크, 플레이, 러브'의 진화

나남
nanam

나남신서 1581

SNS 혁명의 신화와 실제

'토크, 플레이, 러브'의 진화

2011년 7월 5일 발행
2011년 12월 10일 2쇄

지은이_ 김은미 · 이동후 · 임영호 · 정일권
발행자_ 趙相浩
발행처_ (주) 나남
주소_ 413-756 경기도 파주시 교하읍
　　　출판도시 518-4
전화_ (031) 955-4600 (代), FAX : (031) 955-4555
등록_ 제 1-71호(1979.5.12)
홈페이지_ http://www.nanam.net
전자우편_ post@nanam.net

ISBN 978-89-300-8581-6
ISBN 978-89-300-8001-9(세트)
책값은 뒤표지에 있습니다.

SNS 혁명의
신화와 실제

'토크, 플레이, 러브'의 진화

김은미 · 이동후 · 임영호 · 정일권

나남
nanam

Myths of SNS unveiled

The evolution of 'talk, play, and love' medium

by

Kim, Eun-mee

Lee, Dong-Hoo

Im, Yung-Ho

Jeong, Irkwon

nanam

　소셜미디어 열풍이 일반 대중에게까지 본격 감지된 것은 2010년부터였습니다. 신문마다 디지털 인맥관리 시대가 왔느니, 커뮤니케이션의 혁명이니 하는 헤드라인이 넘쳐났고 소셜미디어 상에서 일어난 독특한 일화들이 소개되면서 이 바람에서 소외되면 낙오자가 될 것만 같은 위기감(?)까지 감돌았습니다. "미디어가 세상을 바꾸고 있는가?" 하는 질문은 미디어를 연구하는 학자들에게는 해묵은 문제입니다. 여기에는 여러 가지 요인들이 다층위적으로 얽혀있어 대답하기가 단순하지 않습니다. 하지만 세상에는 각종 진단이 쏟아져 나왔습니다. 기술과 문화 그리고 사람들이 만나서 어떤 세상을 만들어 가는지 그 상호작용에 관심을 갖는 커뮤니케이션 학자로서, 그동안 쌓아온 지식을 바탕으로 이 현상을 해석하고 진단해 보고 싶었습니다.

　이러한 와중에 NHN으로부터 소셜미디어에 관한 연구를 진행한다면 도움을 줄 수 있을 것이라는 반가운 소식이 들려왔고 네 명의 커뮤니케이션 연구자들이 모이게 되었습니다. 우리는 소셜미디어 '혁명'이라는 현상이 지나치게 과장돼 있거나 특정측면만 부각돼 있다는 현상에 동의했습니다. 모든 미디어는 기본적으로 타인과의 교류를 위한 것이고 그런 점에서 모두 소셜하다고 볼 수 있습니다. 또한 대화를 통해 인간관계가 맺어지고 공동체가 만들어지거나 유지되는 것은 모든 인간의 커뮤니케이션을 이해하는 기본 요소이기 때문입니다. 그래서 우리는 커뮤니케이션학의 시각으로 소통양식의 변화가 관계형성이나 일상문화를 어떻게 만들어가는지를 중심으로 소셜미디어가 미치는 영향을 관찰하고 토론하고 정리해 보기로 했습니다.

소셜미디어가 새로운 현상인 만큼 엄밀한 진단이나 가설 검증보다는, 면밀히 관찰한 뒤 기존에 우리가 알고 있던 다른 커뮤니케이션 현상과의 공통점과 차이점을 살피고 또 이를 토대로 형식에 얽매이지 않는 자유로운 토론을 통해 그 의미를 해석하고자 했습니다. 그래서 우리는 1년 동안 대략 3주에 한 차례씩 만나 정해진 소주제를 놓고 토론을 하고 내용을 정리했습니다.

이러한 만남과 소통은 이미 학회활동을 통해 서로를 잘 알고 있는 사이였기에 가능한 작업이었습니다. 함께하는 공부도 관계적인 측면을 가지고 있기에 '소셜'한 측면이 적절히 조화되지 않으면 좋은 결과를 내기 어렵습니다. 우리도 '소셜'한 작업방법을 도입, 모든 소주제를 함께 논의하고 집필하며 검토하는 과정을 거쳤습니다. 전문가들이 모여 책을 쓸 때는 소주제를 나눈 뒤 각자가 하나씩 맡아 집필하고 조합하는 방식이 효율적이라는 걸 알고 있었지만 그보다는 좀더 함께 참여하는 방식으로 공부해나가는 재미를 맛보고 싶었기 때문입니다. 그래서 이 책을 집필하는 과정도 '소셜'했다고 할 수 있습니다. 과업에 초점을 두기도 했지만 작업하는 과정이 즐겁기도 했습니다. 놀이와 작업이 병행되었다고나 할까요?

아직 많이 부족하지만 우리가 그동안 논의했던 결과를 자그마한 책자로 발간합니다. 이 책이 나올 수 있도록 정례 공부모임을 지원해 주고 미투데이에 관한 자료도 필요한 만큼 제공해 준 NHN에 감사의 뜻을 전하고 싶습니다. 특히 CR실의 한종호 이사님과 김세연 과장님은 든든한 후원자셨습니다. 또한 서울대 언론정보학과 석사과정생인 이주현 양은 회의를 기록하고 자료를 찾아 정리하는 등 이 책이 빛을 볼 수 있게 하는 데 큰 힘을 보탰습니다. 마지막으로 흔쾌히 책의 출판을 맡아준 나남에도 감사드립니다.

이 작업에 직접, 간접으로 관여한 모든 사람들은 공통의 목표를 가지고 있다고 생각합니다. 미디어의 영향이 우리사회에 확대될수록 그 중요성을 많은 사람들이 인식함으로써 결국 디지털 미디어가 우리 삶을 풍요롭게 만드는 방향으로 활용돼야 한다는 바람의 측면에서 말입니다. 이 자리를 빌려 그 모든 분들께 깊이 감사 인사를 드립니다.

2011년 6월
저자를 대표하여 서울대 언론정보학과 김 은 미

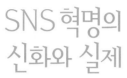

SNS 혁명의
신화와 실제

'토크, 플레이, 러브'의 진화

• 차 례 •

1장

왜 소셜미디어인가?

아래 사례는 최근 변화하고 있는 우리 사회의 모습의 몇 가지 단면들을 보여준다. 이 사례들은 최근 우리가 일상에서 경험했거나 앞으로 경험할 가능성이 높은 것들로 실제에 바탕을 두고 각색한 것이다.

대학 새내기 천수의 하루

천수(가명)는 올해 대학에 입학했다. 대학생이 된 첫 일 년을 마감하는 시점에서 한 해를 돌이켜 보니 고등학교 다닐 때에 비해 생활에 많은 변화가 생겼다. 천수 자신도 놀란 사실은 자신과 가장 많은 시간을 함께 보낸 것이 가족이나 친구가 아니라 스마트폰이었다는 점이다. 천수는 하루 평균 6시간 42분을 잤다. 학기 초에는 보통 아침밥을 먹고 인터넷으로 2시간 23분간 정보 검색을 했다. 그러다가 5월에 스마트폰을 구입한 뒤로는 매일 1시간 47분간 스마트폰으로 검색과 통화, 채팅을 했다. 이 중에서 트위터(Twitter) 메시지를 보거나 글을 올리는 데에 1시간 17분 정도를 보냈다. 그리고 교양서적을 읽는 데는 하루 평균 40분을 사용했다. 학교 수업이 끝나면 일주일 중 절반 정도는 친구들과 소주 한잔으로 하루를 마감했다.

에뛰드의 신제품 알리기

에뛰드는 10대 후반에서 20대 초반의 여자들을 주 고객층으로 하는 메이크업 전문 브랜드다. 최근 에뛰드는 속눈썹 영양제 '닥터래쉬 앰플'이라는 신제품을 출시하면서 속눈썹 닥터라는 전문가 캐릭터를 활용, 미투데이(me2day)에서 고민상담 프로모션을 진행했다. 신제품 효과에 대한 신뢰도를 형성하기 위해서다. 또한 출시 전 제품의 광고 촬영장, 모델의 자연스런 모습을 찍은 사진 등 공식 홈페이지에서 다루는 데 한계가 있는 콘텐츠들을 미투데이를 통해 나눴다. 에뛰드 측은 이러한 노력을 통해 신제품의 효능에 대한 긍정적인 콘텐츠가 다수 생성됐다고 평가하고 있다. 더불어 한 달에 10만 개 판매라는 가시적인 마케팅 결과를 낳기도 했다.

은영 씨의 새 친구들

용인에 사는 은영(가명) 씨는 두 아이를 키우는 평범한 주부로 유난히 요리에 관심이 많다. 올해 초 그녀는 페이스북(Facebook)에 가입했는데 두 달여 만에 780명의 새로운 친구를 갖게 됐다. 이 중에는 서울의 유명 호텔에서 주방장으로 일하는 50대 남자와 경북 영천에서 중국집 주방장으로 일하는 30대 초반 남자 등 요리와 관련된 일을 하는 사람이 많다. 더 특이한 것은 이들 중 절반가량이 외국인이란 점이다. 은영 씨는 이들 중 그 누구와도 아직까지 만나본 적이 없다. 그러나 이들과 오랜 친구처럼 글과 사진을 주고받으며 지낸다. 은영 씨는 이 친구들의 얼굴이 어떻게 생겼는지는 몰라도 이들이 어떤 음식을 좋아하는지는 잘 안다. 그리고 벨기에, 파푸아 뉴기니, 콩고, 아랍 에미리트, 페루에 한 번도 가본 적은 없지만, 거기에 사는 사람들이 어떤 음식을 먹고 사는지 그리고 그 음식들에 어떤 의미가 담겨있는지 알게 됐다.

이주 노동자 파란타 씨 가족의 병원비

2008년 안산의 한 공장에 취직한 필리핀인 이주 노동자 파란타(가명) 씨 부부는 지난해 9월에 미숙아 쌍둥이를 낳았다. 다행히 아기들은 한 달 반 만에 건강한 모습으로 퇴원할 수 있었다. 그런데 무려 3,000만 원에 달하는 병원비가 문제였다. 맞벌이를 하는 파란타 씨 부부의 한 달 수입을 모두 합해야 250만 원에 불과해, 도저히 이런 거금을 마련할 길이 없었다. 파란타 부부가 다니는 성당의 주임 신부님은 이 안타까운 사연을 트위터에 올렸다. 그러자 불과 일주일 만에 1,000명이 넘는 팔로어(follower: 신부님 계정에 오르는 글들을 받아 보고 있는 사람들)로부터 1,500만 원이 모금됐다. 청구된 병원비 중 500만 원은 함께 성당을 다니는 신도들의 모금으로 마련됐고 나머지 1,000만 원은 나중에 지불할 수 있게 병원 측에서 배려해줬다. 파란타 가족은 홀가분한 마음으로 쌍둥이를 안고 귀가할 수 있었다.

앞에서 소개한 네 사례의 공통점은 소셜미디어(*social media*)의 활용이다. 위의 사례 외에도 우리는 일상의 곳곳에서 다양한 방식으로 소셜미디어를 경험한다. 비록 내가 소셜미디어를 직접 쓰지는 않아도 이를 통해 형성된 많은 정보와 인맥에 노출되고 있다. 주변의 많은 사람들이 소셜미디어를 사용하고 있으며 많은 뉴스기사가 소셜미디어를 통해 취재되고 전파되고 있다. 심지어 일상 생활용품을 구입하거나 농산물을 직거래하는 데에도 소셜미디어가 활용된다. 바야흐로 소셜미디어의 시대가 도래한 것이다.

세계 최대 소셜미디어인 페이스북은 2010년초 구글의 트래픽을 따라잡더니 2011년초에는 전 세계 사용자 수 6억 명을 돌파했다. 페이스북 통계 사이트인 소셜베이커즈(www. socialbakers. com)에 따르면 국내 페이스북 사용자는 2010년 11월말 200만 명을 넘어선 이래 계속 빠르게 증가하고 있다. 다음 소프트가 코리안트위터·트렌드시크와 함께 실시한 국내 트위터 사용현황조사에 따르면, 국내 트위터 이용자는 2010년 1월 25만 명에 불과했으나 같은 해 12월 200만 명을 훌쩍 넘어섰다. 트위터 이용자는 2009년 전 세계적으로 1,400%의 성장세를 기록했다. 2010년 3월 5일에는 전 세계의 누적 트윗 건수가 100억 건을 돌파했다. 이미 국내 인터넷 이용자 10명 중 8명가량이 인터넷 카페·커뮤니티 등 구형의 소셜미디어에 가입해 있고,[1] 새로운 유형의 소셜미디어 이용자도 급증하고 있다.

이 수치는 대다수의 한국사람이 소셜미디어와 함께 생활하고 있음을 보여준다. 이제는 소셜미디어를 모르면 무식하거나 시대에 뒤떨어진 사람으로 취급하는 경향마저 나타나고 있다. 소셜미디어는 정보 유통뿐 아니라 인적관계의 형성과 유지를 위한 핵심 수단으로 자리 잡고 있다. 전문가들은 이러한 추세가 당분간 지속적으로 확산할 것이라는 데 대체적으로 동의한다.[2]

소셜미디어는 지금도 계속 진화하고 있다. 5년 전 소셜미디어의 모습과 지금의 모습 그리고 5년 후 모습이 같을 수는 없다. 소셜미디어의 모습을 끊임없이 변화시키는 원동력은 과연 무엇일까? 이는 지속적으로 변화하는 사회적 현실에 적응하려는 사람들의 욕구와 그러한 욕구를 충족할 수 있도록 진화하는 IT 기술에서 찾을 수 있다. 사회가 변하면 소셜미디어의 모습도 따라 바뀐다. 다른 한편으로 소셜미디어가 변하다 보니 이를 사용하는 사람들의 일상이 변하기도 한다. 사회와 소셜미디어는 서로 영향을 주고받으며 함께 세상을 바꿔놓고 있다.

---

[1] 윤덕환(2010), "한국인이 생각하는 SNS의 의미, 활용, 그리고 트위터의 미래", 〈Issue& Trend〉, KT경제경영연구소.
[2] 황유선(2010), "소셜미디어와 휴머니즘의 발전", 〈한국언론학회 가을철 정기학술대회 발표논문집〉.

소셜미디어의 핵심은 변화의 속도

사람들의 살아가는 모습이 변하는 것은 인류의 탄생과 함께 지속된 지극히 일상적인 현상이다. 그런데 왜 소셜미디어 등장 후 변화가 특별하게 다뤄지는 것일까? 왜 소셜미디어가 온통 세상을 흔들어놓는 것처럼 느껴질까? 그것은 이번 변화가 몇 가지 면에서 이전과 뚜렷이 구분되기 때문이다. 이 차이의 핵심은 바로 변화의 속도다. 소셜미디어와 관련된 변화의 본질은 이전에 없던 새로운 현상이 나타난 것이 아니라 변화의 속도가 갑자기 빨라진 데 있다.

예를 들어 보자. 같은 배경으로 찍은 어떤 인물사진을 여러 장 겹쳐 놓고 천천히 하나씩 넘기면 사람들은 모두 비슷한 사진이라고 생각할 것이다. 그러나 이를 아주 빨리 넘기면 사람들은 사진 속 인물이 움직인다고 인식하게 된다. 즉 사람들은 사진이 아니라 동영상을 보고 있다고 느끼게 된다. 많은 사람들은 사진과 동영상을 별개로 생각한다. 빠른 속도가 사물의 미세한 차이를 본질적 변화로 착각하게 만든다. 게다가 이러한 착각이 인식 수준에서 머물지 않고 사람들로부터 실제적인 반응을 이끌어 낸다. 그러한 반응을 통해 세상의 본질은 실제로 변화하게 된다. 소셜미디어가 가져오는 변화도 마찬가지다. 미디어는 늘 진화하고 변화해 왔으나 그 변화의 속도가 최근 아주 빨라지고 있다. 이를 두고 어떤 이는 새로운 미디어의 탄생이라며 새로운 명칭을 부여했고, 이것은 우리의 일상에서 새로운 어휘로 자리 잡아가고 있다. 그 이름은 바로 '소셜미디어'다.

> 도대체 소셜미디어가 뭐야?

위키피디아를 보면, 소셜미디어는 '높은 접근성과 온라인상에서 확장 가능한 출판 기술을 활용해 사회적 상호작용을 하도록 만들어진 미디어'로 정의돼 있다.[3] 그러나 이처럼 추상적 수준의 정의로 보통사람들이 소셜미디어의 의미를 제대로 파악하기는 어렵다. 위키피디아의 정의를 알고 있는 사람들에게 소셜미디어가 무엇인지 좀더 구체적으로 설명하라고 하면 쉽게 이야기할 수 있는 사람은 많지 않을 것이다.

아직까지도 소셜미디어가 구체적으로 무엇인지에 대한 논쟁이 지속되는 이유는 무엇보다도 끊임없이 진화하는 소셜미디어의 속성 때문이다. 지속적 변화라는 속성을 고려할 때, 특정 시점에서 소셜미디어의 사전적 의미가 무엇인지를 놓고 다투는 것은 소모적이다. 그것보다는 다수의 사람들이 소셜미디

---

3 Wikipedia(n.d.), Social media, Retrieved 2010, Dec. 7 from http://en.wikipe
dia.org/wiki/Social_media

어라는 용어를 어떤 상황에서 무엇을 지칭해 사용하는지 파악하는 일이 더 중요하다. 이런 차원으로 접근할 때, 과거에 비해 소셜미디어의 범위가 다소 축소되고 있다고 할 수 있다. 최근에는 소셜미디어라는 용어를 트위터나 페이스북, 미투데이 같은 소셜네트워크서비스(SNS: *Social Network Service*)로 한정해서 사용하는 경향이 짙다.

많은 사람들은 트위터, 페이스북, 미투데이, 싸이월드, 마이스페이스 등 불과 몇몇 온라인 사이트만을 소셜미디어라고 알고 있다. 하지만 실제로 2011년 현재 운용 중인 소셜미디어의 종류는 이보다 훨씬 다양하다. 2005년 이후 나온 것만 봐도, 300개 이상의 잘 알려진 소셜미디어 웹사이트가 있다. 특히 특정 지역에서 유독 많은 이용자를 확보하고 있는 것도 있는데, 예컨대 북미지역은 LinkedIn, 일본의 Mixi, 아시아태평양 지역의 Friendster, 영국의 Bebo, 중국의 QQ 등이 그것이다.

최근 트렌드모니터 조사자료(2010년 3월)에 따르면, 일반인의 절반가량은 소셜미디어라는 용어를 들어본 적이 있다(50.2%)고 응답했다.[4] 또한 이 신조어를 알고 있다고 응답한 사람들 중에서는 온라인으로 인맥을 만드는 서비스'(31.8%)라거나, '휴대폰으로 연동되는 인터넷 서비스'(26.0%)로 알고 있는 비율이 상대적으로 높았다. 그리고 대다수의 사람이 소셜미디어를 '한 사람이 많은 사람들과 소통할 수 있는 유·무선의 인터넷 서비스'(60.1%)라고 응답했다. 소셜미디어는 다소 광범위하지만 본질적으로는 '소통의 도구'로 받아들여지고 있음을 보여준다.

---

4 윤덕환, op. cit.

소셜미디어가 '빵' 터진 이유

소셜미디어의 성공 혹은 유행 원인으로 ① 사회적 소외에 대한 위협의 증가 ② 소통 대상의 확대 ③ IT 기술의 발전 등을 들 수 있다. 즉, 관계맺기를 통해 나눠야 할 정보는 많아지고 이에 실패하면 사회에서 낙오할 위험이 커진 상황에서, IT 기술의 발전을 활용한 커뮤니케이션이 각광을 받게 됐다는 것이다. 물론 나눠야 할 정보가 많아진 것 자체가 IT 기술의 진화 때문이기도 하다. 디지털카메라의 급속한 확산이 싸이월드의 열풍과 무관하지 않은 것처럼 말이다. 복잡하고 급속히 변화하는 사회에서 자신의 정체성을 확인하고자 하는 욕망이 커지면 사람들은 자신과 밀접하게 관련되는 다른 사람들과 유대 관계를 형성하고 유지할 필요성을 느끼게 된다. 이를 위해 자신을 효과적으로 표현하고 다른 사람들의 반응을 신속하게 확인하고 싶어한다.

이러한 인간적 욕망을 IT기술과 접목한 것이 소셜미디어다. 자신을 드러내기 힘들어 했던 사람들이 소셜미디어를 통해 온라인상에서 간편하고 다양한

〈그림 1〉 컴퓨터와 모바일 트위터

방식으로 자신의 관심사와 개성을 표현할 수 있게 됐다. 이렇게 변화된 사회에서 관계맺기와 정보교류의 효율적 수단으로서 소셜미디어가 자리 잡게 된 구체적인 이유는 뭘까?

모바일의 날개를 달다

최근 소셜미디어 유행의 일등공신은 모바일 환경의 발전이다. 현대 사회는 누구나 언제든지 휴대폰으로 서로 소통할 수 있는 1인 1모바일 기기 시대다. 모바일 기기와의 연동은 PC를 통한 접속이 기본으로 전제된 이전의 소셜미디어에 비해 훨씬 접근하기 쉬운 환경을 제공한다. 이제는 실시간으로 소셜미디어의 글을 확인하고, 답글을 남길 수 있다. 그리고 훨씬 생생한 정보가 빨리 유통된다. 이러한 환경에 맞춰 메시지의 길이도 짧아지고 소셜미디어의 메인 화면도 간단해졌다. 모바일 환경의 도래와 함께 소셜미디어의 형태가 트위터나 미투데이와 같은 마이크로블로그형으로 변화된 것은 우연이 아니다. 마이크로블로그형은 모바일 환경에 가장 잘 적응한 소셜미디어 형태다. 모바일 기술 연계의 중요성이 커지자 주요 소셜미디어 서비스들은 통신업체와 제휴관계를 맺기 시작했다. 이미 ① 페이스북은 싱귤라(Singular), 버라이즌(Verizon), 스플린트 넥스텔(Sprint Nextel) 사 ② 마이스페이스는 싱귤라사 ③ 유투브는 버라이즌사와 협력관계를 체결했다. 5

소셜미디어에서만 가능한 만남과 대화

최근 유행하고 있는 트위터와 페이스북, 미투데이 등 마이크로블로그형 소셜미디어는 특히 유명인들이 먼저 사용해 인기를 이끌었다고 평가받고 있다. 오프라인상으로는 만나거나 대화할 수 없는 사람이지만 소셜미디어에서는 관계를 형성하고 유지할 수 있다는 점에서 이용자들은 열광한다. 김연아 같은 유명인도 나에게 직접 글을 써주고 내 글에 반응한다. 다른 나라의 대통령, 한 번도 가보지 않은 오지의 초등학생도 모두 나와 연결할 수 있다. 이외에도 연예인, 정치인, 기업 회장, 올림픽 금메달리스트, TV아나운서 등 현실세계에서는 거의 만날 수 없는 사람들과 대화를 나눌 수 있고 나의 친구나 팬으로 만들 수 있다. 또한 그들의 일상을 가만히 앉아서 들여다볼 수 있다. 유명인들과 의사소통이 가능해짐에 따라 일반인이 유명인에게 느끼는 거리감도 상당히 좁혀지고 있다.

유명한 트위터 이용자 중 한 사람인 박용만 두산 그룹 회장은 팔로어가 약 9만 명에 육박할 정도로 인기가 높다. 6 신세계 정용진 부회장과 SK 최태원 회

---

5 김명숙(2007), "Social network service", 〈Issue&Trend〉, KT 미래기술연구소.
6 김태균(2010.12.17), "SNS, 기업 소통의 키워드로 떠오르다", 〈경제투데이〉.

〈그림 2〉 피겨 스케이팅 선수 김연아의 트위터

장도 트위터를 한다. 이외에 트위터를 하는 유명인으로는 이외수(소설가), 김주하(아나운서), 김제동(방송인), 박경철(의사 겸 방송인), 표현명(KT 사장), 김연아(운동선수), 박중훈(배우), 윤도현(가수) 등이 있다. 트위터가 짧은 시간 안에 대중적으로 확산할 수 있게 된 데에는 이들의 공이 크다.

소셜미디어는 신분, 생활환경과 같은 사회적 거리뿐만 아니라 지리적 거리도 좁히고 있다. 이는 글로벌화된 사회현실에 비춰 사람들이 소셜미디어의 유용성을 높이 평가하는 이유이기도 하다. 다른 나라에 거주하는 사람들과 실시간 소통을 가능케 하는 소셜미디어의 효용성은 크다. 특히 유학을 갔다 오거나 해외여행을 다녀 온 사람들 혹은 다른 나라 사람과 사업 등의 이유로 지속적인 관계를 유지해야 할 필요성이 있는 사람들에게 소셜미디어의 인기는 높을 수밖에 없다.

정보의 신속성과 정확성

소셜미디어는 모바일을 기반으로 하기 때문에, 사람들은 일상생활의 리듬대로 실시간 정보를 주고받을 수 있다. 이 때문에 정보의 전파 속도는 인터넷에 비해 훨씬 빠르다. 나아가 실시간 의사소통으로 정보의 진위 평가 역시 빨라졌다. 잘못된 정보가 빠르게 확산될 수도 있지만 오류의 수정도 그만큼 빠르다. 여기서 주목할 만한 점은 소셜미디어에서의 평가가 인터넷에 비해 훨씬 빠를 뿐 아니라 신뢰성도 높다는 것이다. 인터넷에서는 익명성이 지배하기 때문에 평가의 진정성이나 신뢰성 여부를 판단하기 어렵다. 따라서 인터넷 정보는 유용하긴 하지만 진위가 의심스러운 '믿거나 말거나' 식 정보의 대명사처럼 통한다. 반면 소셜미디어는 우리가 아는 사람이거나 실명으로 관계를 선택한 사람들의 네트워크에 의존한다. 그래서 사람들은 소셜미디어에서 얻은 정보가 어느 정도 믿을 만하다고 평가한다.

배우기 쉽다

트위터 등 최근의 마이크로블로그형 소셜미디어는 이전의 블로그나 미니홈피에 비해 최초 이용 시 필요한 지식수준이 낮다는 장점이 있다. 기술적 진입 장벽이 낮아 누구나 쉽게 시작할 수 있다는 것이다. 이 점은 UCC 제작과정과 비교해 보면 쉽게 이해할 수 있다. UCC를 제작하려면 많은 노력과 기술이 필요하다. 콘텐츠 제작과 가공 그리고 업로드 등은 모두 전문적인 인터넷 기술을 필요로 한다. 그저 몇 번 사용해본다고 해서 익히는 것이 아니다. 물리적

·정신적 노력을 통해 배워야 한다. 따라서 UCC 제작과 유통 시 사용자가 쏟아 부어야 할 노력의 양과 그 결과에 대한 기대는 높을 수밖에 없다.[7]

이에 반해 마이크로블로그형 소셜미디어는 사용자에게 요구하는 지식의 수준이 낮다. 따라서 적은 시간과 노력을 투자하고서도 원하는 콘텐츠를 제작하고 유통시킬 수 있다. 미니홈피처럼 자기만의 개성이 드러나도록 꾸며야 하는 것도 아니고, 블로그처럼 심혈을 기울여 글을 쓸 필요도 없다. 그런 글을 기대하지도 않는다. 심지어 글자 수가 제한돼 있어 140자 이상의 긴 글을 남길 수도 없다. 블로그는 이용자들이 늘어나면서 전문성을 중시하는 역설적 상황이 생겨 진입 장벽이 오히려 높아졌다. 하지만 마이크로블로그형 소셜미디어는 그런 부담을 느낄 필요가 없다. 마이크로블로그에서는 스스로 좋은 콘텐츠를 만들기 위해 고민하지 않아도 되고 뛰어난 문장력을 갖출 필요도 없다. 장문의 글로 표현하지 않아도 되고 깊이 생각할 필요도 없다. 어렵거나 전문적인 내용은 오히려 외면당한다.[8]

마이크로블로그의 이러한 특성은 사람들이 가능하면 더 간편하게 이용할 수 있도록 하기 위한 것이다. 이를 통해 컴퓨터와 IT에 대한 지식의 수준과 무관하게 모든 사람들이 비슷한 수준에서 콘텐츠를 구성할 수 있게 됐다. 기술적 수준에서 '하향표준화'를 추구하는 것은 '잘난 사람'과 '못난 사람'의 차이가 드러나지 않도록 하기 위한 배려다. 바로 이것이 마이크로블로그의 큰 장점이다. 이러한 배려 덕분에 인터넷에 서툰 '못난 사람'도 위축되지 않고 마음 편하게 소셜미디어를 시작할 수 있다.

소셜미디어 이용이 쉬운 또 하나의 이유는 대화상대를 찾기 쉽다는 것이다.

---

7 조희정(2010), "트위터(Twitter)와 전자민주주의: 트위터의 국내외 정치적 활용사례와 규제를 중심으로", 한국지역정보화학회 춘계학술대회.
8 블로그 '미닉스의 작은 이야기들', "홈피에서 트위터까지, 가련한 블로깅의 역사", Retreived 2010.12.4 from http://minix.tistory.com/176

익명의 인터넷에서와 달리 개방된 프로파일을 기반으로 대화상대를 찾기 때문에 자신의 관심사와 연관 관계가 있는 대상을 찾기가 쉽고, 신뢰성도 높다. 따라서 진입에서 유지 그리고 대상 찾기까지 지금의 소셜미디어는 이전의 인터넷을 통한 관계맺기 서비스에 비해 훨씬 쉽다고 볼 수 있다. [9]

기존 미디어를 위협하는 영향력

한 신문 보도에 따르면 트위터를 이용하는 소설가 이외수 씨는 치킨회사 이름을 거론해 주는 것만으로 매달 천여만 원의 수익을 올리고 그 수익금을 복지재단 등에 기부한다. [10] 이외수 씨의 트위터를 팔로우하는 사람이 많고 그 많은 사람들이 다시 자신의 트위터 팔로우에게 전달해 광고효과가 높기 때문이다. 소셜미디어는 이러한 광고효과 외에도 개인이 가진 정보나 자신이 표현하고 싶은 내용을 오프라인의 주변인들뿐만 아니라 온라인상에 있는 수천만 명의 불특정 다수에게 직접 혹은 다른 사람을 경유해 전할 수 있기 때문에 미디어의 성격을 띤다. 즉, 개인은 사회에 영향력을 미치는 자신만의 미디어를 소유하고 이용할 수 있게 된 것이다.

다른 사람 혹은 사회 전체에 미치는 개인의 영향력이 증대됐다는 사실은 한편으로는 기존 미디어에 상당한 위협이 되고 있다. 동시에 무수한 1인 미디어의 등장은 기존 미디어에 새로운 기회를 제공하기도 한다. 스마트폰 사용자의 증가, 트위터·블로그 등의 활성화는 사회적 네트워크가 한층 더 촘촘해지고 있음을 의미한다. 기존 매스 미디어가 이를 잘만 이용하면 더 많은 사람들에게 신속하고 다양한 정보를 제공하는 무수한 채널을 모세혈관처럼 구축

---

9 윤덕환, op. cit.

10 한경닷컴 bnt 뉴스 생활팀(2010.5.19), "작가 이외수, 트위터로 기부메시지 전한다", 〈한국경제〉.

할 수 있다. 또한 미디어 정보를 수동적으로 소비하던 시민들이 이제는 주체적으로 정보를 생산·제공할 수 있는 환경이 마련됐다. 이를 잘 활용하면 뉴스 소스를 방대하게 확대하는 효과를 얻을 수 있고, 이에 따라 더 쉽고 다양하게 취재할 수도 있다. 11 따라서 소셜미디어의 개인 영향력은 1인 미디어인 소셜미디어의 자체 파급력은 물론 매스 미디어에 보도될 수 있는 정보원으로서의 영향력을 모두 포함한다.

경제적 이익

소셜미디어는 실제 경제생활에서 이익을 낳기도 한다. 우선 기업은 소셜미디어를 홍보나 광고, 혹은 고객서비스센터로 활용할 수 있다. 개인은 소셜 커머스(commerce), 즉 공동구매를 통해 더 싼 가격으로 양질의 상품을 구매할 수 있다. 이외에도 다양한 방식으로 소비자와 생산자 그리고 유통업자에게 실질적인 이익을 가져다준다. 소셜미디어를 이용해 돈벌이를 할 수 있는 것이다. 따라서 소통과 인적 관계가 아니라 경제적 이익을 목적으로 하는 사람들도 소셜미디어에 관심을 가진다. '시장'이란 무엇인가? 본래 시장은 기본적으로 물건을 사고파는 곳이지만 구경하러 온 사람, 할머니 손을 잡고 나들이 온 손자 등 다양한 사람이 모이는 곳이다. 사람이 많이 다니는 곳이 어디든지 시장이다. 시대가 바뀌면서 시장의 모습이 많이 달라졌다. 이제는 시장이라고 해서 반드시 사람들이 물리적으로 모일 필요도 없다. 하지만 물리적이든 아니든 많은 사람들이 모이는 곳은 시장의 기능을 한다. 소셜미디어도 마찬가지다.

소셜미디어는 이상과 같은 여러 가지 이유에서 일상생활의 일부로 자리잡아가고 있다. 소셜미디어의 수많은 활용사례를 통해 우리의 생활이 훨씬 편

---

11 손경진(2010.8.2), "SNS 열풍은 미디어의 위기인가", 〈디지털타임즈〉.

리해졌음이 이미 확인됐고, 점점 더 많은 사람들이 더 빠른 속도로 소셜미디어라는 새로운 삶의 방식에 빠져들게 될 것이다. 그렇다면 소셜미디어가 우리 생활을 변화시키는 부분이 지금까지 우리가 확인한 바에 한정될 것인가, 아니면 우리가 경험하지 못한 새로운 부분으로까지 확대될 것인가? 소셜미디어를 통한 혁명적 변화가 이미 진행되고 있음에도 불구하고 우리가 인지하지 못하는 것일 수 있다는 가능성을 인정한다면 '한정'보다는 '확대'에서 답을 찾을 수 있다고 본다.

소셜미디어를 통해 변화될 우리 삶의 모습은 때로는 우리가 의도하지 않거나 원치 않는 모습일 수도 있다. 만약 실제 그러한 일이 벌어진다면 우리는 무엇을 준비해야 하는가? 지금 이 시점에서 이러한 질문에 적절한 해답을 제시하기는 힘들다. 다만 소셜미디어가 탄생하고 변화해가는 모습을 과거 유사한 인터넷 서비스의 등장과 소멸 사례와 비교해 보면 현재와 미래의 변화를 조금 더 잘 이해할 수 있을 것이다. 또한 이를 통해 이미 대세가 된 소셜미디어와 더불어 살아가는 삶에서 우리가 어떠한 기대를 갖고 행동해야 할지 조금은 더 분명해질 것이다. 다음 장에서는 소셜미디어의 탄생과 진화 과정에 대해 살펴본다.

2장

소셜미디어의 탄생과 진화

모든 미디어는 소셜미디어다

소셜미디어에 입문하는 사람이 늘고, 이를 다양한 일상에서 활용하면서 소셜미디어라는 용어 역시 대화나 신문에 자주 등장하는 어휘로 자리 잡고 있다. 그렇지만 이 용어가 무엇을 뜻하는지 간명하게 정의하기란 쉽지 않다. 무엇보다 소셜미디어 자체가 광범위한 상호작용과 다양한 미디어 콘텐츠를 포함하기 때문이다. 따라서 소셜미디어가 구체적으로 지칭하는 대상은 용어를 사용하는 사람이나 맥락에 따라 상당히 달라진다.

어떤 사람은 최근 유행하고 있는 '트위터'를 일컫는 용어로 소셜미디어를 사용한다. 다른 사람은 트위터를 포함, 인적 네트워크 형성을 주목적으로 최근에 등장한 인터넷 사이트를 모두 소셜미디어라 칭한다. 또 어떤 사람은 집단지성을 가능케 하는 사이트, 예를 들어 누구든지 자유롭게 내용을 작성, 추가, 첨삭하며 참여할 수 있는 '위키피디아'까지 소셜미디어에 포함한다. 이 밖에도 온라인 친족 개념인 '일촌'을 등장시킨 '싸이월드'에서 비로소 소셜미디

<표 1> 소셜미디어의 분류[1]

구 분	설 명
블로그	Web과 Log의 합성어로 네티즌이 웹에 기록하는 일기나 일지를 의미한다. 가장 최근의 업데이트 목록이 맨 위에 올라오는 일종의 온라인 저널이라고 할 수 있다.
SNS	이용자 자신의 개인 웹페이지를 구축한 뒤 친구들과 연결할 수 있도록, 또는 콘텐츠를 공유하고 상호작용 할 수 있도록 하는 서비스다. 페이스북(Facebook), 마이스페이스(MySpace), 트위터(Twitter), 싸이월드(Cyworld) 등이 여기에 속한다.
위키스	콘텐츠를 추가하거나 웹페이지 상에서 정보를 편집할 수 있으며 일종의 공동 데이터베이스 역할을 한다. 가장 보편적인 형태는 세계 각국어로 서비스 되고 있는 온라인 백과사전 위키피디아(Wikipedia)로, 영어로 된 2백만 개 이상의 문서를 담고 있다.
팟캐스트	방송(broadcast)과 아이팟(iPod)의 합성어로서, 아이튠(iTunes)과 같은 서비스를 통해 오디오 및 비디오 파일을 구독할 수 있다.
포럼즈	특정한 주제나 관심사를 두고 온라인 토론이 이뤄지는 장소를 이른다. 소셜미디어라는 용어가 등장하기 전에 활성화 됐다. 온라인 커뮤니티를 구성하는 보편적인 요소다. 국내에서는 다음의 아고라 등이 대표적이다.
콘텐츠 커뮤니티	특정한 종류의 콘텐츠를 만들어 공유하는 커뮤니티를 이른다. 대표적으로 사진 콘텐츠를 중심으로 한 플리커(Flickr), 북마크 링크 중심의 딜리셔스(Del.icio.us), 그리고 동영상을 다루고 있는 유투브(YouTube) 등이 있다.
마이크로블로그	휴대전화 등을 이용해 간단한 콘텐츠(혹은 업데이트)를 배포하는 소셜네트워크 서비스의 일종으로 트위터가 대표적이다.

어 개념이 탄생했다는 주장도 있으며, 훨씬 더 오래전으로 거슬러 올라가 십년 전 폭발적인 인기를 끌며 한국의 동창들을 온라인과 오프라인에서 활발하게 맺어준 '아이러브스쿨'을 소셜미디어라 부르는 사람도 있다. 그리고 메신저나 인터넷 동아리, 과거의 PC통신 같은 것도 모두 온라인에서 인적관계를

---

1 황유선, op. cit.

출처: FredCavazza.net "Social Media Landscape"(http://www.fredcavazza.net)

지향하는 서비스이기 때문에 소셜미디어의 범위에 넣어야 한다고 주장하는
사람들도 있다.

　소셜미디어의 범위에 대한 이처럼 다양한 논의를 따라가다 보면 '소셜미디
어가 과연 새로운 서비스인가?' 하는 의문이 든다. 이와 관련, 윤지영 미디어
레 대표는 소셜미디어가 인터넷을 기반으로 인적관계의 형성과 유지라는 기
능을 갖고 있다고 점에서 전혀 새로운 서비스는 아니라고 말한다.[2] "소셜미디
어는 새로운 것이 아니다. 인터넷의 시작과 동시에 소셜네트워킹이 시작됐다"
고 말하고 있다. 이어 "컴퓨터통신 시절에도 이용자는 '접속'을 했다. 당시 통
신동호회는 인터넷 커뮤니티의 시초였다. 결국 SNS 등 소셜미디어는 인터넷

2　정고은(2010.3.24), "소셜게임 · 위치기반 서비스 뜬다", 〈매경이코노미〉.

발전에 따라 네트워크가 진화된 형태일 뿐"이라고 덧붙인다. 이러한 관점에서 보면 소셜미디어는 사람들이 사회적 네트워크나 공통의 관심사와 활동을 공유하면서 사회관계를 구축할 수 있도록 해주는 웹 기반 서비스 전체를 의미하는 방향으로 범위가 확장된다.

그러나 소셜미디어를 이처럼 광범위하게 정의하는 방식은 요즘 상황에서 그다지 도움이 안 된다. 소셜미디어의 모습이 최근 짧은 기간 동안 급격히 변화했고, 현재의 경험에 비춰볼 때 이 용어가 이보다 훨씬 좁은 범위로 이해되고 있기 때문이다. 앞 장에서 이야기한 것처럼 현재 다수의 사람들은 소셜미디어를 SNS에 한정하고 있다.

물론 SNS에 대한 정의 역시 통일돼 있지는 않지만, 트위터나 페이스북, 미투데이를 SNS의 범위에 포함해도 큰 무리는 없다. 또한 다소 논란이 있긴 하지만 여기에 싸이월드(Cyworld)와 마이스페이스(Myspace) 정도를 추가한 수준에서 SNS의 범위를 한정하는 사람들이 다수다. 이 책의 내용은 주로 이러한 SNS에 관한 것이다.

소셜미디어라는 용어가 처음으로 등장한 것은 그다지 오래 되지 않았다. 가이드와이어 그룹(Guidewire Group) 창업자이면서 글로벌리서치 디렉터인 크리스 쉬플리가 2004년 IT 관련 회사의 담당자들을 대상으로 한 컨퍼런스에서 소셜미디어의 활용과 특성에 대한 화두를 제시하면서 처음 이 용어를 사용했다고 한다. 이후 기업을 중심으로 소셜미디어에 대한 관심이 확대됐고 이듬해 소셜미디어를 주제로 한 컨퍼런스가 다시 개최되면서 이 용어는 점차 확산되었다.[3]

그런데 소셜미디어라는 용어는 새로운 것이지만, 소셜미디어를 통해 전개되는 사람들 간의 소통까지 과연 새로운 현상이라 할 수 있을까? 사람과 사람에게 소통의 장소, 방식, 기회를 제공하는 장이 과거에는 전혀 없었나? 이에

---

3 BlogOn(2005), "The BlogOn Conference: Social Media Summit", Retrieved 2010.12.12 from http://www.blogonevent.com/blogon2005

출처 http://blog.daum.net/ksk3914/16636821

대한 답을 찾기 위해 우리에게 익숙한 다음의 두 장면을 생각해 보자.

첫째, 시골에서 자라난 중년 이상의 세대는 아마 동네 개울가에서 아낙네들이 삼삼오오 모여 대화하던 어린 시절을 기억할 것이다. 그리고 그보다 젊은 세대는 텔레비전 사극에서 비슷한 장면을 보았을 것이다. 개울가에서 동네 아낙들은 한손으로는 빨래 방망이를 휘두르며 때로는 시어머니, 시누이 흉도 보고, 이웃집 소식도 전하며, 동네 화젯거리를 놓고 이런저런 이야기를 나눈다. 이런 이야기 중에는 자기가 직접 보고 들은 것도 있고, 자신의 해석과 추측을 곁들인 이야기도 있다. 그리고 드물게는 이야기의 재미를 위해 과장이나 거짓을 조미료처럼 섞기도 한다. 이 개울가에는 때때로 그저 지나가다 들르는 사람들이 있는데 그중 일부는 아낙들의 대화에 동참한다. 단지 듣고만 있는 사람도 있고 자신의 경험이나 의견을 펼쳐 놓는 사람도 있다.

〈그림 5〉 60~70년대 다방의 모습

출처 http://eng.bsks.ac.kr

두 번째 장면은 지금은 커피 전문점 혹은 카페라고 불리지만 이전에는 다방이라는 이름이 더 보편적이었던 공간에서 펼쳐진다. 다방에는 여자친구와 데이트하는 청년도 있고, 거래업체와 사업을 논의하는 이도 있으며, 친구나 동창과의 모임을 위해 온 이도 있다. 때로는 시골에서 올라온 엄마를 만나는 대학생도 있다. 혼자서 차를 마시는 사람부터 10여 명이 함께 모여 있는 사람들도 있다. 시끌벅적 떠들어 대며 주변의 모든 사람이 그들의 이야기를 다 들을 수 있도록 대화하는 사람이 있는 반면, 바로 옆 테이블에서도 들을 수 없도록 소곤소곤 이야기하는 사람도 있다. 둘이서 어떤 영화를 보러갈지 의논하는 사람이 있는가 하면, 대통령의 국정 운영을 놓고 갑론을박하는 사람도 있다.

한때 우리나라에 이러한 다방이 무려 3만 곳에 달한 적이 있다고 한다. 지금도 국내외 유명 브랜드 커피전문점 12곳이 운영하는 점포만도 전국에

2,144곳(2010년 8월 27일 기준)에 달할 정도로 커피가게는 번성하고 있다. 말하자면 다방이나 카페는 단순히 커피를 마시는 장소가 아니라 사람들이 서로 만나는 중심적인 공간 구실을 해온 것이다. 4

위 두 장면, 우물가와 다방에서 사람들이 만나 이야기하고 정보를 교류하는 행동이 요즘 소셜미디어에서 이뤄지는 커뮤니케이션의 모습과 과연 다른가? 장소나 채널 등 구체적인 모습에는 다소 차이가 있을지 모르지만 사회적 기능이라는 큰 틀에서는 별반 다르지 않을 것이다. 소셜미디어 때문에 바뀌었다고 생각했던 우리의 생활은 놀랍게도 과거의 우리 모습과 크게 다르지 않다. 만일 그렇다면 소셜미디어에 대한 현재의 논의는 새로운 현상이 나타났기 때문이 아니라 그러한 일이 일상화되어 우리의 삶과 더 밀접하게 관계되는 세상이 열렸기 때문으로 해석돼야 할 것이다. 기술 발전으로 우리가 서로 소통하고 관계를 맺는 방식에서 큰 변화가 일어났을 뿐, 소통의 의미는 과거나 지금이나 큰 차이가 없다. 이 점에서 최근 일어나고 있는 소셜미디어 열풍은 새로우면서도 낯익은 현상이다.

위에서 살펴본 두 장면과 오늘날 소셜미디어에서의 커뮤니케이션이 가장 뚜렷한 차이를 보이는 부분은 바로 장소, 즉 온라인이라는 공간에서 찾을 수 있다. 그럼 온라인 공간이 등장하기 전의 커뮤니케이션 형태와 오늘날의 소셜미디어가 근본적으로 다르다고 할 수 있을까? 인터넷이라는 기술적 차원의 특성을 고려하더라도 지금의 소셜미디어가 아주 새로운 것은 아니다.

세 개의 그림(〈그림 6, 7, 8〉)에서 보듯 지난 15년간 우리 사회의 중요한 의제는 인터넷 공간에서 활발하게 논의돼 왔고 그 논의의 결과가 우리 사회의 변화방향을 제시해 왔다. 또한 그러한 변화에 대한 평가의 결과로 제도적 보완이 이뤄져 왔다. 인터넷 혹은 온라인 커뮤니케이션 기술도 마찬가지다. 이

---

4 연합뉴스(2010.8.29), "'코피스족'의 천국 커피전문점 2천 개 돌파", 〈부산일보〉.

〈그림 6〉 한국사회에서 웹 15년의 역사_1

구분	1996	1997	1998	1999	2000	2001	2002	2003	2004	2005	2006	2007
법제/정책		정보화촉진								방통융합기구		
		안티스팸					거버넌스					
			저작권					인터넷 실명제				
		개인정보보호							프라이버시권		공정경쟁	
									정보화 윤리			
사회/문화		디지털 디바이드				언어 민족주의/영어의 도미넌스		유비쿼터스 사회				
		파놉티콘					시놉티콘		사이버범죄			
정치		전자정부					촛불시위 노사모					
					전자민주주의				인터넷 선거			
경제/산업	벤처열풍						벤처 구조조정					
					대안 미디어 등장		미디어 대체, 미디어 경쟁(적소, 사용자 분화 등)					
			네트워크경제				배너광고		검색광고		블로그 저널리즘	
사람		네트워크의 강화 N세대		프로슈머 소비자주권			P세대 디지털 노마드		스마트 몹			
										정보생산자		
		가상체험							소셜네트워킹			
										자아표현		
Web	Portal	Commu-nity, E-mail	Game	Daum Cafe	웹보드 게임(NHN, CJ)	P2P, 리니지 열풍	Media	Search	Mini homepy	BLOG	Wdb 2.0, UCC	
Telecom	C.P.(SKT)	PCS		2.5G				3G(June, Fimm)				동영상 통화
Broadcasting					위성방송	HDTV		Skylife		S-DMB TU	T-DMB	
Convergence				휴대폰 무선 인터넷	Interactive tv		Ubiqui-tous 논의		VoIP		IPTV	

출처: 팔란티리 연구회

〈그림 7〉 한국사회에서 웹 15년의 역사_2

	2008	2009	2010
법제/정책	미디어법		인터넷중독방지법
사회/문화	베이징 올림픽		밴쿠버 동계올림픽
정치	광우병 반대시위	김수환 추기경 선종 노무현 전 대통령 서거 김대중 전 대통령 서거	천안함 침몰
경제/산업		IPTV 사업 E-book	태블릿PC(iPad) 3D TV
사람	연예인 자살 기부	Hyper generation	G세대
웹	광우병 파동	미네르바	트위터
텔레콤	Touch phone		Wifi 구축 시도
방송			3D TV
convergence			스마트폰/apps

출처: 팔란티리 연구회

〈그림 8〉 한국사회에서 웹 15년의 역사_3

1996	1997	1998	1999	2000
• 포털 (다음, 엠파스)	• 커뮤니티 이메일 (다음 한메일 서비스)	• 게임	• 다음카페, 아이러브스쿨 • 네이버	• 웹보드게임 (NHN, CJ)

2001	2002	2003	2004	2005
• P2P (냅스터, 소리바다) • 리니지열풍	• 16대 대선과 네티즌 파워	• 검색(네이버 지식In, 위키피디아) • 인터넷 얼짱 • 몸짱 신드롬	• 미니홈피 (싸이월드 회원 1천만 명 돌파), • 탄핵 관련 인터넷 게시물 및 패러디	• 블로그 유튜브 • 페이스북 출시 • 개똥녀 사건

2006	2007	2008	2009	2010
• 웹2.0 • UCC • 트위터 출시	• 미투데이 시작 • 전문 블로그사이트 성장(티스토리, 이글루)	• 광우병파동 • 인터넷 탄원 • 아프리카 시위중계 • 아고라 토론	• 인터넷 논객 • 미네르바 체포 및 무죄선고	• 스마트폰 • 모바일웹 연계 트위터 • 미투데이 열풍

출처: 팔란티리 연구회

러한 사회적 변화에 발맞춰 조금씩 변화돼 온 것이다.

　따라서 오늘날 소셜미디어의 등장은 이러한 과거의 변화가 일어나게 된 맥락의 연장선상에서 이해돼야 한다. 또한 이러한 맥락 안에서 앞으로 변화될 소셜미디어의 모습을 조망해야 한다.

소셜미디어의 진화

지금까지 다양한 인터넷 기술들, 가령 Usenet, BBS(*Bulletin Board Services*), IRC(*Internet Relay Chat*), IMS(*Instant Messenger Services*) 등이 등장해 타인과의 온라인 커뮤니케이션 도구로 사용되다 사라지곤 했는데, 소셜미디어는 바로 이러한 기술이 진화, 발전해서 생겨난 것이다. 현재의 소셜미디어가 등장하기까지의 기술 발전 과정은 미니홈피형 소셜미디어의 등장과 마이크로블로그형 소셜미디어의 등장을 기점으로 크게 3기로 나눌 수 있다.

〈그림 9〉는 소셜미디어의 세대 간 진화과정을 정리한 것으로, 소셜미디어가 어떻게 변화해왔는지 개략적으로 보여준다.

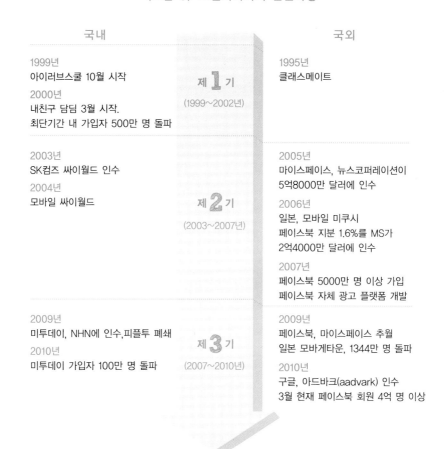

〈그림 9〉 소셜미디어의 변천과정

국내		국외
1999년 아이러브스쿨 10월 시작 2000년 내친구 담딤 3월 시작. 최단기간 내 가입자 500만 명 돌파	제1기 (1999~2002년)	1995년 클래스메이트
2003년 SK컴즈 싸이월드 인수 2004년 모바일 싸이월드	제2기 (2003~2007년)	2005년 마이스페이스, 뉴스코퍼레이션이 5억8000만 달러에 인수 2006년 일본, 모바일 미쿠시 페이스북 지분 1.6%를 MS가 2억4000만 달러에 인수 2007년 페이스북 5000만 명 이상 가입 페이스북 자체 광고 플랫폼 개발
2009년 미투데이, NHN에 인수,피플투 폐쇄 2010년 미투데이 가입자 100만 명 돌파	제3기 (2007~2010년)	2009년 페이스북, 마이스페이스 추월 일본 모바게타운, 1344만 명 돌파 2010년 구글, 아드바크(aadvark) 인수 3월 현재 페이스북 회원 4억 명 이상

제1기: 아이러브스쿨과 클래스메이트

그림에서 볼 수 있듯, 제1기(1999~2002년) 소셜미디어는 오프라인 인맥을 회복하고 유지하는 데 주력한 인맥 관리형 서비스라 할 수 있다. 과거에는 동창회, 동호회, 펜팔업체 등 오프라인에서 소셜네트워크가 형성돼 있었는데, 이런 오프라인상의 소셜네트워크가 컴퓨터와 인터넷의 발달로 온라인상

〈그림 10〉 아이러브스쿨

에서도 이뤄질 수 있게 됐다. 이 시기의 소셜미디어는 기술적으로는 Usenet, IRC, ICQ 등 주로 사람들과 텍스트 기반의 메시지를 교환하는 방식으로 발달했다. 제1기 소셜미디어는 오프라인에서의 만남을 온라인으로 옮겨오는 것이 전제된 폐쇄적인 서비스라 할 수 있다. 5

---

5 블로그 '무상(無想)', "SNS(Social Network System 또는 Service) 변천의 키워드", Retrieved 2010.12.1 from http://areatha.egloos.com/2877071

제1기를 대표하는 소셜미디어는 1999년 학교 동창을 찾아주는 서비스를 제공했던 '아이러브스쿨'(Iloveschool)이다. 연락이 끊긴 동창들을 온라인상에서 찾게 해주는 아이러브스쿨은 온라인으로 연락을 주고받던 관행이 오프라인 동창회로 연결되면서 2000년대 초반 최고의 전성기를 구가했다.

설립 후 1년여 만에 회원 수 700만을 돌파할 정도로 선풍적인 인기를 끌었다. 이러한 인기의 원인은 오프라인에 비해 훨씬 수월하게 끊어진 인맥을 재구축하거나 유지하도록 했던 점에서 찾을 수 있다. 그러나 아이러브스쿨은 이후 등장한 싸이월드의 '도토리' 같은 수익모델의 부재로 사업을 지속하기가 힘들었고 결국 하나의 문화적 반향에 그치고 말았다.

우리나라에 아이러브스쿨이 있었다면 외국에는 '클래스메이트'(Classmates)가 있었다. 아이러브스쿨에 한발 앞선 1995년에 시작된 이 서비스 역시 '동창'을 찾아 연결해 주는 것이 핵심 기능이었다. 서비스 초창기 짧은 기간 내에 회원 수 5,000만 명을 돌파하며 성공을 거뒀다. 그러나 우리나라의 아이러브스쿨과 마찬가지로 지금은 큰 인기가 없다.

제2기: 싸이월드와 페이스북

제2기(2003~2007년)에서는 소셜네트워크를 비즈니스 모델을 구현하는 수단으로 바라보기 시작했다. 현재도 많은 사람들이 이용하는 마이스페이스(Myspace), 페이스북(Facebook), 싸이월드(Cyworld) 등이 이 시기의 주요한 소셜미디어다. 제1기 소셜미디어의 메시지가 주로 텍스트 기반인 데 비해 제2기에는 동영상 등 다양한 형태로 소통할 수 있도록 진화했다. 또 개방적으로 인맥을 형성할 수 있도록 한 것도 특징이다.

국내 소셜미디어 중에서 제2기를 대표하는 것은 싸이월드다. 싸이월드는 2001년 서비스를 시작한 이래 '미니홈피'라는 킬러콘텐츠와 '일촌'이라는 온라인 인맥서비스로 주목 받았다. 2010년 기준 이용자수가 2,200만 명에 달하지만 활동의 정도는 예전에 비해 많이 약해졌고 이용자의 증가는 정체 상태다.

싸이월드를 성공으로 이끈 요인은 '인맥 확장'과 '미니홈피' 기능이다. 온라인·오프라인 친분으로 형성된 실명의 일촌관계를 바탕으로, 개인의 일상이나 사진, 음악 등을 미니홈피 서비스를 통해 회원들끼리 공유할 수 있도록 한 점이 이전의 온라인 커뮤니티와 뚜렷하게 구분되는 특징이었다. 이를 통해 이용자들은 오프라인에서 형성된 인맥을 돈독히 하고 새로운 관계도 형성할 수 있었다.

싸이월드의 가장 큰 특징은 미니홈피로, 전문가들은 이를 싸이월드 급성장의 핵심적 이유로 제시하고 있다. 인터넷이 급성장하던 2000년대 초반 컴퓨터에 정통한 사람들은 이미 개인 홈페이지를 구축해 운영하면서 이를 통해 사람들과 의사소통을 하고 정보를 교환하고 있었다. 하지만 대다수의 사람들에게 홈페이지 만들기는 쉬운 일이 아니었기에 홈페이지를 갖고 싶어도 가질 수 없는 상황이었다. 이런 상황에서 싸이월드는 홈페이지를 간소화한 미니홈피를 서비스해 사람들의 바람을 충족시켰다.

또한 디지털카메라 등을 활용해 좀더 풍부하고 다양한 내용으로 미니홈피를 꾸밀 수 있게 해주었다. 이런 특징 때문에 비교적 낮은 수준의 지식으로도 사람들은 자신의 개성을 잘 표현하는 미니홈피를 꾸밀 수 있게 됐다. 자아표현의 가능성은 이용자들이 싸이월드를 통해 자기를 PR할 수 있는 기회를 부여했다. 이용자들은 좀더 다양한 자신의 모습을 표현하고자 했다. 그러려면 사이버 머니인 '도토리'가 필요했다. 도토리를 구입한 이용자들은 긴 글, 사진, 동영상 등의 다양한 콘텐츠를 담은 메시지를 통해 자신을 '과시'했다. 자신이 먹은 음식이나 방문한 장소의 사진을 올려 일상을 공유했다. 즉 부분적으로 싸이월드는 1인 미디어로서 활용된 것이다.

싸이월드의 단점은 직접 방문해야만 친구의 일상을 볼 수 있다는 점이다.

〈그림 11〉 싸이월드

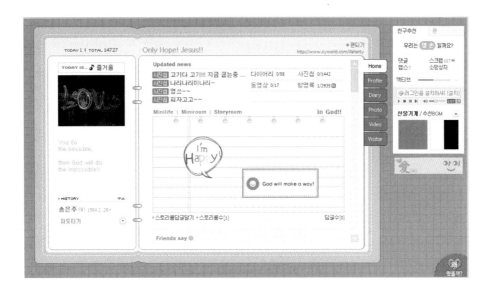

　최근 유행하고 있는 트위터, 페이스북, 미투데이처럼 내 홈피에 가만히 앉아 나와 관계를 맺은 이들의 일상을 엿볼 수 있는 것이 아니라 일촌의 홈피를 계속 돌아다니며 친구의 소식을 수집해야만 한다. 지금보다 훨씬 많은 노력과 시간을 투자해야만 네트워크 내 인물들의 생활을 볼 수 있었던 것이다. 게다가 이러한 방문은 사전에 상대방의 동의를 얻어야만 가능했다. '일촌 맺기'가 관계맺기의 전제조건이었다. 따라서 싸이월드 이용자들은 주로 새로운 관계의 형성보다는 기존의 관계를 복원하고 유지하려는 목적을 지녔고 이를 위해 자신을 적극적으로 표현하는 데에 싸이월드를 활용했다.

　페이스북은 싸이월드와 비슷한 시기에 탄생했지만 훨씬 개방적인 운용방식을 채택했고 메시지의 길이를 160자로 한정했다. 페이스북에서도 인맥을 맺기 위해 상호 동의를 얻어야 하지만 일단 관계를 맺고 나면 상대방의 게시물과 상대방의 네트워크 내에 있는 다른 사람들의 게시물을 맘대로 볼 수 있다.

〈그림 12〉 페이스북

즉 중간에 연결하는 사람이 있다면 두 사람 간에는 상호 동의를 얻지 않아도 서로 콘텐츠를 볼 수 있다. 이런 이유에서 페이스북은 싸이월드에 비해 훨씬 개방적이다. 페이스북은 소셜미디어 역사의 제2기에서 제3기로 넘어가는 가교 역할을 했으며 이 점에서 '부분개방형' 소셜미디어의 성격을 띤다.

　페이스북은 현재 전 세계적으로 이용자 수가 가장 많다. 그 성공의 첫 번째 이유는 개방성을 통해 인맥을 확장할 수 있도록 했다는 점이다. 싸이월드와 같은 이전의 소셜미디어는 부분적으로 새로운 관계의 형성을 가능하게 했지만 중점은 기존의 관계를 유지하는 데 있었다. 이에 반해 페이스북은 오프라인에서 전혀 접점이 없는 사람들도 네트워크를 통해 새로운 관계를 형성할 수 있도록 지원해 주고 있다. 잠재적인 친구를 드러내주고 이들과의 새로운 관계의 가능성을 보여준다. 우리는 낯선 사람을 만날 때 둘 다 아는 누군가가 중간에서 소개자 역할을 해 주면 훨씬 편안하게 새로운 관계를 시작할 수 있다. 페이스북은 이 기능을 아주 간편한 방식으로 수행하고 있다.

한편 관계를 유지하는 기능에서도 페이스북은 싸이월드에 비해 장점을 지닌다. 싸이월드는 이웃들의 소식을 알기 위해서 일일이 이웃의 미니홈피를 방문해야 하는 번거로움이 있다. 하지만 페이스북은 초기 화면에서 이웃들의 소식을 신문지면처럼 종합적으로 훑어볼 수 있게 했다. 싸이월드가 나만을 위한 공간이라면 페이스북은 나의 네트워크, 즉 다른 사람과 함께 만든 공동체의 공간으로 전환됐음을 의미한다. 물론 우리나라 이용자들은 여전히 새로운 사람들과의 만남보다는 기존의 인맥을 유지하는 것을 즐기고, 따라서 페이스북도 새로운 관계의 형성보다는 기존 관계를 유지하는 용도로 많이 사용하는 경향이 있다. 하지만 적어도 시스템상으로만 본다면 확실히 페이스북은 싸이월드에 비해 개방적이고 네트워크성이 강화됐다.

페이스북이 성장할 수 있었던 두 번째 이유는 인터넷에서 개인과 관련한 정돈된 정보, 즉 '프로파일'(*profile*)을 구성한 점이다. 이를 통해 페이스북 이용자들은 단순한 검색을 통해 접할 수 있는 단편적인 정보보다 훨씬 유용한 정보를 활용할 수 있게 됐다. 좁은 의미에서 프로파일은 학력, 출신 학교, 출신 지역, 직장 이력 등을 나타내지만 모바일 시대의 프로파일은 개인이나 사업자의 위치정보와 행동 패턴 그리고 소셜미디어를 이용하는 의도까지를 포함한다. 이를 이용해 페이스북 사용자들은 그들이 원하는 사람들과 손쉽게 인맥을 구축할 수 있게 된 것이다. 따라서 제1기의 소셜미디어와 싸이월드가 기존 오프라인 인맥 간의 사교나 교류, 놀이에 비중을 둔 데 반해 페이스북은 자신에게 실질적으로 필요한 인맥을 구축하도록 돕는 데 주안점을 두고 있다. 이러한 특징 때문에 페이스북은 이전의 소셜미디어에 비해 상업적 이용 가능성이 훨씬 높다. 싸이월드보다 페이스북을 운영하는 기업이 훨씬 많은 이유가 바로 여기에 있다.

제 3기: 트위터와 미투데이

제 3기(2007년 이후)는 제 2기 소셜미디어가 간략화된 마이크로블로그형 소셜미디어가 주축을 이루고 있다. 마이크로블로그형은 복잡하고 다양한 기능을 구사해 남과 차별화되는 자신을 만들어 표현하기보다는 간편하고 신속하게 자기의 소식을 알리고 다른 사람들의 소식을 듣고자 하는 일반 이용자들의 요구에 부합하는 형태다. 이 단계에 와서 사람들은 아주 효율적인 방법으로 관계를 유지하고 새로운 관계를 형성하게 됐다. 더구나 자신은 알지만 상대방은 자신을 모르던 사람들(예를 들어 연예인)과 관계를 맺고 싶은 욕구도 충족할 수 있게 됐다. 이것은 관계를 시작할 때 상대방의 동의를 얻을 필요가 없는 소셜미디어가 등장했기 때문이다. 이렇게 거의 완벽하게 개방된 형태로 운용되는 서비스가 바로 트위터다. 트위터에서는 관계를 맺기 위해 상대방의 동의를 구할 필요가 없으며, 특정 상대를 '팔로잉'하겠다고 클릭하면 바로 관계를 시작할 수 있다. 이 경우 클릭하는 사람에게는 관계의 시작을 의미하지만 클릭당하는 사람은 이를 모를 수도 있다. 독특한 관계가 탄생하는 순간이다.

트위터는 2010년 현재 전 세계적으로 7,500만 명 이상의 가입자를 두고 있다. 트위터가 전 세계적으로 인기몰이를 하고 있는 이유는 무엇보다 장소에 구애받지 않고 언제 어디서나 수다를 떨 수 있고, 이를 통해 시간과 공간, 인종, 계층을 초월해 사람들과 연결하고 인맥을 확장할 수 있기 때문이다. 트위터를 통해 사람들은 늘 누군가와 함께 있다는 느낌을 가질 수 있고 누구와도 관계를 맺을 수 있다는 희망을 품는다. 또 트위터상에서는 모든 사람들이 평등하다는 생각을 한다.

50

〈그림 13〉 트위터

또한 개인뿐만 아니라 조직이나 단체도 트위터 계정을 만들어 운용하고 있다. 대다수의 국내외 언론사들은 트위터 계정〔예를 들어 CNN뉴스(@cnnbrk)〕을 가지고 있기 때문에, 사람들은 전 세계 지구촌에서 일어나는 뉴스를 24시간 실시간으로 접할 수 있다. 또 트위터를 통해 전문가의 의견을 무료로 들을 수 있다. 사람들은 이제 무한한 고급 정보를 다양한 소스를 통해 신속하게 취득할 수 있게 됐다.

한편 최근의 트위터는 정보 교환 이외에 추가적인 기능도 갖추고 있다. 이러한 기능엔 트위터 가입자의 프로파일을 기반으로 하는 설문조사와 파일 공유, 소비자 조사 등이 있다. 트위터를 통한 설문조사 방식의 예를 들자면, '투표' 메뉴에서 질문과 답변 항목을 작성하고 트윗을 발행하면 팔로어들의 답변이 그래프로 표시된다. 설문조사 사이트 트윗폴(twtpoll. com)은 바로 이러한 기능을 전문적으로 수행하는 서비스다.

제 3기를 대표하는 또 다른 소셜미디어로 미투데이가 있다. 미투데이는 2007년 2월 서비스를 시작한 이래 우리나라의 대표적인 마이크로블로그 서비스로 자리 잡고 있다. 미투데이는 2009년 1월 NHN에 인수될 당시 회원 수가 2만8,000명에 불과했지만 2010년 3월 100만 명을 넘어서는 가파른 상승세를 보이고 있다. 초창기 미투데이는 가입 시 오픈아이디(Open ID)를 사용하는 방식을 취했으나 2010년 현재는 자체 아이디를 이용한 로그인과 네이버 아이디를 이용한 로그인, 그리고 오픈아이디 로그인을 동시에 지원하고 있다. 가입 시에는 아이디와 비밀번호, 이메일 외에 아무런 정보도 받지 않는다.

트위터와 비슷하게, 미투데이도 글을 한 번 올릴 때 최대 150자까지 쓸 수 있고, 글마다 태그를 달 수 있다. 초창기에 한번 올린 글은 작성 후 1분이 지나면 수정이나 삭제가 불가능했다. 그러나 이용자들의 요구를 수용해 2010년 4월 1일 이후 삭제 기능을 도입했다. 미투데이는 일상생활에서 벌어지는 다양한 주제에 관해 정해진 형식 없이 자유롭게 쓴 짧은 글들이 올라온다는 점에서 블로그와 뚜렷이 구분된다.

미투데이는 한국적 의사소통 방식에 맞춰 지인들과 감성을 공유하는 데 주안점을 둔 서비스다. 미투데이는 상호동의 방식으로 친구 맺기를 하도록 해 평소 알던 사람과 관계를 더 돈독히 맺도록 해준다. 트위터는 개방적 관계맺기와 리트윗을 통해 새로운 정보를 수집하거나 확대하는 데 탁월한 기능을 갖추었다. 이에 비해 미투데이는 친구 신청을 상호 수락해야 친구가 되기 때문에 상대적으로 배타적인 성격을 띤다. 대신 일단 관계를 맺고 나면 상대에 대한 충성도가 트위터에 비해 높다. 따라서 미투데이에서 형성된 네트워크는 정보 전달망보다는 인간적 친밀감을 높이는 커뮤니티의 속성을 띤다. 어쩌면 이것이 한국적 네트워크의 특성을 보여주는 것일지도 모른다. 한국의 온라인 문화 특징은 일단 오프라인 모임을 거치고, 이를 통해 확인된 현실 세계에서

〈그림 14〉 미투데이

의 명성과 경험을 바탕으로 관계를 맺는 데에 있다. 미투데이가 트위터식의
일방적 친구맺기 기능을 그대로 수용하지 않은 것은 바로 이러한 특성을 고려
했기 때문일 것이다.

최근에 등장하는 소셜미디어

    요즘 새로 등장하고 있는 소셜미디어의 특징은 기존 소셜미디어의 강점을 확대하고, 문제점을 개선하는 성격을 지닌다. 기존 소셜미디어의 문제점으로 지적되고 있는 것은 다음과 같다. 첫째 소셜네트워크의 범위가 너무 넓어 더 이상 제대로 소통하기가 어렵다는 점, 둘째 동시에 여러 소셜미디어를 이용할 경우 각 소셜미디어의 중심 기능 차이로 이를 따로따로 운영해야 하기 때문에 시간과 노력이 너무 많이 요구된다는 점이다. 셋째 국내 소셜미디어의 경우 트위터나 페이스북에 비해 어플리케이션이 다양하지 못한 점, 넷째 확대된 인맥과의 과도한 커뮤니케이션에서 오는 피로감 등으로 정리할 수 있다.

    우선 소셜미디어를 통해 형성된 네트워크 범위를 조절하기 위한 방법으로 자신의 목적에 부합하는 인물만을 찾아서 인맥을 형성하도록 하는 소셜미디어가 새로 나타났다. 지금은 사라졌지만, 한때 젊은이들 사이에 유행했던 '피플투'가 그 예다. 대학생들에 특화된 소셜미디어인 피플투는 이제껏 다른 사람들에게 인정받지 못한 채 자신만이 알고 있던 개개인의 재능을 새로운 인터페이스를 통해 교환할 수 있는 장소를 제공했다. 우리가 누군가를 필요로 할 때 신뢰도 높은 사람과 빠르게 이어질 수 있도록 개인의 가치교환 공간 구실을 한 셈이다. 이것은 마치 중고차를 거래하면서 믿을 만한 중계자를 필요로 하는 것과 같은 이치다. 중고차 거래에서는 차와 돈이 교환된다면, 피플투에서 교환되었던 것은 서로 다른 재능이나 가치다. 즉 서로 다른 재능이나 가치를 지닌 사람들끼리 각자가 지닌 것을 주고받아 상부상조하도록 도와주는 것이다. 예를 들어 기타 연주에 조예가 있는 A학생은 영어 실력을 향상시키고 싶고, 영어에 능숙한 B학생은 기타를 배우고 싶다. 이들은 피플투를 매개로 서로 '스승과 제자' 관계를 이룰 수 있었다.

새로운 소셜미디어의 두 번째 특징은 다양한 소셜미디어를 엮어주는 사이트의 등장이다. 현재는 각 사이트가 제공하는 서비스의 차별적 특징 때문에 동일 사용자가 여러 개의 사이트에 동시에 가입해야 하는데, 이때 한 사용자의 아이디는 여러 소셜미디어 사이트에 중복으로 저장·관리된다. 상당수 사용자는 이를 불편하게 생각한다. 또 어떤 사람은 여러 소셜미디어 사이트에서 맺은 친구관계를 통해 획득한 정보를 통합적으로 관리하길 원한다. 그러나 현재 운영 중인 대다수의 소셜미디어가 회원 간 친구 관계를 해당 소셜미디어로 한정해 놓았기 때문에, 사용자는 하나 이상의 소셜미디어에서 친구 정보를 통합적으로 조회하거나 변경할 수 없다.[6] 이상의 문제점은 여러 소셜미디어 사이트에 저장된 자신의 아이디나 친구 정보들을 한 사이트에서 통합 관리할 수 있다면 단번에 해결될 수 있다. 그렇게 되면 자신의 개인정보뿐만 아니라 가입자와 친구관계로 맺어진 사용자들의 개인정보까지 공유하는 방법이 생기기 때문에, 이것은 이용자의 입장에서 대단히 편리한 서비스인 셈이다. 이러한

---

6 이형효·최향창·김지혜·조상래·진승헌(2009), "SNS 환경의 아이덴티티 공유 및 보호에 관한 연구", 〈정보보호학회지〉19(1), 103~114쪽.

기능을 수행하는 소셜미디어로는 오픈소셜(OpenSocial)과 마이라이프브랜드(My LifeBrand)를 들 수 있다

오픈소셜의 어플리케이션은 구글(Google) 가젯(gadgets)에 소셜 기능 지원 앱들이 추가된 형태를 띤다. 오픈소셜은 구글과 마이스페이스 등 몇몇 소셜미디어 제공자가 2007년 11월 처음 만들었다. 오픈소셜은 구글이 정의한 공통 API(Application Programing Interface)를 기반으로 작동하는데, 이는 한 SNS 환경에서 개발된 애플리케이션이 다른 SNS 환경에서도 별도의 수정 없이 동작할 수 있다는 특징이 있다. 한편 유사한 기능을 수행하는 마이라이프브랜드에는 프렌드스터(Friendster), 링크드인(Linkedin), 비보(Bebo), 페이스북, 하이파이브(Hi5), 오커트(Orkut), 마이스페이스, 그리고 태그월드(TagWorld)가 가입돼 있다.[7]

최근 국내에서 개발된 소셜미디어 중 서구와 같이 개방적 구조를 통해 다양한 어플리케이션을 제공하는 것도 있다. 대표적인 예가 안철수연구소가 출범시킨 '아이디테일'(idtail)이다. 서비스 내용은 서구의 사례와 크게 다르지 않다. 회원은 자신의 이름, 관심 분야, 학교, 회사, 자주 가는 곳 등 기본 정보와 블로그, 홈페이지 등을 '아이디테일' 페이지에 모으고 동료나 동창, 관심 분야가 같은 사람을 찾아 '마이네트워크'를 만든다. 또한 본인이 입력한 정보에 맞게 추천을 받거나 검색할 수 있으며, 타인에게 인맥 맺기를 신청할 수 있다.

아이디테일이 다른 소셜미디어와 구별되는 점은 국내에서는 처음으로 서비스 업체가 아닌 일반 개발자가 소셜미디어용 어플리케이션을 만들어 제공할 수 있는 플랫폼을 갖췄다는 점이다. 이를 통해 프로그램 개발 능력을 갖춘 사람이라면 누구나 새로운 인맥구축 서비스를 아이디테일에 추가할 수 있다. 참여·개방·공유를 핵심으로 하는 이른바 '웹2.0'의 정신을 적극적으로 구현

---

7 이형효·최향창·김지혜·조상래·진승헌, ibid.

〈그림 15〉 아이디테일 개념

출처: "아이디테일 이야기" http://www.idtail.com/guide/idtail1

하는 국내 소셜미디어가 탄생한 것이다. 8

마지막으로 새로운 인맥 쌓기와 취미 활동을 동시에 할 수 있는 소셜미디어도 있다. 이미 동영상 찍기를 취미로 하는 사람들이 자신의 작품을 공유하고 소통하는 유투브(YouTube)가 있고 사진 공유를 기반으로 하는 플리커 (flicker)도 있다. 최근에는 이러한 취미활동을 공유하면서 인맥을 확장할 수 있는 더 다양한 소셜미디어도 나타나고 있다. 우선 다음커뮤니케이션의 '요즘'(Yozm)을 들 수 있다. 요즘은 다음커뮤니케이션의 최신 마이크로블로그형 서비스로, 10대와 20대 초반의 연령대를 주요 타깃으로 삼고 있다. 요즘의 가장 큰 특징은 온라인 게임을 즐기면서 자신만의 프로필을 아기자기하게 꾸밀 수 있다는 점이다.

미디어레가 출범시킨 잇글링(itgling)도 놀이와 인맥 확장을 결합하고 있다. 잇글링은 '글 이어쓰기'를 통해 사용자 간 인맥을 구축하고 있는데 이는 기존의 프로파일 중심의 관계맺기와는 성격이 전혀 다르다. 다른 사람이 쓴 글에 내 글을 위, 아래, 옆으로 이어 쓰다 보면 아는 사람이 생기고 특정 주제를 주도하는 주요 인물(허브)이 생긴다. 이는 현실 세계에서 네트워크, 인맥을 형성하는 것과 유사하다.

---

8 김윤현(2008.4.8), "[커버 · 인터넷 인맥]SNS, 세상 모든 사람과 '접속'을 꿈꾼다", 〈주간한국〉.

<그림 16> 요즘

　예를 들어 파티에서 대화 상대를 찾기 위해 이곳저곳을 다니면서 옆 사람에게 말을 붙이다 보면 자신과 관심사가 비슷한 사람과 대화상대가 되는 것과 유사하다. 이렇게 이어 쓴 글은 미디어레가 자체 개발한 시맨틱(semantic) 웹 기반 시스템으로 분석돼 사용자에게 연결 고리가 깊은 다른 사용자를 추천해 준다. 조회 수, 추천 수가 아니라 글이 연결된 방식에 기반을 두고 추천해 주는 게 특징이다. 이어 쓴 글들이 서로 어떻게 이어져 있는지를 한눈에 보여주는 '잇글지도' 기능도 갖췄다. 9

9　최순욱(2010.9.26), "[커버스토리]SNS 토종들의 반격이 시작됐다", 〈매일경제〉.

그럼 소셜미디어는 새로운 것이 전혀 없다?

기본적으로 소셜미디어는 사회 구성원들이 자유롭게 정보를 제공하거나 교환하면서 활발한 인적 교류를 형성해 나갈 수 있도록 환경을 조성해준다. 그렇지만 모든 미디어에는 일정 부분 '소셜'한 측면이 있기 때문에 이를 소셜미디어만의 고유한 특징으로 볼 수는 없다. 예컨대 페이스북이나 트위터는 직접 메시지를 전할 수 있는 시스템이고, 싸이월드 같은 친구 찾기 사이트는 메신저 기능과 검색엔진 등을 포함한 시스템이다. 즉, 특정한 소셜미디어에 표준으로 적용되는 하나의 킬러 앱(*killer app*)이 구성되기란 어려운 데다 각각의 미디어는 이용자들의 특성과 더불어 진화해 왔기 때문에 각기 다른 발전 과정을 거치게 된다. 이처럼 소셜미디어는 공통된 속성으로 규정하기 힘들 만큼 다양한 스펙트럼에 걸쳐 있는 개념이다.

그렇다면 지금의 소셜미디어에는 새로운 점이 전혀 없는가? 이전의 다른 미디어와 구별할 수 있는 특징이 전혀 없다는 것인가? 한 가지 분명한 것은 인맥 관계를 바탕으로 한 인터넷상의 정보교류 서비스가 소셜미디어라는 새로운 하나의 용어에 모두 포함될 수는 없다는 점이다. 그렇다면 이전의 미디어와 구분되는 소셜미디어의 새로운 특성은 무엇인가? 이에 대한 답을 찾기 위해 우선 이 시점에서 사용되고 있는 소셜미디어에 대한 다양한 정의를 모아보자. 그러한 정의를 하나하나 검토하다 보면 현재 소셜미디어의 독특한 특성을 찾아낼 수 있을 것이다. 소셜미디어에 대해 지금까지 나와 있는 대표적인 정의를 아래와 같이 정리할 수 있다.

> 온라인 인맥구축 서비스다. 온라인을 통한 정보교환 등을 목적으로 사람과 사람을 연결시켜 주는 서비스다.

> 사람들 간의 관계형성을 보다 손쉽게 하도록 돕는 도구다. 사람들 간의 연결을 쉽게 만드는 툴이나 맥락, 정보를 제공한다.

> 사회적 관계 개념을 인터넷 공간으로 가져온 것으로, 사람과 사람 간의 관계맺기를 통해 네트워크 형성을 지원하며 개인의 일상과 관심을 공유·소통시켜 주는 서비스다.

> 소셜미디어는 단순히 정보 공유만이 목적이 아니다. 사람들의 관심과 의견, 경험과 관점을 공유하고 네트워킹을 통해 또 다른 관계를 지향한다.

위의 네 개의 정의는 비슷비슷한 키워드를 제시하며 매우 유사한 의미를 지니고 있다. 여기서 드러나는 키워드를 위에서부터 끄집어내 보면 사람과 사람의 연결, 연결을 도와주는 도구, 정보와 경험의 공유, 새로운 관계의 확장 등으로 정리할 수 있다. 연결을 따라서 정보와 경험을 교류하고 정보와 경험을 나누다 보면 관계가 생기고 이렇게 반복하면서 관계가 굳어지고 확장된다. 그리고 관계가 형성되고 나면 그 관계를 통로 삼아 더 풍부하고 다양한 정보와 경험을 교류한다. 이러한 선순환 과정이 있기에 소셜미디어의 영향력은 한번 굴러가기 시작하면 빠른 속도로 확대된다. 결국 현재의 소셜미디어는 디지털 멀티미디어 기술에 힘입어 좀더 활발한 콘텐츠 생산과 커뮤니케이션을 가능케 하는 미디어로 ①참여와 공유 ②개방과 대화 ③관계와 커뮤니티 등 세 가지를 주요한 특징으로 갖는다고 할 수 있다.

참여와 공유의 측면에서 소셜미디어는 웹2.0 기술을 기반으로 한 서비스다. 2004년 10월 오라일리미디어(O'Reilly Media)사 대표인 팀 오라일리가 웹2.0 기술의 개념을 소개했다. 이전의 웹1.0이 누구나 이용할 수 있는 정보 창고, 즉 완제품을 온라인 공간에 저장해 누구나 이용할 수 있도록 한 기술이라면, 웹2.0은 사용자가 직접 데이터를 생산·가공할 수 있도록 원재료를 공급하는 플랫폼이나 공장을 제공한다. 웹2.0은 온라인 공간에 아무나 이용할 수 있는 공장과 설비를 제공해 누구나 제품(콘텐츠)을 만들어 나눠 쓰는 서비스를 가능케 하는 기술이다.

결국 웹2.0 기술에 기반을 둔 소셜미디어 서비스는 누구나 참여해 피드백을 할 수 있는 기회를 제공하고 있다. 이용자는 코멘트나 정보를 자유롭게 공유할 수 있다. 전통 미디어가 불특정 다수를 대상으로 하는 브로드캐스트(broadcast) 방식의 일방향 대화 스타일을 채택했다면, 소셜미디어는 멀티 내로캐스트(narrowcast) 방식의 양방향 대화 방식을 지향한다. 소셜미디어에서는 커뮤니티를 신속하게 구성하고 효율적으로 운영할 수 있다. 또 커뮤니티 속에서 직접 제작한 사진, 정치적 이슈, 여가 선용과 관련된 정보, 동영상이나 다른 사람에게서 습득한 자료를 제3자와 나눌 수 있다. 소셜미디어 이용자는 단순한 콘텐츠의 소비자가 아니라 콘텐츠의 제작과 유통에 참여하는 '생산소비자'(prosumer)가 된다. 이 공간에서 정보는 더 이상 개인이 독점할 수 있는 소유물이 아니라 누구나 만들고 사용해 변화를 줄 수 있는 공동의 소유물인 것이다. 소셜미디어의 세계에서 더 이상 정보나 콘텐츠의 독점은 없다.

이러한 방식에 익숙해지면서 이용자들은 다양한 것을 다양한 방법으로 말하고 보여줄 수 있는 서비스에 열광한다.

둘째, 개방과 대화의 측면을 보면 소셜미디어에서 사람들은 누구와, 어떠한 내용도 대화할 수 있고 그 내용은 모두 공개된다. 즉 은밀한 대화, 귓속말, 둘만의 비밀은 더 이상 존재하지 않는다. 또한 자신이 누구인지 밝혀야 한다. 소셜미디어 참여자는 학력, 직장, 취미생활 등 개인 정보를 비롯해 친구 정보, 설치된 응용정보 등으로 구성된 자신의 아이덴티티를 공개하고 이를 바탕으로 대화나 관계를 맺을 대상을 결정하는 방식을 취한다.10

마지막으로, 관계와 커뮤니티의 측면을 보면 소셜미디어는 관계맺기를 통해 이용자 자신의 커뮤니티를 형성하도록 하고 있다. 소셜미디어는 관계를 맺고, 유지하는 것뿐만 아니라 이를 확장하고자 하는 사람들의 욕구를 바탕으로 존재한다. 기존의 대인 커뮤니케이션 연구에 따르면 새로운 사람을 만나서 관계를 시작하는 일은 대다수의 사람들에게 매우 부담스럽다. '대인 공포증'이라는 단어는 바로 이러한 상황이 어떤 개인에게 극단적으로 인식될 때 생겨나는 것이다. 그런데 개인들에게 심리적인 부담을 줄 수 있는 새로운 관계맺기가 온라인상에서는 상대적으로 쉬울 수 있다. 소셜미디어에서의 정보교류는 오히려 이러한 관계를 기반으로 하는 부차적인 기능일 수도 있다. 관계맺기를 바탕으로 정보가 유통될 수 있는 통로가 형성되고 이를 통해 콘텐츠가 흘러 다니기 때문이다. 물론 기존 커뮤니티 망을 통해 콘텐츠가 교류될 때에도 이전의 관계가 강화되거나 새로운 관계가 형성되기도 한다.

사실 사람들끼리 서로 수평적으로 대화하고 교류한다는 것은 인터넷을 비롯한 디지털 미디어의 확장으로 일어난 가장 근본적인 변화다. 어쩌면 소셜미디어 개념의 등장은 이러한 변화의 연장선에서 두드러지게 부각된 현상에

---

10 이형효·최향창·김지혜·조상래·진승헌, op. cit.

불과하다. 즉 소셜미디어의 기능 중 대다수는 새로운 것이 아니라 기존의 다른 서비스나 미디어에서 하던 것을 답습하고 있을 뿐이다. 소셜미디어의 새로움은 소셜미디어가 '어떤 기능을 수행하고 있는가?' 혹은 '소셜미디어를 통해 무엇을 얻을 수 있는가?' 하는 질문을 통해서는 찾을 수 없다.

소셜미디어가 새로운 것은 여기서 산출되는 결과물이 아니라 그러한 결과물이 산출되는 과정(속도 포함)이 독특하기 때문이다. 이러한 과정은 결국 소셜미디어 이용자 간의 커뮤니케이션 방식이다. 그리고 소셜미디어가 점차 일상의 여러 영역에 침투하면서 기존의 미디어와 온라인 서비스 등이 소셜미디어식의 커뮤니케이션 방식을 도입해 모습을 바꿔가기 때문에 더욱 새롭게 느껴지는 것이다. 이제까지 우리가 미디어를 통해서 혹은 미디어와 함께 하고 있던 많은 기능이나 콘텐츠들이 소셜미디어'형'으로 탈바꿈하면서 자리 잡아가고 있다. 소셜미디어'형' 검색, 소셜미디어'형' 뉴스, 소셜미디어'형' TV시청, 소셜미디어'형' NGO, 소셜미디어'형' 여가선용 등이 그것이다.

'소셜', '미디어', 그리고 '소셜미디어'

오늘날 미디어 환경에서 소셜미디어'형'이란 수식어가 무슨 의미를 지니는지 알아보기 위해 우선 '소셜'과 '미디어'로 나눠서 생각해 보자. 영어 단어 중 소셜(social) 만큼 다양한 의미를 갖는 단어도 드물다. 또한 이를 보통 한국어로 '사회적'이라고 번역하지만 사실 이 '사회적'이라는 단어에 어울리지 않는 다양한 소셜의 의미가 존재한다. 예컨대 'social function'이라는 단어를 '사회적 기능'이라고 번역하면 개인적인 것의 반대 의미로 읽을 수도 있고, 집단이나 사회에 의미가 있는 어떤 것이라고 해석할 수도 있다. 하지만 이것이 사람들 끼리의 사귐이나 친교의 의미로 '사교(社交)적 기능'을 지칭하는 경우가 더 많다. 마찬가지로 소셜미디어에서 '소셜'도 집단과 사교의 의미를 동시에 지니는 것으로 봐야 한다. 굳이 구별해서 이야기하자면 전자보다는 후자에 무게 중심을 두는 게 낫다.

우리가 소셜이라는 용어를 개인에 대비되는 개념으로서의 집단, 혹은 사회의 의미로서 사용할 때 소셜은 참여적 성격을 지칭한다. 소셜미디어의 콘텐츠 생산 과정과 대화에 몇몇 소수가 아니라 다수의 사람들이 골고루 참여한다는 뜻이다. 이 때 참여는 특정한 일에 복수의 사람이 동원되는 것과는 다르다. 이는 철저히 자율적이어서, 개인의 의지에 따라 자신에게 요구되는 행동을 할 수도 있고 안 할 수도 있다. 사람들은 서로 말을 걸거나 듣기도 하고 콘텐츠를 생산하거나 전달하는 등의 행동을 한다. 모든 사람들이 서로 영향력이나 힘을 발휘할 기회를 이전의 미디어에서보다 훨씬 균등하게 누릴 수 있다. 이 때문에 참여적 성격의 연장선상에서 개방성이 소셜미디어의 속성으로 간주되기도 한다.

사교적 의미로서의 '소셜'은 사람과 사람 사이의 관계를 회복·유지·형성하는 것을 의미한다. 이러한 소셜 기능은 전혀 새로운 현상이라고 할 수 없다. 사람들이 사는 사회에서는 오래 전부터 다양한 형태의 제도를 통해 이러한 기능이 수행돼 왔다. 인간이 사회를 구성해서 생활하기 시작한 이래 개인은 타인과 협력하고 정보를 공유하는 작업을 통해 사회적 관계망을 형성하고 사회적 생존력을 높여왔다. 특히 한국에서는 주로 지연, 학연, 혈연에 기반을 둔 관계망이 발달했다. 예를 들어, 향우회(지연), 동창회(학연), 종친회(혈연)가 바로 그것이다. 이러한 인맥 서비스는 주로 기존의 관계를 회복하거나 유지할 필요가 있을 때 활성화된다. 즉 고향을 떠난 후에 향우회에 가입하게 되고, 졸업 후 동창회, 그리고 독립된 가족을 형성한 이후에 종친회 활동을 활발히 한다.

그래서 새로운 관계를 형성하게 하는 제도나 서비스도 발달했다. 예를 들어, 중매인이 그러하다. 중매인은 결혼적령기의 남녀에 대한 정보를 가지고 남녀의 만남을 주선하는 서비스를 제공한다. 중매를 통해 결혼이 성사되면 사례를 받는 식으로 운영한다. 유명한 중매인의 명단에 등록하기 위해 별도의 사례비를 내기도 한다. 최근의 결혼정보업체는 이러한 중매인이 기업화한 형태다. 기본적으로 결혼을 원하는 사람들이 자발적으로 가입하고, 회원들의 회비로 회사가 운영된다. 과거의 펜팔업체도 새로운 관계의 형성을 가능하게 한 오프라인 서비스인데 편지를 주고받길 원하는 사람들을 중개해주는 역할을 하며 대개 회원제로 운영되었다. 관계맺기 서비스로서 소셜미디어는 이처럼 오랜 오프라인 전통이 온라인 공간으로 옮겨간 것이라고 볼 수도 있다. 그러나 소셜미디어는 이러한 관계의 폭을 넓히고 빈도를 증가시켰을 뿐만 아니라 관계를 통한 정보의 교류를 실현시킴으로써 일상의 여러 측면에서 큰 변화를 이끌게 된 것이다.

소셜미디어가 단시일 내에 성장할 수 있었던 가장 큰 이유는 단지 사람들이 테크놀로지의 놀라운 편리함에 매료됐기 때문이 아니다. 무엇보다 개인으로서의 표현과 자율, 이를 기반으로 한 공유와 연대를 꾀하고자 하는 인간의 사회적 본성에 부합하는 미디어였기 때문이다.[11] 아이디어를 공유하고 협동해 작품을 만들어 내고, 사고하고 거래하며, 열정적으로 토론하고, 친구가 되거나 동료 혹은 연인으로 발전할 수 있는 사람을 만나는 기회를 얻는 등 관계를 바탕으로 한 정보교류가 가능하게 됐기 때문이다. 즉 정보교류라는 미디어 기능 이전에 인간관계를 먼저 고려해 정보 수용의 효율성을 높인 것이다. 먼저 관계를 형성한 뒤 서로 필요한 정보를 시의적절하게 주고받을 수 있도록 했기에 소셜미디어가 환영받을 수 있었다. 따라서 소셜미디어를 통한 정보교류는 단순한 정보교환 이상의 가치를 지닌다. 정보교류는 인간관계를 통해 이뤄지기 때문에 그 과정에서 자연스럽게 다른 사람들의 일상사를 엿볼 수 있고 이를 통해 다시 관계가 친밀해진다. 소셜미디어는 관계라는 통로를 통해 정보뿐만 아니라 각자의 사회적 경험(*social experience*)을 공유하도록 하는 것이다.

---

11 Shirky, C.(2010), *Cognitive surplus*, New York: Penguin Press.

다음으로 소셜미디어에서 '미디어'는 통신사나 신문사, 방송사와 같은 조직이 아니라, 사람과 사람을 연결하고 많은 사람들에게 정보를 신속하게 전달하는 기능을 의미한다. 과거에는 기술적 연결에만 주력하는 통신미디어와 콘텐츠(정보와 경험) 공유를 위한 매스(혹은 뉴스) 미디어가 따로 존재했다. 그래서 전화와 같은 통신매체는 사적인 소통에 주로 사용됐고, 신문이나 텔레비전은 콘텐츠를 대량으로 공급하는 역할을 맡았다. 그리고 많은 사람들이 '미디어'라고 하면 의사소통의 통로나 교류라는 의미보다는 신문사나 방송사와 같은 전통적인 언론매체를 먼저 떠올린다. 그래서 소셜미디어에서 '미디어'의 의미를 쉽게 이해하지 못하는 것이다. 특히 통신과 대중매체가 기술적으로 융합하는 오늘날의 기술환경에서 미디어는 어디까지나 정보가 이동하는 통로일 뿐이다.

뉴스 전달과 관련해서 흔히 신문이 이 기능의 중심에 놓였던 시기를 1세대 뉴스캐스트라고 부르고, 이어서 인터넷 뉴스가 중심이었던 시기를 2세대라고 한다. 이제 소셜미디어를 통해 소통되는 정보유통시스템은 3세대에 해당한다고 할 수 있다. 과거 신문사는 자신들의 정보를 유통시키기 위해 직접 신문을 제작하고 유통하는 일을 독점했다. 하지만 인터넷 환경에서는 뉴스를 유통하는 역할이 주로 포털에 넘어갔다. 사람들은 뉴스를 보기 위해 신문보다는 포털이라는 중간유통망을 찾는다. 따라서 2세대 미디어 체계에서 신문사는 콘텐츠 생산자로, 포털은 콘텐츠 유통자로 자리매김 했다. 이제 3세대 미디어 체계에서는 소셜미디어가 신문사와 포털의 기능을 아우르고 있다. 사람들은 인도네시아의 쓰나미 현장에서 트위터를 이용, 어느 유력매체보다 빨리 사고 소식을 알리고 현장사진을 디지털카메라로 찍어 전 세계에 중계한다. 미국 시골마을 신문에 난 작은 뉴스거리가 트위터 이용자들을 거쳐 순식간에 전 세계에 퍼지기도 한다.

우리가 지금까지 '미디어'라고 이해하고 이용하던 것은 대략 다음의 그림 위

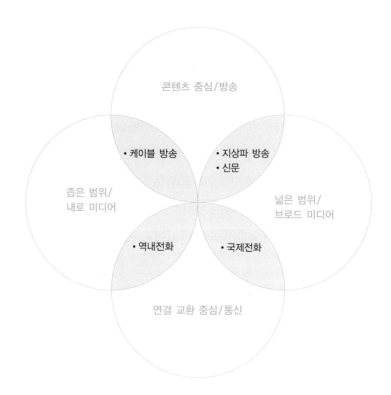

〈그림 17〉 교류의 내용과 범위를 중심으로 본 각 미디어의 위상

콘텐츠 중심/방송

• 케이블 방송

• 지상파 방송
• 신문

좁은 범위/
내로 미디어

넓은 범위/
브로드 미디어

• 역내전화

• 국제전화

연결 교환 중심/통신

에 위치시켜 볼 수 있다. 이것은 개별 미디어의 상대적인 특징을 일목요연하게 파악하는 데 도움이 된다. 〈그림 17〉에 따르면 그동안 우리가 정보를 접하던 통로는 크게 기존 언론매체와 주변의 사람들로 나눌 수 있다. 그림에서 세로축을 따라 위쪽에 신문, 방송들이 위치하고 여기에는 케이블 방송, 인터넷 방송, 그리고 인터넷 신문이 포함된다. 아래쪽에는 대화나 전화, 이메일 등 사람과 사람을 연결해주는 서비스 즉 통신미디어를 위치시킬 수 있다. 전화의 경우 내로 미디어로는 역내(사내) 전화를 들 수 있고 브로드 미디어로는 국제 전화와 전국단위 전화망을 들 수 있다.

3세대 미디어로서 소셜미디어는 지금까지 분리돼 있던 두 가지 미디어 기능,

즉 연결과 콘텐츠를 통합한 형태다. 따라서 소셜미디어에서 미디어의 의미는 과거에 비해 훨씬 더 확대됐다. 콘텐츠 중심의 뉴스미디어와 연결·접속 중심의 통신미디어는 별도로 존재해 왔지만 사실 미디어를 이용하는 사람의 입장에서는 애초부터 이 둘이 뚜렷이 구분된 것은 아니었다. 방송이나 신문 콘텐츠의 이용은 늘 사교적 성격을 가지고 있었다. 예컨대 친구나 직장 동료와 식후 커피 한잔을 하면서 가볍게 대화할 때 소외되지 않으려는 동기에서 텔레비전을 시청할 수도 있다(이를 일명 'water-cooler conversation' 동기라고도 한다).

뉴스 이용에서도 궁금해서 관심을 갖는 것과 타인과 대화를 나누기 위해 관심을 갖는 것이 뚜렷이 구분되지는 않는다. 놀랄 만한 큰 사건이 있을 때 사람들은 방송이나 인터넷 뉴스에 들어가 보지만 이와 동시에 가까운 사람에게 전화를 걸어 이야기하면서 사건에 대한 반응을 공유하기도 한다. 이렇게 서로 구분되면서도 깊이 관련된 두 미디어 영역이 소셜미디어를 통해 합쳐졌다. 미디어의 두 가지 의미가 소셜미디어로 합쳐질 수 있었던 이유는 '미디어'라는 명사를 꾸며주는 '소셜'이라는 측면 때문이다. 즉 '소셜' 때문에 사람과 사람의 연결과 뉴스의 교환이 가능하게 된 것이다.

〈그림 17〉과 관련해서 생각해 보면 소셜미디어는 이 네 꼭짓점을 이용자가 선택해 자유롭게 조합할 수 있는 유연한 미디어다. 소셜미디어는 미디어와 인간 혹은 인간과 인간관계에서 교환됐던 대화의 결합으로서, 과거에 별도로 존재했던 콘텐츠 중심의 매스 미디어와 연결·접속 중심의 통신미디어가 결합된 형태를 지칭한다. 따라서 과거에 콘텐츠 미디어가 제공하던 거의 모든 기능을 이제 소셜미디어에 연결된 개인들이 수행할 수 있다. 과거 미디어에 담겼던 다양한 콘텐츠도 누구에게나, 언제나 자유자재로 전달된다.

또한 〈그림 17〉의 어떤 꼭짓점에 중점을 둘 것인지에 따라 현재의 소셜미디어 서비스를 차별화할 수도 있다. 예를 들어, 트위터는 브로드 미디어로서 콘텐츠를 중심으로 한다. 따라서 전통적인 방송에 더 가깝다. 물론 1인 방송이다. 미투데이는 트위터와 비슷하면서도 그보다는 다소 범위가 제한돼 있고, 트위터에 비해 통신미디어로서의 성격을 더 지닌다.

> 소셜미디어 네트워크는 이전과 뭐가 다르지?

인터넷 카페와 같은 기존 인터넷 커뮤니티에서는 관심사를 중심으로 사람들이 모였고 오늘날의 소셜미디어 기반에서도 사람들은 여전히 관심사를 중심으로 서로 연결하고 접속한다. 이 점에서 인터넷 커뮤니티와 소셜미디어의 네트워크는 대단히 비슷해 보인다. 특히 관심 중심의 커뮤니티는 더욱 그러하다. 이러한 커뮤니티는 트위터 '당'이나 '미투밴드' 등의 기능을 통해 일정한 범위의 사람들이 따로 모이면서 형성된다. 하지만 같은 소셜미디어에서도 이러한 특수 기능을 중심으로 결성된 일반 네트워크와 기존 온라인 커뮤니티는 '나'와 커뮤니티의 관계라는 차원에서 뚜렷이 구별된다.

인터넷 커뮤니티는 공통의 관심사를 지닌 사용자들이 특정한 공간에 모여 활동하는 집단 중심의 커뮤니티 서비스를 의미한다. 기존 커뮤니티에서 주제를 중심으로 한 동호회가 먼저 개설된다. 운영진과 회원은 커뮤니티 안에서 할 수 있는 기능의 수와 정도에서 차등화되는 위계적 구조를 가진다. 또한 주

〈그림 18〉 인터넷 네트워크

제가 다른 커뮤니티와는 교류가 단절돼 있다. 이러한 특징은 초기 소셜미디어인 아이러브스쿨 등에도 나타난다. 이러한 커뮤니티는 기존 오프라인 커뮤니티의 연장으로서 혈연, 지연, 학연 중심으로 구성됐다. 이 커뮤니티의 모양새를 비유적으로 표현하자면 〈그림 18〉과 같다. 이 커뮤니티에서는 '내'가 빠져도 커뮤니티가 붕괴되지 않는다. 다만 규모가 축소될 뿐이다. 한 사람이 빠져 나가더라도 원의 크기를 줄인다면 다시 손을 잡고 원을 만들 수 있다. 즉 전체 네트워크는 지속된다. 여기에서 '나'는 네트워크의 한 구성원일 뿐이다. 이런 이유에서 인터넷 네트워크에서 '나'는 공통관심사를 중심으로 네트워크에 참여하는 여러 성원 중 한 명에 지나지 않는다.

최근 소셜미디어 커뮤니티는 사용자 개개인이 중심이 되어 다른 사용자와 관계를 형성하고, 이러한 관계가 축적된 결과로 하나의 네트워크를 형성한다. 자연발생적인 성격이라는 점에서 인터넷 커뮤니티나 초기 소셜미디어 커

72

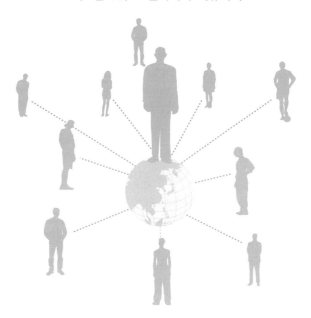

〈그림 19〉 소셜미디어 커뮤니티

뮤니티와 구별된다. 최근 소셜미디어의 커뮤니티는 이용자 개인의 진실된 프로필을 기반으로 하기 때문에 이용자는 원하는 사람들을 골라 자기만의 맞춤형 네트워크(customized network)를 구성할 수 있다. 또한 그때그때 필요에 따라 네트워크를 바꿀 수 있고 간단한 클릭 한 번으로 관계를 맺거나 끊을 수 있다. 따라서 커뮤니티의 경계는 가변적이며 일시적이다. 사용자 개개인이 중심이 돼 다른 사용자와 관계를 형성한 결과물이 커뮤니티다. 즉 여기서는 커뮤니티보다 '나'라는 개인이 우선이다. 이를 그림으로 표현하면 〈그림 19〉와 같다. 내가 빠지면 나를 중심으로 한 커뮤니티도 없다.

소셜미디어의 다양한 유형들

앞서 현재의 소셜미디어는 어떤 미디어 기능에 중점을 두는지, 또 그 영향력의 범위가 어느 정도인지에 따라 구분할 수 있다고 밝힌 바 있다. 소셜미디어 간의 차이는 결국 이용자들이 관계를 맺는 방식과 이용 목적에 영향을 받은 결과다. 이러한 두 가지 기준을 가지고 현재의 소셜미디어를 유형화해보면 '개방형' 대 '폐쇄형' 그리고 '관계지향형' 대 '정보추구형'으로 나눌 수 있다.

1) 개방형과 폐쇄형

개방형과 폐쇄형의 구분은 새로운 관계를 맺는 데 당사자 상호간의 동의가 필요한지에 따른 것이다. 페이스북과 마이스페이스, 트위터 등 미국에서 유래한 소셜미디어는 일반적으로 개방적이라고 평가된다. 이에 반해 요즘 (YOZM), 미투데이, 싸이월드, 일본의 미쿠시(Mixi) 등으로 대변되는 우리

〈그림 20〉 미쿠시(mixi)

나라와 일본의 최근 소셜미디어는 상대적으로 폐쇄적이라고 평가받는다. 물론 현재 폐쇄형으로 분류되는 소셜미디어도 이전의 싸이월드와 같은 소셜미디어에 비해서는 훨씬 개방적이지만 위에서 소개한 서구의 소셜미디어보다는 폐쇄적이다.

동양과 서양의 소셜미디어 유형의 차이는 문화적인 차이에 기인하는 바 크다. 서양인들은 대체로 모르는 사람들하고도 자연스럽게 대화를 나누고, 각자 개인적인 이야기를 하는 것을 좋아한다. 반면에 우리나라를 포함한 동양인들은 낯선 이와 대화하는 데 소극적이고, 이슈가 되는 주제에 빠르게 반응하며 다른 이들의 이야기를 듣는 편이다. 이 두 유형의 커뮤니케이션 효과 측면을 따져보면, 관계를 양적으로 확장하는 데는 개방형 소셜미디어가 유리하고, 관계를 질적으로 돈독히 하는 데는 폐쇄형 소셜미디어가 효과적이라고 볼 수 있다.

서양의 소셜미디어가 처음부터 개방형이었던 것은 아니다. 이러한 변화는 폐쇄형 소셜미디어로 시작한 페이스북이 대표적이다. 2004년 서비스를 오픈할 당시 페이스북은 하버드 대학 내에서만 운용됐다. 그러다가 점차 아이비리그의 대학들, 고등학생 네트워크, 기업 네트워크로 개방의 폭을 넓히면서 개방형으로 바뀌어 갔다. 그리고는 드디어 2006년 9월 전면 개방을 선언하기에 이르렀다.

미국과 유럽의 인기 있는 소셜미디어는 대부분 개방형이지만 폐쇄형 구조를 지닌 것도 몇몇 있다. 이런 소셜미디어들은 대개 특정 집단 전용 커뮤니티로 활용되는 소규모 특화 사이트인데, 특정한 조건을 만족하는 사람들만 이용하도록 하고 있다. 이를 틈새(niche)형 소셜미디어라 부르기도 한다. 예를 들어, 자동차를 주제로 하는 Boompa, 가족을 주제로 하는 Farmster, 유아부모를 대상으로 하는 TotJot, 다이어트를 주제로 하는 Traineo, 그리고 여러 가지 소(小) 관심사를 주제로 사람들이 모이는 Daum café, Naver café, 그리고 Dogster, Catster 등이 있다.

어느 블로거는 개방형을 '광장', 폐쇄형을 '로비'에 비유하기도 했다.[12] 이 블로거는 개방형 소셜미디어의 특성을 "의자 하나 없는 넓디넓은 광장만 제공할 뿐 주최자는 그럴듯한 프로그램 하나 마련해 놓지 않는다. 초대받은 사용자들이 각자 자기의 이야기를 하면 지나가는 사람이 귀를 기울이고, 말을 걸기도, 친구가 되어주기도 한다. 이 광장에는 펜스가 없고 따라서 누구나 와서 누군가에게 말을 걸 수 있다"고 표현한다. 한편 폐쇄형을 로비에 비유한 것은 이런 유형의 소셜미디어가 마치 거실에서 손님을 맞이하는 주인과 비슷하기

---

12 모바일 콘텐츠 이야기(n.d.)(2010.10.20), "광장형 SNS와 로비형 SNS" from http://mobizen.pe.kr/976

때문이다. 폐쇄형 소셜미디어 운영자들은 손님이 오면 어떤 이야기를 하면 좋을지, 어떤 스타들이 있고, 최근 회자되는 이슈들이 무엇인지 친절하게 안내하는 역할을 한다.

2) 관계지향형과 정보추구형

소셜미디어의 기능은 크게 인적관계와 정보교환으로 나눌 수 있다. 각 소셜미디어는 이 두 가지 기능 중 하나에 중점을 두고 발전해 왔다. 우선 정보추구형 소셜미디어는 참여를 통해 정보를 좀더 다양하고 풍부하게 생산하고 유통하는 것을 목적으로 한다. 이러한 소셜미디어는 그동안 미디어 기업들의 고유영역에 속했던 정보의 생산과 유통, 분배를 사회적 영역, 다시 말해 사회를 구성하는 개인에게 상당 부분 넘기도록 하는 데 기여했다. 우리 사회의 대다수를 구성하는 보통사람들도 소셜미디어를 활용해 정보의 소비자를 넘어서 정보 생산자가 될 수 있다. 그리고 이러한 정보 생산 활동을 통해 유명인이 될 수도 있다. 정보추구형 소셜미디어는 사람들을 수동적 콘텐츠 소비자에서 적극적 생산자로 탈바꿈시키는 데 공헌했다.

정보 생산자의 폭이 넓어지면서 사회적 쟁점에 대한 구성원들의 자발적 참여와 실시간 피드백이 활성화됐다. 이 덕분에 정부와 언론사 등 중앙 집중적 기관을 통해 사회적 쟁점의 해결방식이 일방적으로 하달되던 기존 구조가 허물어지게 됐다. 정보추구형 소셜미디어가 정보 흐름의 민주화를 뒷받침했다는 평가를 내리는 이유가 여기에 있다. 이러한 역할을 중심으로 인기를 얻은 대표적인 소셜미디어가 트위터다.

트위터는 정보가 빠르게 유통된다는 점, 그리고 자신이 선택한 사람들에게서 오는 정보만을 받아본다는 점이 가장 큰 특징이다. 트위터에서는 자체적으로 정보를 찾고 유통하며 소비하는 교류행태를 볼 수 있다. 예를 들어, 내가 관심을 가지고 있는 분야의 전문가를 팔로잉하고 그들이 쓰는 글들을 보고 그 링크에 걸린 주소를 통해 내게 필요한 글을 선택한다. 그리고 이러한 글에 나의 의견을 덧붙여 다른 사람들에게 리트윗한다. 이러한 과정을 통해 정보가 확산된다. 다른 한편으로 트위터는 겉으로는 누구나 평등한 정보 전달자 역할을 할 수 있을 것 같지만 실제 내용을 보면 오프라인에서 영향력이 있는 인물, 믿을 만한 글을 올리는 인물에게 팔로어가 많이 생기는 구조다. 실생활의 권력 구조가 그대로 이어지는 모양새이며 정보를 받아보기 위한 '미디어'로서의 성격이 강하다.

반면 페이스북은 트위터와는 다른 개념으로 정보를 유통시킨다. 페이스북은 서로 친구를 맺어야만 정보를 주고받을 수 있는 사회적 네트워크 기반 정보유통시스템이다. 그렇기 때문에 많은 페이스북 이용자들은 페이스북에 상주하며 이런저런 정보를 공유한다. 트위터가 여러 가지 정보를 실시간으로 주고받는 거대한 시장이라면 페이스북은 친구들끼리 주고받는 이야기만 교류하는 응접실 같은 곳이다. 일반적으로 친구집단은 가장 신뢰받는 정보 유통 경로지만 집단 내에서만 정보가 교환되는 범위의 제한성 때문에 전파력이 약하다. 페이스북은 인적 네트워크 간의 연결을 통해 친구들 간 정보교환의 낮은 전파력을 극대화하는 역할을 하고 있다.

한편 정보추구형 소셜미디어에서 유통되는 콘텐츠는 정보성이 높을지는 모르지만 친밀감은 떨어지는 내용이 많다. 이것은 이용자들이 글을 남길 때 자기검열을 하기 때문이다. 프로파일에 공개된 자신의 정체성에 맞는 글이나 다른 사람보다 정보성이 높은 글을 남기려 하기 때문에 자신의 내면을 드러내는 즉흥적 글쓰기를 꺼리게 된다. 이런 이유에서 정보를 소비하는 목적이 아니라 사람과 친해진다는 목적으로 트위터의 글을 읽으면 재미가 없어진다.

최근에는 교류되는 정보의 가치로 개별 소셜미디어를 평가할 때가 많다. 그러나 소셜미디어의 기능은 정보 교류보다는 관계의 형성과 유지에서 찾아야 한다는 견해도 있다. 보이드와 엘리슨은 소셜미디어의 개념과 발전 과정을 정리하면서, 소셜미디어가 비록 기술적 다양성을 드러내고 있으나 그 근간은 공통적으로 웹상의 인맥을 분류해 드러내는 것이라고 했다.[13] 이는 소셜미디어가 대인 관계를 더 효율적으로 운영하기 위한 목적에서 출발했기 때문이다. 이 견해에 따르면 소셜미디어가 등장하게 된 애초의 이유는 인간관계 관리의 필요성 때문이다. 따라서 상대적으로 인적관계 중심 소셜미디어가 정보추구 중심 소셜미디어보다 많을 가능성이 크다. 일반화하기는 어렵지만 대체적인 추세로 볼 때 우리나라에서는 다른 나라에 비해 정보적 혹은 미디어적 기능보다는 관계 중심적 기능이 핵심이었다고 할 수 있다. 예를 들어 아이러브스쿨과 싸이월드가 그러했다. 최근 정보성을 중시한 서비스를 시작한 미투데이도 주 이용대상자가 우리나라 사람이기 때문에 정보추구형보다는 관계 지향형에 가까운 성격을 지닌다.

미투데이에서 교류되는 정보를 트위터와 비교해 볼 때 개인적이며 가볍다고 평하는 사람들도 있다. 하지만 이 정보에는 인간미가 느껴진다. 내가 힘들 때 위로받을 수 있고 내가 즐거울 때 더 즐겁게 느낄 수 있도록 힘을 실어주는 말을 들을 수 있다. 트위터에서는 실연당한 사연을 찾아보기가 어렵지만 미투데이에서는 흔하다. 이것은 미투데이 이용자들이 남보다 나은 내 모습을 보이려는 경향보다 내 모습을 있는 그대로 드러내는 경향이 상대적으로 강하기 때문이다.

인적관계 지향형 소셜미디어는 다시 관계를 맺는 사람들이 누구인지에 따라 관계 회복형, 유지형, 그리고 형성형으로 구분될 수 있다. 관계 회복형은 기존 오프라인에 존재했던 관계가 일시적으로 단절되거나 소원해졌을 때 이

---

13 Boyd, D. M. & Ellison, N. B.(2008), "Social network sites: Definition history, and scholarship", *Journal of Computer Mediated Communication* 13, pp. 210～230.

를 복원하는 것을 주목적으로 한다. 과거의 아이러브스쿨이 대표적이다. 관계 유지형은 기존에 형성된 관계를 활성화하거나 유지하기 위한 목적을 수행한다. 이 유형의 대표적인 예는 싸이월드다. 마지막으로 관계 형성형은 이전에 존재하던 관계를 유지하는 것은 물론이고 새로운 관계의 형성도 추구한다. 최근 유행하고 있는 트위터와 미투데이가 대표적인 예다. 페이스북은 관계 유지형과 관계 형성형의 중간쯤에 위치한다고 할 수 있다.

일반적으로 관계 회복과 유지형 소셜미디어에서 개인은 커뮤니티나 집단의 구성원으로서의 인맥관리 기능을 수행하며, 관계 형성형 소셜미디어에서는 개인을 중심으로 한 새로운 집단을 형성하려 한다. 관계 형성형 소셜미디어는 기본적으로 '관계의 유지'뿐만 아니라 '관계의 확장'에 대한 소비자의 요구를 전제하고 있다. 이미 '잘 아는' 사람과의 관계만 추구해서는 관계를 확장하기 힘들며, 따라서 필연적으로 '모르는 사람'에까지 자신의 관계 영역을 확장해야 한다는 것이다. 물론 오프라인상에서 이런 '대책 없는 인간관계의 확장'은 개인에게 적지 않은 심리적인 부담을 주지만, 온라인상에서는 상대적으로 부담이 없다. 특히 관계의 시작이 상대방의 동의를 얻는 것이 아니라 나의 일방적 결정으로 가능한 개방형 소셜미디어가 관계 형성을 목적으로 하는 이용자에게 인기다. 이렇게 형성된 인적 관계는 개인의 정체성을 중심으로 수평적으로 뻗어나간다. 나를 기준으로 내가 관심을 가지는 사람을 추가하면서 결국 나는 네트워크의 중심이자 하나의 분기점이 된다.[14] 그리고 네트워크는 다른 네트워크와 맞물리며 계속 성장한다.

하지만 다른 한편으로 보면 관계형성·유지 기능과 정보추구 기능을 명확히 구분하기는 어렵다. 정보를 추구하다 보면 자연스럽게 정보교류자 사이에 인적관계가 형성된다. 그리고 반대로 관계를 유지하다 보면 정보를 교류하게

---

14 윤덕환, op. cit.

되는 측면이 있다. 즉 정보추구를 기반으로 한 활동의 결과가 관계의 형성과 유지로 이어질 수 있는 것이다. 예컨대 대다수의 소셜미디어는 기존의 대인 관계를 유지하도록 해주지만, 정치적 견해나 활동과 같은 공통의 관심사를 바탕으로 낯선 사람과 연결되기도 한다. 우리는 일상적인 관계를 유지하거나 새로운 관계를 형성하기 위해 전화를 걸지만 전화 통화 내용 중에는 단순히 나를 소개하고 상대에 대한 정보를 받는 것 외에 내가 아는 다른 사람 혹은 취미나 사회적 관심사에 대한 정보 그리고 사회적·정치적 문제에 대한 나의 견해가 포함되기도 한다. 즉 인적관계를 위한 커뮤니케이션과 정보추구를 위한 커뮤니케이션이 실제 생활에서는 뚜렷이 구분되지 않는 경우가 많다.

3장

소셜미디어는 왜 이용하는가?

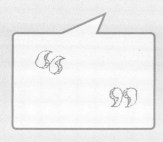

누구나 처음에는 셀레브러티에게 끌린다

소셜미디어 특성상 몇몇 사람만 가입해서는 별다른 재미와 효용을 느낄 수 없다. 함께 가입한 사람들의 규모가 커질수록 개개인이 이용할 수 있는 콘텐츠의 양과 질이 늘어나는 현상을 경제학 용어로 '외부효과'라고 부른다. 한 개인이 특정 상품이나 서비스를 이용할 때 얻는 효용이, 자신 외에 다른 사람들이 얼마나 많이 연결돼 있는지에 따라 영향을 받기 때문이다. 초기 가입한 사람들은 단조로운 콘텐츠만 이용하게 돼 재미를 느끼기 어렵다. 따라서 이미 가입한 사람들을 지속적으로 붙잡는 동시에 추가로 가입자를 늘릴 수 있는 강력한 유인책이 필요하다. 이때 이용할 수 있는 유인책 중 하나가 유명인이다. 사람들은 유명인들에 대한 관심 때문에 가입하게 되고 이용을 시작하게 된다. 이를 통해 전체 이용자 규모가 증가하고, 이는 다시 모든 가입자가 이용할 만한 콘텐츠가 늘어나는 결과를 가져온다.

최근 유행하는 트위터와 페이스북, 그리고 미투데이 등의 소셜미디어 역시 처음에는 대개 유명인들이 사용하면서 주목받았다. 국내에서는 특히 트위터에서 이러한 경향이 뚜렷했다. 그리고 유명인의 트위터 이용이 기사화돼 소셜미디어를 이용하지 않는 사람들도 이런 내용을 알게 됐다. 유명인을 팔로잉하지 않더라도 기사를 통해 유명인들이 소셜미디어로 일반인과 소통하는 이야기를 부분적으로 즐길 수 있다. 유명인이 관련된 기사는 언론사들이 많이 다루고 그럴수록 소셜미디어의 인기와 이에 대한 관심이 높아진다.

소셜미디어의 세계에서 셀레브리티의 역할이 일정한 수의 이용자를 단시간에 끌어야만 하는 서비스 초기에만 위력을 발휘하는 것은 아니다. 최근 레이디 가가(Lady GaGa) 등 트위터를 이용하는 미국의 유명인들이 어린이 보호단체인 'Keep A Child Alive'의 모금을 위해 일정액이 모금돼야만 다시 트위터 활동을 시작하겠다는 약속을 하는 독특한 캠페인을 벌이기도 하였다. 미국에서는 이를 '디지털 생명을 희생하는 방식의 캠페인'(digital life sacrifice campaign)이라 부르고 있다. 이들 유명인의 팔로어들은 자신이 좋아하는 유명인을 디지털 세계로 다시 환생시키기 위해 적극적으로 모금에 참여한다.

그러나 유명인에 지나치게 의존하는 소셜미디어는 위험도 감수해야 한다. 유명인과 접촉하는 데에만 관심이 있는 이용자들의 비율이 지나치게 높은 경우 한때의 호기심이 사라지면 접속이 급격히 줄어들 수 있다. 또한 일방적으로 보는 이용자가 많아질 경우 상대적으로 생산되는 콘텐츠의 양이 적고 내용의 다양성도 떨어져 서비스의 지속적인 성장이 위협받을 수 있다.

유명인 혹은 본인이 접하기 어려운 전문가와 무언가를 소통하는 것도 즐거움이지만 소셜미디어에 자신이 직접 참여하면서 좀더 다양한 종류의 재미를 느낄 수도 있다. 일반인들이 소셜미디어에서 얻는 즐거움은 어떤 것들이 있을까?

어떤 매체를 좋아하세요? 그런데 왜요?

사람들이 특정 미디어를 왜 이용하는지를 커뮤니케이션 학자들은 '이용동기'라고 불러왔다. 미디어 사업자은 바로 이 이용동기에 늘 관심을 갖는다. 많은 사람을 끌어들이는 요인을 파악하면, 이에 맞는 서비스를 제공해 수익을 창출할 수 있기 때문이다. 참여자도 마찬가지다. 많은 사람이 참여하는 소셜미디어일수록 다양한 혜택을 얻을 수 있다.

만약 당신이 "어떤 미디어를 좋아하세요?" 라는 질문을 받는다면 무엇이라고 답할까? 즉답이 나오기 어려울 정도로 애매한 질문이다. 옛날 같으면 "신문보다 텔레비전이 좋아요" 하는 식의 대답이 많겠지만 그것은 호랑이 담배 먹던 시절의 이야기다. 아마도 사람들의 대답은 대부분 "이러이러할 때는 이것을 보고(쓰고) 저러저러할 때는 저것을 쓰곤(보곤) 한다" 정도가 아닐까? 우리는 모두 이미 여러 개의 매체를 동시에 사용하는 다중미디어 이용자들이 되었다. 여기서 '이러이러할 때'와 '저러저러할 때'에 해당하는 것이 미디어 이용동기, 욕구를 나타낸다. 따라서 소셜미디어의 이용동기를 알기 위해서는 먼저 사람들이 어떤 때 어떤 소셜미디어를 이용하고 싶어하는지 알아야 한다.

미디어의 이용동기나 욕구가 뒤늦게 발견되는 경우도 있다. 예를 들면 한 연구는 휴대전화 DMB를 통해 방송을 보는 사람일수록 문자메시지 사용이 눈에 띄게 줄어든다는 것을 발견하였다.[1] 그동안 문자메시지 이용은 대개 어떤 특정한 용건이 있는 기능적인 행위로 여겨졌다. 그런데 특정한 시간에 특정한 사람과 교환하는 문자메시지는 그저 '시간보내기'라는 단순한 동기에 의한 경우가 많다는 사실이 확인된 것이다. 이처럼 미디어 이용동기에 대한 이해는 미디어 서비스 간의 대체나 경쟁 상황을 예측하는 데에도 유용하다. 겉으로 달라 보이는 서비스도 이용자들의 이용동기가 유사할 경우 서로 잠재적인 경쟁상대가 되기 때문이다.

따라서 미디어 사업자들은 사람들이 특정 미디어나 서비스를 왜 이용하는지에 늘 관심을 가진다. 커뮤니케이션 학자들은 동기와 콘텐츠의 유형, 미디어의 유형을 조합해보면서 특정 미디어를 경험한다는 것이 사람들에게 어떤 의미인지를 알고자 노력해 왔다. 새로운 미디어 현상을 대상으로 한 탐구는 언제나 동기연구에서 출발했다. 또 사업자들은 동기를 알아야 그것을 공략할 수 있고 새 사업을 개발하거나 기존 서비스를 개선할 수 있다. 더욱이 기술의 발전에도 불구하고 충분히 충족되지 못한 특정한 동기가 있다는 것을 알 수만 있다면 거기에 맞춘 서비스를 개발하는 일은 상대적으로 쉬워진다. 이러한 이유로 이용자의 동기 구조를 알고자 하는 경쟁은 치열하다.

현재의 미디어 환경은 미디어 접속에서 구조적인 제약이 거의 없다. 누구나 언제 어디서나 이용자 개인이 매체를 이용하려는 의지, 욕구, 동기만 있다

---

1 Do, J., Kim, D., Kim, D. Y., & Kim, E.(2009), "When mobile phones meet television …: An FGI analysis of mobile broadcasting users in Korea", *Media Culture & Society* 31(4), pp. 669~679.

면 어떤 미디어든 접속할 수 있다. 언제나 접근 가능한 미디어 세상을 앞당긴 데에는 모바일 기기의 등장이 큰 기폭제가 됐다. 모바일 덕분에 우리는 언제 어디서나 어떤 매체든 접근할 수 있다. 기술적 접근성이 획기적으로 해결된 상황에서 미디어 이용을 유도하거나 제약하는 것은 사실상 '이용자의 동기가 얼마나 강한가' 하는 심리적인 요인뿐이다.

물론 미디어는 매체(콘텐츠를 실어 나르는 기기 혹은 과정)와 메시지(콘텐츠)라는 요소로 구성된다. 콘텐츠에 상관없이 특정 매체에 접속하고 싶을 수도 있고, 매체와 상관없이 특정 콘텐츠를 원하는 사례도 있다. 따라서 동기의 대상이 되는 것은 다양한 수준이라 할 수 있으며 오늘날의 미디어 환경에서는 이러한 수준을 구분해 볼 필요가 있다. 역사드라마를 즐겨보는 시청자가 있다고 가정하자. 이 사람은 역사콘텐츠가 보고 싶어서 역사드라마를 시청할 수도 있고 드라마라는 장르가 좋아서 때마침 방송되는 역사드라마를 보고 있는지도 모른다. 혹은 단지 무료하거나 자극이 필요해서 그것이 역사드라마건 뉴스건 간에 그냥 텔레비전을 틀어놓고 그 앞에 앉아있는 건지도 모른다. 아마도 이 사람이 역사드라마를 시청하는 것은 이러한 요인의 종합적인 결과물일 것이다. 하지만 개념적으로는 이것을 분리해서 볼 수 있다. 겉으로는 모두 역사드라마를 시청하는 것처럼 보여도 그 매체를 '왜' 이용하는가 혹은 '어떻게' 이용하는지에 따라 그 행위의 의미는 달라진다. 그렇다면 소셜미디어는 왜 이용하는가?

소셜미디어는 다양한 욕구를 충족시키는 범용 미디어다

이론적으로 보자면, 미디어의 이용동기는 성격처럼 고정적인 성향적 동기(dispositional motives)와 그때그때 상황에 따라 촉발된 보다 단기적인 상황적 동기(situational motives)로 나눌 수 있다. 한 연구에 따르면 여러 개의 미디어를 넘나들면서 사용하는 요즘 사람들의 미디어 이용동기는 대략 네 가지의 성향적 동기로 나누어질 수 있다고 한다.[2] 첫째 주변에 내가 알아야 할 정보가 있는지 등 세상 돌아가는 일을 알고자 하는 동기다. 둘째 주로 사교적인 목적이다. 다른 사람과 잘 어울리고자 하는 동기다. 셋째 지루하지 않게 시간을 즐겁게 보내며 적당한 자극을 추구하는 것을 말한다. 마지막은 자기 자신의 존재를 드러내고자 하는 동기다. 주변 사람들에게 나의 존재를 알리고 잘 보이고자 하는 동기다. 적극적으로 자기를 표현하며 사이버 공간에서 어느 정도 나

---

2 이준웅 · 김은미 · 심미선(2006), "다매체 이용자의 성향적 동기", 〈한국언론학보〉 50(1), 252~285쪽.

의 존재감을 유지하고자 하는 행동이 바로 이 네 번째 동기에 포함된다.

대개 미디어를 이용하는 동기는 이렇게 네 가지 동기의 조합 안에서 이뤄진다. 상황적 동기와 구분되는 성향적 동기는 사람들에게 어느 정도 주어진 성격처럼 존재한다. 여기에 시간과 장소 혹은 함께 있는 사람이 누구인지 등 상황에 따른 동기가 추가돼 특정 미디어의 사용을 유도하게 된다.

이 네 가지 동기 유형은 크게 도구지향적 동기와 관계지향적 동기로 묶을 수 있다. 단순화하자면 도구지향적 동기란 미디어를 이용해 다른 무언가 구체적인 과업을 이루고자 하는 것을 말하며, 관계지향적 동기란 미디어 이용 그 자체를 목적으로 삼아 관습적으로 사용하는 것을 뜻한다. 네 가지 동기 중에서 앞의 두 가지 동기는 도구지향적인 것으로, 주로 특정한 유형의 정보나 콘텐츠를 추구하게 만든다. 뒤의 두 가지 동기는 관계지향적인 것으로, 인간관계를 추구하거나 자신의 정체성을 유지하기 위해 미디어를 사용하는 것이다. 친구들과 문자 메시지를 교환하는 것은 기존의 관계를 잘 유지하기 위해서이기도 하고 친구와의 관계 속에서 자신의 정체성을 확인하고 드러내기 위해서이기도 하다.

2010년 한국인터넷진흥원이 발간한 《마이크로블로그 이용실태 조사보고서》에 따르면 소셜미디어를 이용하는 사람들은 다음과 같은 목적을 가지고 이용하고 있다. ① 정보습득 및 교류 ② 커뮤니케이션 ③ 친교와 교제 ④ 오락과 여가 ⑤ 개인사 정리 ⑥ 개인 홍보 ⑦ 광고 등 경제활동이 그것이다. '유명인에 관한 정보가 많아서'는 두드러진 이유가 아니다(물론 이런 동기는 숨어 있어서 조사 결과로 잘 드러나지 않을 수 있다).

그러나 이 조사 결과 중에서 주목해야 할 부분은 주요 이용동기가 무엇인가 하는 점보다는 (가장 많이 언급한 정보습득의 목적을 제외하고는) 사람들이 소셜미디어를 사용하고 있는 목적이 '각양각색'이라는 점이다. 소셜미디어는 기존 매스미디어가 가진 기능과 통신매체가 가진 기능을 골고루 충족시키는, 그야말로 방통융합 시대의 특성을 잘 보여주는 미디어다. 소셜미디어는 어떤 특정한 동기를 집중적으로 충족시키기보다는 다양한 동기를 충족시킨다. 물론 이는 사람마다 서로 조금씩 다른 용도로 사용하고 다른 즐거움을 얻기 때문이기도 하다. 어떤 사람은 소셜'뉴스'를 주로 사용하고 또 다른 사람은 '소셜'게임을 좋아하거나 '소셜'커뮤니티(예컨대 트위터의 'XX'당이나 미투밴드 등의 기능)를 이용하기도 한다. 앞에서도 소셜미디어는 기존에 다양한 미디어가 제공하던 기능을 소셜미디어'형'으로 바꾼다는 점을 설명하였다.

예를 들어, 소셜커뮤니티의 경우, 다음과 같이 특정한 실용적 목적을 중심으로 활동하는 사례를 볼 수 있다.

사례 1.

\헤이데이\님이 만든 캘리그라피밴드 (http://me2day.net/blossome/band)
캘리그라피는 일반인들에게 막연한 분야다. 평소 캘리그라피에 관심을 가진 사람들은 밴드를 통해 팁을 공유한다. 구경하러 온 사람들도 직접 써보며 손 글씨의 맛을 느끼고 있다. 헤이데이(http://me2day.net / blossome)님에 따르면 가입자는 일단 잘 쓰든 못 쓰든 자신의 글씨를 인증한다. 헤이데이님이 틈틈이 과제를 내주고 가입자들은 이를 연습한다.

사례 2.

\손바닥영화\님이 만든 미투 어학밴드(http://me2day.net/ckh2020)
국내외의 미친들(미투데이 친구들)이 모여 만든 어학밴드다. 기존 학습위주의 어학공유 밴드가 아니다. 실생활에 쓰이는 언어 위주로 질문을 주고받고, 재미있는 어학정보를 나눈다. 약 8개 국어(한·중·일·불·아랍어 등)의 어학생들이 모여 있으며 하나의 주제를 놓고 여러 가지 언어로 이야기를 나눈다. 이 밴드 가입자는 10대 중학생부터 50대 직장인까지 연령층이 다양하다. 또 세계 각지에 거주하고 있기 때문에 현지정보를 누구보다 발 빠르게 나누고 있다.

이밖에도 소셜미디어는 이용자나 상황에 따라 다양한 기능을 수행한다. 해외의 몇몇 연구자들은[3] 트위터의 가장 독특한 기능으로 주목받는 재전송기능 (RT)을 사람들이 왜 사용하는지에 관해 트위터에서 질문을 하고 답을 모아봤다. 답으로 들어온 이유들은 다음과 같았다.

(1) 새로운 대중에게 뉴스를 전달하기 위해
(2) 특정집단에게 즐길 거리나 정보를 제공하기 위한 일종의 큐레이팅 행위로서
(3) 뉴스에 자신의 의견을 덧붙여 대화나 토론을 시도하기 위해
(4) 뉴스를 경청하는 청자로서 자신의 존재를 부각하기 위해
(5) 공개적으로 동의를 표시하기 위해
(6) 타인의 의견을 확인하기 위해

---

3 Boyd, D., Scott, G., & Gilad, L.(2010), op. cit.

⑺ 존경, 성실, 우정을 표시하기 위해
⑻ 인기가 없거나 존재감이 낮은 뉴스를 더 부각하기 위해
⑼ 자신을 과시해 더 많은 팔로어(청자)를 획득하기 위해
⑽ 의견을 온라인 공간에 저장하고 보존하기 위해

　이 조사결과 중에서 뉴스 확산이나 오락적 기능 등은 기존 미디어 조사에서 흔히 보는 이용동기와 유사하지만, 자신의 사이버 존재감을 유지하고자 하는 동기는 소셜미디어에서 강하게 나타나는 독특한 현상으로 주목할 만하다. 재전송이나 포스팅을 했다는 것은 그 내용에 관심이 있거나 동의한다는 것을 나타내기도 하지만 청자로서 자신의 존재를 부각하고자("나 여기 있어요!"), 타인에게 우정을 표시하고자("난 당신을 소중하게 여겨요!") 하는 표시이기도 하다. 이러한 동기는 실제 어떤 내용의 메시지가 띄워지는가 하고는 상관없는 것이다. 이 결과는 단순히 정보를 확산하는 기능쯤으로 여기기 쉬운 재전송 행위가 응답자에 따라 폭넓고 다양한 심리적 기능을 수행하고 있음을 보여주는 사례다. 또한 소셜미디어의 이용동기를 과거 미디어 시절과는 전혀 다른 새로운 각도에서 접근할 필요가 있음을 시사해준다.

관계가 정보고 정보는 관계다

사람들은 소셜미디어에서 다른 사람과 접촉할 때, 나를 어떻게 표현할 것인지 고심한다. 이는 오프라인 세계에서 외출의 성격에 따라 입는 옷이나 장신구를 바꾸는 것과 같다. 나를 모르는 많은 사람들이 나의 외모를 통해 나에 대한 이미지를 형성할 수 있기 때문이다. 따라서 나에 대한 소개글뿐만 아니라 나의 아이디가 무엇인지, 내가 알고 있는 다른 사람이 누구인지, 취미나 사회적 관심사에 대한 정보 그리고 사회적 정치적 문제에 대한 나의 견해가 어떤지 등이 모두 이러한 이미지 형성에 작용하는 요인이다. 즉 소셜미디어에 포함되는 모든 정보는 단순히 정보에 그치지 않는다. 자기 자신을 표현해 존재감을 구축하고, 이를 관문 삼아 일종의 팬 혹은 지지자와 같은 새로운 사람과 관계를 형성하는 기반이 된다.

　획일적으로 이야기하기 어렵지만 적어도 지금까지 한국의 소셜미디어는 다른 나라에 비해 정보적 혹은 도구적 기능보다 관계 중심적 기능이 핵심이었

〈그림 22〉 미투데이 '글감찾기' 기능

다. 이것은 아이러브스쿨, 싸이월드 등 한때 관계 중심의 소셜미디어가 유행했던 경험에서도 그렇고, 최근에 등장하는 국내 소셜미디어가 차별화된 관계 맺기에 중점을 두는 것을 볼 때도 그렇다.

그러나 도구적 기능과 관계적 기능은 동전의 양면과 같다. 말할 '꺼리'가 대화를 만들고 대화가 친구를 만들며 친구가 '꺼리'를 더 재미있게 만들어 내는 것이 바로 커뮤니케이션의 과정이요 효과다. 그리고 드러내고 싶은 동기와 들여다보고 싶은 동기는 동전의 양면과 같아 하나가 제대로 작동하기 위해서는 다른 하나를 필요로 한다.

사람들은 대략 관계 지향적 동기나 도구 지향적 동기(정보를 추구하는 등 무엇을 얻고자 하는 것)에서 미디어를 이용한다. 이전의 미디어는 주로 이 둘 중 어느 하나에 초점을 맞추었다. 소셜미디어에서는 이 두 유형의 동기가 서로 구분 없이 뒤섞여 있다. 소셜미디어의 짧은 글을 보면 사람들이 무엇을 생각하고 있는지, 어떤 점이 고민인지, 무엇에 즐거워하는지 등 내가 관심을 두고 있는 사람들의 일상 흐름을 감지할 수 있다. 이는 말하자면, 기후를 감지하는 것이요, 감을 잡는 것이다. 이것이 소셜미디어에서의 정보이며 관계다.

소셜미디어에서는 객관적인 정보뿐 아니라 사람들의 관심사와 경험, 관점, 의견도 공유된다. 공유는 또 다른 관계를 낳는다. 관계 형성과 유지, 정보추구 기능을 명확히 구분하기란 어렵다. 정보를 추구하다 보면 정보교류자 사이에 자연스레 인적관계가 형성되기 때문이다. 정보추구를 기반으로 한 활동의 결과가 관계의 형성과 유지로 이어질 수 있는 것이다. 내가 제공한 정보는 내가 어떤 사람인지 상대방에게 보여주는 근거가 되기도 한다. 그리고 관계를 유지하기 위해 정보를 교류하는 측면도 있다. 예컨대 대다수 소셜미디어는 기존 대인 관계를 유지하도록 해주지만, 정치적 견해나 활동과 같은 공통의 관심사를 바탕으로 낯선 사람과 연결해 주기도 한다.

시장조사기관 트렌드모니터의 2010년 9월 조사[4]에 따르면 트위터의 가입 동기는 '친구·지인과의 교류'가 38.8%, '타인의 일상소식을 접하려'가 37.6%, 그리고 '본인의 소식을 알리기 위해'가 16.5%다. 아는 사람과의 교류와 그들의 일상소식을 접하는 것이 공통분모로 보이며 이 둘은 크게 구별되지 않고 함께 존재하는 것으로 보인다.

트위터상의 정보는 일반 인터넷에서처럼 '어느 특정 장소'에 가서 얻는 정보라기보다는 내가 관심을 갖는 분야의 전문가를 찾아서 그들이 전파하는 메시지를 구독하는 성격을 띤다. 한 번 찾아서 구독해 두면 그때그때 알아서 나에게 정보가 배달되고 일 대 일로 질문을 하고 자문을 구할 수도 있다. 내가 평소에 접할 수 없는 사람의 정보는 그 사회적 의미에 상관없이 소셜미디어를 통하지 않고는 얻을 수 없었던 희소한 정보다.

---

4 트렌드모니터(2010), "트위터 이용 관련 조사" from 서울: 트렌드모니터(http://www.trendmonitor.co.kr)

서비스별 이용동기의 차이

미디어의 숫자가 늘고 서로 제공하는 콘텐츠가 이 미디어에서 저 미디어로 흘러 다니며 호환성이 높아질수록 이용자들은 각자 추구하는 동기에 따라 자신에게 맞는 미디어의 '조합'을 골라서 사용하게 된다. 학계에서는 이것을 '미디어 레퍼토리'라고 부르기도 한다. 말하자면 오늘날 미디어 환경에서 신문독자, 텔레비전 시청자, 인터넷 이용자처럼 매체별로 이용자를 구분하는 개념은 더 이상 쓸모가 없다. 그 대신 다양한 미디어를 조합해서 이용하는 패턴을 보고 이를 유형화하는 방식이 현실에 더 가깝다는 것이다.

이용동기 역시 마찬가지다. 정보를 얻기 위해 신문을 보고, 오락용으로 드라마를 본다는 식의 구분은 현재 미디어 환경에 맞지 않는다. 다매체 시대 미디어 이용자의 동기는 매우 복잡하고 다양한 형태로 나타난다. 비슷비슷해 보이는 미디어나 서비스도 저마다 조금씩 미묘한 차이를 볼 수 있다. 이러한 미묘한 차이에 따라 선택이 이뤄진다. 때로는 소셜미디어가 이용자의 특정한 동기를 역으로 자극해 이용을 유도하기도 한다.

미투데이와 페이스북, 트위터, 싸이월드만 비교해도 각자 '전공 분야'가 조금씩 다르다. 어떤 것은 서비스의 기획이나 디자인 자체로 특정 사용목적을 유도하기도 한다. 또 초창기 사용자가 '어떤 속성을 가진 사람들이었는지'에 따라 특징이 굳어지기도 한다. 미디어가 서로 경쟁적으로 진화하면서 각자의 독특한 위치에서 자리를 잡아갈 경우, 시간이 흐르면서 초기의 차이점들이 그대로 굳어지기도 한다. HAM 동호인들의 일 대 일 교류용 미디어로 시작한 무선통신이 결국 라디오 방송이라는 미디어 시스템으로 진화한 것이 그 사례다. 우리나라에서 초창기 트위터는 주로 IT기업 종사자들이나 여론지도층 사이에서 사용돼 정보성을 지닌 내용이 많았다. 반면 초창기 미투데이는 10대들이 몇몇 인기인들과 교류하기 위해 이용됐기에 그 내용이 사뭇 다르다. 트위터가 일방적으로 전파할 수 있는 특징이 있어 어느 정도 불특정 청중을 의식한 글쓰기가 이뤄진다면 미투데이에서는 좀더 자신이 통제하고 있는 지인들의 범위 안에서만 글이 읽혀질 것을 고려한 글쓰기가 이뤄지기 때문이다.

소셜미디어는 기존의 미디어와 달리 제공된 콘텐츠를 소비하는 데 그치는 것이 아니라 이용자들이 만들어 낸 대화, 수다, 정보 등의 콘텐츠를 다시 우리가 이용하는 구조로 돼 있다. 소셜미디어 운영업자가 콘텐츠를 만들지 않는다. 우리가 만든 것을 우리가 소비하기 때문에 타인이 어떤 동기로 그 서비스를 이용하는지에 따라 콘텐츠가 달라지고 이것이 나의 이용동기를 자극해 나의 이용에도 영향을 미친다. 유사한 콘텐츠의 패턴이 생겨나고 나름대로 규범이나 에티켓이 형성되기도 한다. 타인의 동기나 이용 패턴이 나의 이용 방식에 직접 영향을 미치기 때문에 주이용자층이 굳어지고 나면 바꾸기 힘들다.

통신산업의 전통적 속성인 '네트워크 효과'란 통신서비스 이용을 통해 얻는 효용은 같은 서비스를 이용하는 다른 사람들의 규모에 따라 달라진다는 것을 일컫는다. 소셜미디어도 나 이외의 다른 누가 접속하는지에 따라 개개인이

거둘 수 있는 효용이 달라진다. 그래서 한번 익숙해진 소셜미디어 서비스를 버리기가 어렵다. 이메일의 경우 구글을 쓰다가 네이버로 옮기기가 그다지 어렵지는 않다. 하지만 미투데이를 한참 쓰다가 트위터로 바꾸기는 쉽지 않다. 나의 미투데이 친구들이 나를 따라 다함께 옮겨주지는 않기 때문이다.

사람들은 자신이 관심을 갖는 사람들이 '모이고 쏠리는' 소셜미디어 서비스에 계정을 열어 자신이 원하는 대화와 관계의 장을 확장시켜 간다. 관계 지향의 미디어이기에 또래집단이나 관심집단이 모이는 서비스에 사람들이 몰린다. 사람이 사람을 부르는 꼴이다. 개인이 기존에 잘 사용하던 소셜미디어 계정이 있더라도 주변 사람들이 특정 소셜미디어를 사용하게 되면 그 서비스에 가입해 복수 소셜미디어 계정을 유지하는 것도 마다하지 않는다. 소셜미디어에는 자신의 기록뿐 아니라 지금까지 사람들과 나누었던 온갖 대화와 기록이 고스란히 남기 때문에 철새처럼 서비스를 옮겨 다니기가 쉽지 않다.

하지만 마찬가지 논리로 하나의 서비스에 영원히 충실하리라 예측하기도 어렵다. PC통신에서부터 온라인 채팅 서비스나 학교 인맥을 찾아주던 서비스, 그리고 미니홈피나 블로그에 이르기까지 각각의 서비스는 대화하고 관계를 유지·확장하려는 욕구를 특정한 방식으로 만족시키며 사람들을 매료시켜 왔다. 하지만 새로운 서비스는 새로운 욕구를 개발하거나 만족시켰기에 성공을 거두었다는 점을 되새길 필요가 있다. 이런 점을 고려할 때 현재의 소셜미디어가 소셜미디어의 궁극적 형태일지는 좀더 지켜볼 필요가 있다.

동기와 이용의 세대 차이

소셜미디어상에서 교환되는 대화나 정보를 관찰해 보면 연령대나 성별에 따라 내용의 차이가 많이 난다. 소셜미디어는 일상생활을 매개하며, 인생의 진행단계에 따라 사람들이 관심을 두는 주제와 즐겨하는 대화거리는 달라지기 때문이다.

세대가 올라갈수록 온라인 공간에서 자기 속내를 드러내고 자아표현을 하는 일에 익숙지 않다. 10대들이 차지하고 있는 인터넷 커뮤니티에 30대 이상이 끼어들어가기가 쉽지도, 편치도 않다. 30대 이상의 연령층 중에는 청중의 존재를 의식하고 표현을 하는 사람이 많다. 반면 나고 자라면서 뼛속 깊이 디지털 세대인 10대들은 그렇지 않다. 교육학자인 마크 프렌스키(Mark Prensky)는 이들을 '디지털 네이티브(디지털 원주민)'이라고 지칭하였고, 이에 대비하여 연장자들은 '디지털 이주민'이라고 부르기도 한다. 10대들은 청중에 상관없이 그냥 '지른다'. 때로는 지르고 누가 거기에 대해 대답(댓글 또는 리플

라이) 을 하면 아무 거리낌 없이 즉시 일 대 일 대화를 나눈다.

대화 내용이나 이야기 구성 방식도 다르다. 나이대가 올라갈수록 특정 사건에 대해 이야기할 때 에피소드를 담는 방식을 택하는 경우가 많다. 예컨대 퇴근해서 집에 들어가기까지 정경을 담는다든지 하는 것이다. 이에 비해 10대들은 '무엇을 쓸 것인지'가 그다지 중요하지 않다. 시간이 남으면 빈 시간을 채우기 위해 그냥 글을 쓴다. 남들이 듣든 안 듣든 무엇이든 쓴다. 맞장구를 쳐줘도 그만, 안 해줘도 그만이다. 마치 세상과 채널을 열어놓는 것 자체가 목표인 것처럼 보인다.

10대들은 미디어가 완전히 일상 안으로 들어온 사람들이다. 이에 비해 나이가 든 사람들은 미디어와 일상을 아직도 부분적으로만 접합시켜 놓은 것처럼 보인다. 그래서 연령대가 올라갈수록 소셜미디어를 더 도구적이고 합목적적으로 이용하는 것으로 보인다. 이들은 소셜미디어를 통해 관계를 유지하고 확장하며 정보를 공유하고 이미지를 관리한다. 이에 비해 10대에겐 이것이 일상이요, 마치 아침인사와 밤인사처럼 매일매일 치르는 의식(ritual)에 가깝다.

소셜미디어를 통한 대화는 웹에서처럼 사람들이 활동하는 어떤 곳(홈피이건 게시판이건)에 가서 한꺼번에 동향을 살펴볼 수 있는 구조가 아니다. 사람에 따라 볼 수 있는 것이 모두 다를 수 있기 때문이다. 예컨대 어떤 이슈에 대해 무엇을 말하고 있는지를 보기 위해 인터넷 게시판을 들어갈 경우 사람들은 모두 같은 텍스트를 본다. 신문이나 방송을 이용할 때도 사람들은 모두 동일한 텍스트, 즉 내용을 접한다. 인터넷 시대가 되면서 이러한 텍스트가 크게 증가해 옆 사람이 보는 텍스트를 내가 보지 않는 것이 많아졌다. 하지만 내가 그곳을 찾아가기만 한다면 똑같은 텍스트를 볼 수 있다.

하지만 소셜미디어는 어떤 사람과 관계맺기가 되어있는지에 따라 개개인에게 뜨는 메시지가 제각각 다르다. 똑같은 것을 보는 일은 거의 불가능하다. 같은 메시지라도 어떤 메시지 옆에 있는지에 따라 다르게 읽히기도, 해석되기도 한다. 예컨대 북한의 세습에 대해 평하는 메시지 옆에 재벌의 세습에 관한 메시지가 있는지 아니면 북한의 인권에 대한 메시지가 있는지에 따라 다른 해석을 할 수 있다.

4장

소셜미디어를 통한 사회관계의 속성

사례 1

춘천에 있는 강원대 정 모 교수는 내년이면 예순을 맞는 이른바 '구세대'지만, 요즘 유행하는 페이스북에 푹 빠져 지낸다. 그가 페이스북에서 맺은 친구는 214명인데, 이 중 3분의 2는 오프라인에서 이미 알고 지내던 지인들이고, 나머지는 페이스북에서 만난 사람들이다. 페이스북 친구들 중에는 그동안 서로 연락하고 지내던 사람도 있지만, 오랫동안 소식이 끊겼다가 페이스북을 통해 다시 연결된 사람도 적지 않다. 페이스북에는 가입자의 회원 정보를 바탕으로 학교나 직장 등 어떤 형태로든 관계가 있을 만한 사람을 추천해주는 기능이 있어, 과거 중고등학교 시절의 친구들과 다시 연락을 취하는 사례가 적지 않다. 특히 오래전 미국 유학 시절의 은사와 페이스북에서 만나 지난해 미국 출장 때 무려 27년 만에 재회한 일은 정 교수에게 페이스북의 위력을 실감케 해준 좋은 기억으로 남아 있다. 오랜 미국생활 경험과 능숙한 영어 구사력을 갖춘 그는 춘천 지역의 원어민 교사들과도 페이스북 친구로 지내고 있다. 〈강원일보〉 2010. 10. 22

사례 2

명지대 박 모(57·여) 교수는 페이스북에 가입한 지 두 달여 만에 910명의 친구를 갖게 됐다. 전공분야가 이민행정학 탓인지 친구의 절반 정도는 해외 한인회와 국내 다문화 단체 사람들이다. 한편 전혀 안면이 없지만 친구가 된 사람도 많은데, 이들과도 오랜 친구처럼 글을 주고받으며 지낸다. 이전에는 결혼한 여성에게 친구란 주로 같은 또래의 동성에 국한됐는데, 페이스북을 통해 친구의 경계가 이전에 비해 엄청나게 확대됐다고 한다. 그래서 그는 "페이스북이 한국 중년 아줌마의 벽을 부수는 기쁨을 느끼게 해준다"고 말한다. 〈동아일보〉 2010. 9. 9

사람들은 사회생활을 하면서 수많은 사람들과 관계를 맺으면서 살아간다. 어린 시절 한 동네에서 살거나 학교생활을 함께 하면서 친한 친구가 된 사람도 있고, 회사일이나 다른 업무를 위해 만나다가 친분을 쌓은 사람도 적지 않다. 하지만 우리가 현실세계에서 만날 수 있는 사람의 범위는 한정돼 있으며, 한 번 만난 사람과 친분을 쌓는 일도, 관계를 지속하는 일도 그리 쉽지 않다. 서울에서 부산까지 KTX로 두 시간 반이면 이동하는 시절이 됐지만, 특별한 계기가 없으면 다른 지역에 사는 '지인'들과 정기적으로 소식을 주고받는 일이 그리 쉽진 않다. 직장상사와 부하직원처럼 서로 신분이 다른 사람이나 업무상 만나는 사람들에겐, 딱히 꼬집어서 말하기는 힘들지만 서로 격의 없이 대화를 나누기 어려운 심리적 부담이 존재하기 마련이다. 즉 현실세계에는 사람들 사이의 물리적, 심리적, 사회적 거리가 인간관계를 형성하는 데 장애로 작용한다.

하지만 앞의 두 사례에서 볼 수 있듯 소셜미디어는 바로 이러한 거리를 허물고 사람들 사이의 관계를 큰 폭으로 바꾸고 있다. 특히 소셜미디어가 사람들 간의 관계맺기 방식에 큰 변화를 가져왔다는 점은 주목할 만하다. 과거에는 사람들의 관계맺기가 주로 오프라인에서 얼굴을 맞대고 만나거나 아니면 전화기 너머로 목소리를 들으면서 일 대 일로 소통하는 방식으로 이뤄졌다면, 지금은 모바일이나 컴퓨터 키보드를 매개로 형성된다. 이를 '디지털 인맥'이라고 부르는 사람들도 있다.

그렇다면 소셜미디어 시대에 인간관계, 혹은 '소셜'의 측면에는 어떤 특징이 있으며 이는 과거 오프라인 시대에 비해 어떻게 달라졌는가? 앞서 언급한 사례로 돌아가 보자. 페이스북 덕분에 정 교수의 교류범위가 이전에 비해 많이 확대됐다. 만일 오프라인에서라면 그가 아무리 부지런하다 해도 210여 명의 친구들과 지속적인 관계를 유지하기가 쉽지 않을 것이며(관계의 양적 확대), 더구나 춘천에 살면서 이들과 연락하며 지내기란 더욱 어렵다(지리적 거리 초월). 이는 오로지 그가 새로 시작한 페이스북 덕분일 것이다. 또한 페이스북은 새로운 형태의 관계도 형성할 수 있게 해주었다. 물론 쉽사리 단정할 순 없지만, 환갑이 가까운 노교수가 생면부지의 젊은 미국인 강사들과 친구가 돼 매일 대화를 나누는 일은 오프라인 환경에서는 상상하기 어렵다. 아마 이들 사이에 뭔가 공통의 관심사가 있기 때문이겠지만, 그렇다 하더라도 페이스북이라는 통로가 없다면 이들이 친구사이를 맺기도, 유지하기도 쉽지 않을 것이다. 그리고 이전의 오프라인 환경에서는 시간과 공간의 제약 때문에 많은 친구들과 동시에 만나 대화를 나누는 일조차 어려웠다. 소셜미디어는 폭넓은 관계를 유지, 관리하는 데 환상적일 정도로 편리한 미디어임에 틀림없다. 이메일, 온라인 카페, 블로그 등과도 확연히 다르다.

소셜미디어라는 생소한 소통환경에서 우리는 다양한 사람들과 여러 가지 방식으로 대화하며 새로운 형태의 인간관계를 형성해 가고 있다. 이처럼 소셜미디어를 매개로 한 새로운 소통환경에서 우리가 맺게 되는 인간관계는 어떤 특성이 있을까? 또 이는 과거에 비해 어떤 점이 다르고, 또 어떤 공통점이 있을까? 물론 소셜미디어가 가져오는 관계는 새로운 현상임에 틀림없다. 하지만 이것 역시 사람들이 서로 소통하며 맺는 관계라는 점에서 과거의 현상과 비슷한 특징을 많이 보여준다. 과거 사람들 간의 관계를 이해할 때 사용하던 개념들이 소셜미디어의 세계를 설명하는 데 어느 정도 유용한지, 또 어떤 점이 다른지 살펴보자.

인간관계를 이해하는 키워드

1) '아는 사이'와 '친한 사이'

현실세계에서든 온라인상에서든 사람들은 서로 만나 관계를 맺는다. 여기에는 아주 가까운 사이가 있고, 다소 어려운 사이도 있다. 속마음을 털어놓을 수 있는 친한 사이가 있는가 하면, 그냥 안면을 익힌 정도의 관계도 있다.

우선 사람들이 관계를 맺는 데에는 동기가 중요한 요인으로 작용한다. 즉 어떤 목적을 달성하기 위한 수단으로 만나는 도구적인 관계도 있고, 때로는 나의 선택과 무관하게 형성되는 일차적인 관계도 있다. 업무나 상거래 등 이익을 목적으로 하는 만남은 그 목적이 달성되는 순간 관계를 유지해야 할 이유가 소멸하는 도구적 관계지만, 가족이나 친구는 이러한 목적과 무관하게 만남이나 관계 자체가 목적이 되는 일차적 관계다. 오래전 독일의 사회학자 페르디난트 퇴니스(Ferdinand Tönnis)는 이익사회(*Gesellschft*)와 공동사회

(*Gemeinschaft*) 라는 용어로 이러한 사회관계의 차이를 잘 표현했다.

인간관계에서는 만남의 동기도 중요하지만 이들 간 관계의 밀도나 깊이 역시 관계의 특성을 규정하는 요인으로 작용한다. 친척이나 가족뿐 아니라 다른 사무적인 관계에서도 대개 서로 만나고 소통하는 정도가 클수록 관계가 깊어진다. 하지만 아무리 친한 사이라 하더라도 처음에는 남남사이에서 시작해 친분을 쌓아간 것이다. 건널목에서 신호등을 기다리다가 우연히 옆에 서있는 낯선 사람과 눈이 마주쳤다고 하자. 그 사람에 대해 우리가 순간적으로 파악할 수 있는 것은 피상적이고 아주 제한된 사항뿐이다. 얼굴 생김새나 옷차림으로 보아 그 사람은 한국인이고 여성이며 아마 30대 초반 정도일 것이라 짐작할 뿐이다. 그러나 그 사람과 잠시 대화를 나눠보면, 겉으로 드러난 것보다는 좀더 많은 것을 알게 된다. 알고 보니 그 사람은 내 직장 이웃 건물에 있는 컴퓨터 회사에 다니며, 결혼해서 갓난아기가 있는 사람이었다. 이처럼 대화를 나누면서 상대방의 신상에 대해 어느 정도 파악하게 될 때 우리는 서로 조금씩 '아는 사이'를 이루게 된다. 업무상 가끔 만나는 사람, 아파트 이웃에 살며 인사나 주고받는 사람들은 모두 아는 사이라 불린다.

하지만 이렇게 알게 된 사람과 자주 만나면서 공통의 관심사를 찾아내 함께 활동하고 속마음을 털어놓는 사이가 되면, 두 사람은 단순히 아는 사이가 아니라 친한 사이로 발전하게 된다. 아는 사이와 친한 사이의 차이란 질적으로 엄격하게 구분되는 게 아니라 관계의 친밀도나 접촉의 강도와 같은 정도의 문제라고 보는 게 맞다. 서로 아는 사이에서는 예의에 어긋나지 않기 위해 일정한 거리를 두고 다소 의례적이고 피상적인 대화만 나누게 된다. 그렇지만 친한 사이가 되면 각자 프라이버시의 담장을 어느 정도 허물고 오히려 의도적으로 이러한 거리를 파괴하고 사적인 경험을 공유하는 것이 예의다.

아는 사이와 친한 사이의 차이는 결국 둘 사이의 거리가 좁혀지며 관계가 깊어진다는 것을 의미한다. 이는 상대에 대해 서로 얼마나 알고 있으며, 보여줄 수 있는지에 따라 판가름 난다. 관계의 깊이란 마치 양파 껍질을 한 겹 한 겹 벗겨내듯이 타인의 깊은 내부에 접근할 수 있는 정도를 의미하며 이에 대한 인식은 '친밀감'으로 표현된다. 친밀감은 물리적 거리와 함께 지식의 공유, 자기 노출, 감정 공유, 행위의 공동 경험 등에 영향을 받는다.

　미국의 사회학자인 마크 그라노베터(Mark Granovetter)는 앞서 말한 아는 사이와 친한 사이를 식별하는 데 유용한 개념을 제공했다. 그는 1970년 직업 이동 시장에 관한 박사학위 논문에서 사람들이 어떤 경로로 직업 관련 정보를 얻는지 분석했다. 여기서 그는 사람들이 구직정보를 얻을 때 친분관계의 네트워크를 활용하며, 이 정보는 직업의 질을 결정하는 데 중요한 요인이 된다고 보았다. 그는 사람들 간의 친밀도를 접촉 빈도에 따라 '강한 유대'(strong ties), '약한 유대'(weak ties), '유대가 없는 관계'(absent ties)로 나누었다. 이를 구체적으로 측정하기 위해 각각 한 주에 한 번 이상 접촉, 연간 1회 이상에서 매주 2회 이하의 빈도로 접촉, 일 년에 한 번 이하 접촉 등으로 척도를 설정했다. 한 주에 한 번 이상 접촉하는 사람들은 서로 강한 유대를 갖는 친한 사이라는 셈이다.

　그라노베터는 사람들이 서로 접촉하고 소통하는 빈도와 정도에 따라 관계의 친밀도를 판단할 수 있다고 보았다. 그렇다면 그가 제시한 개념이 과연 소셜미디어 환경에서 사람들 간의 소통양상과 관계맺기를 이해하는 데에도 적용될 수 있을까? 소셜미디어라는 새로운 커뮤니케이션 환경의 특징들을 검토할 때 우리는 이 질문에 대한 답을 얻을 수 있다.

2) 인간관계와 스몰토크

친밀도가 인간관계의 성격을 결정하는 핵심요인이라면, 사람들이 이를 형성하고 유지하는 비결은 무엇일까? 우리는 서로 남남관계에서 아는 사이가 되고, 다시 친한 사이로 발전할 수도 있으며, 관리를 소홀히 하면 다시 어색한 사이로 후퇴하기도 한다. 인간관계는 친분의 정도, 즉 친밀도에 따라 등급을 매길 수 있는데, 이러한 관계의 토대는 바로 커뮤니케이션이며, 이것이 없으면 인간관계는 유지될 수 없다. 심지어 혈연으로 연결돼 절대 끊을 수 없을 것처럼 보이는 가족조차 서로 주기적으로 연락하고 소통하지 않으면 관계가 유지된다고 할 수 없다. 흔히 가족 내 갈등을 다룬 드라마에서 '가족의 연을 끊겠다'는 표현을 볼 수 있는데, 이는 더 이상 대화를 나누지 않겠다는 의지를 표현한 것이다. 인간관계의 핵심 속성 중 하나는 바로 이 관계라는 것이 끊임없이 유지되지 않으면 곧 허물어질 수 있다는 점이다.

그런데 인간관계는 어떤 대단한 사건이 아니라 지극히 사소하고 일상적인 대화를 유지할 때 만들어지고 유지된다. 이 관계의 바탕이 되는 커뮤니케이션은 매우 일상적이고 사소한 내용으로 이뤄져 있다. 즉 인간관계를 유지하는 원동력은 '스몰토크'에 있다. 우리가 아침마다 나누는 '안녕'이라는 간단한 인사가 사라지거나, 무언가를 주고받을 때마다 '감사하다'는 식의 짧은 대화가 없어진다면 어떻게 될까? 스몰토크, 즉 가벼운 대화가 지속적으로 이뤄지지 않으면 관계라는 거창한 네트워크도 붕괴의 위험에 처하게 된다. 이는 연인사이든 친구사이든 마찬가지다. 만일 연인이나 친구처럼 아주 친밀한 사이라면 좀더 중요한 사건을 함께 경험하고 심각한 이야기를 나누게 되겠지만, 이러한 일들이 날이면 날마다 생기지는 않는다. 이들처럼 아주 가까운 관계도 매일매일 나누는 소소한 대화를 통해 지탱된다.

커뮤니케이션 학자인 스티브 덕(Steve Duck)[1]에 따르면 인간은 스몰토크를 나누면서 자신이 처한 관계와 그 관계를 앞으로 어떻게 가꾸어 나가겠다는 비

---

1 Duck, S.(1994), "Steady as (S)he goes: Relational maintenance as a shared meaning system", In Canary, D. J. & Stafford, L.(Eds.), *Communication and relational maintenance*, San Diego: Academic Press.

전을 공유한다. '안녕'이라는 아침 인사에 '나는 너와의 인연을 소중히 생각해'라는 메시지가 담겨있는 것이다. 그래서 인간관계에서는 대개 대화 내용 자체보다는 빈도가 더 중요하다. 짧고 때로는 무의미한 내용이라 할지라도 자주 나누는 대화가 공유 관계를 지속적으로 환기시키고 사람들 사이에 공통된 경험의 장을 확장시키면서 공동의 '현실'을 만들어나가게 된다.

이러한 맥락에서 보자면 소셜미디어는 사람들이 짧은 대화를 지속적으로 자주 나누기에 매우 편리한 미디어다. 특히 모바일 기기를 이용하는 소셜미디어 덕분에 사람들은 특정한 시간이나 장소에 구애받지 않고 일상의 다양한 상황에서 단상이나 경험을 공유할 수 있다. 트위터 사용자들은 화장실이나 지하철에서 심지어 회의 중에도 자신의 경험과 생각을 담은 짧은 메시지를 지인과 공유할 수 있다. 말하자면 우리는 소셜미디어의 매개를 통해 순간적으로나마 지인 간에 서로 시공간이 접합되는 것 같은 체험을 하게 된다. 소셜미디어의 혁명적인 잠재력은 바로 여기에 있다.

소셜미디어를 통한 관계맺기는 어떤 점이 다른가?

관계맺기라는 측면에서 볼 때, 소셜미디어에서 사람들이 만나는 방식은 어떤 특징이 있으며, 이는 이전 오프라인 환경과 어떤 차이점이 있을까? 소셜미디어는 지금까지 보지 못한 낯선 현상이다. 그뿐만 아니라 지금도 계속 진화하며 시시각각 변하고 있어, 이 질문에 자신 있게 대답하기는 어렵다. 따라서 지금 단계에서는 어떤 대답도 성급한 모험이라는 점을 전제하면서, 기본적인 질문에서부터 논의를 시작해보자.

1) 사람들은 무엇을 위해 만나는가?

첫 번째 의문은 사람들이 왜 소셜미디어를 하는가, 혹은 이들이 소셜미디어를 통해 관계를 맺고자 하는 동기는 무엇인가 하는 질문이다. 한 조사에 따르면 한국사람들이 소셜미디어를 이용하게 되는 동기로는 '인맥형성과 관리',

'정보교류' 때문이라는 답이 가장 많았다. 2010년 3월 트렌드모니터 조사결과를 보면, '정보나 소식을 빠르게 접할 수 있다'는 점이 가장 비중이 높았고 (47.1%), 다음으로는 '실시간으로 커뮤니케이션이 가능하다'(42.5%), '관계를 관리해 주는 편리한 도구다'(35.6%) 등의 순이었다. 2 특히 직장인들은 인맥관리를 손쉽게 할 수 있을 뿐 아니라 취미활동 등의 관심 분야, 업무관련 정보 등을 언제 어디서나 신속하게 볼 수 있다는 점을 소셜미디어의 장점으로 꼽았다. 다시 말해 '정보습득'과 '인맥관리'가 소셜미디어를 통한 인간관계의 두 가지 핵심축을 이룬다. 그렇다면 이 두 가지 동기를 통해 이뤄지는 인간관계는 어떤 성격을 지니는가?

모르는 사람들이 만나서 어떤 형태로든 관계를 맺으려면, 이들이 만날 수 있는 장이나 매개체가 필요하지만, 더 근본적으로는 이들이 모임을 시작하거나 지속해야 할 목적이나 동기가 있어야 한다. 앞서 퇴니스가 말한 이익사회와 공동사회라는 개념은 인간관계를 맺는 동기나 목적을 잘 표현하고 있다. 즉 어떤 사람은 나에게 도움이 되기 때문에 만나고, 또 어떤 사람은 나와 가까운 인연으로 맺어져 여기서 벗어나기 어렵기 때문에 관계를 유지한다.

마찬가지로 소셜미디어에서도 사람들이 관계를 형성하게 되는 동기에는 이 두 가지 측면이 혼재돼 있다. 소셜미디어 종류별로 보자면 트위터는 정보수집이라는 도구적이고 실용적 관계의 성격이 강하고, 페이스북이나 미투데이는 관계 형성과 관리의 동기가 더 두드러진다. 페이스북의 '친구', 미투데이의 '미친'은 상대방과 상호동의하에 관계를 형성하는 것으로, 사람 자체에 대한 개인적 관심을 반영한다. 반면 트위터에서 관계맺기 형태의 하나인 '팔로잉'은 관계형성에 대한 상대방의 의지와 무관하게 일차적으로 그 사람 자체나 그가 생산하는 '정보'에 대해 관심을 나타내는 일방적인 행위다. '팔로잉'은 흔히 '구독'에 비

---

2 트렌드모니터(2010), "Market Trend: SNS(Social Network Service) 관련 조사", Retrieved 2010.10.20 from http://www.trendmonitor.co.kr/market

유된다.

위의 조사결과는 소셜미디어를 통해 형성되는 관계의 성격이 소셜미디어마다 다르다는 사실을 잘 보여준다. 관계의 질, 즉 '관계의 친밀함'이나 '관계의 강도'에 따라 사람들이 주로 사용하는 소셜미디어 종류가 달라진다는 것이다. 이 조사에서는 가장 친밀한 대인관계인 '가족·형제'를 1번으로 두고, '연인·가까운 사람들', '학교동창'에서 '직접 관련 없는 유명인'에 이르기까지, 관계의 친밀도에 따라 시계방향으로 다이어그램을 구성했고, 그에 따라 상대적으로 많이 활용되는 소셜미디어를 집계했다. 그 결과 가족·형제는 주로 휴대폰 문자메시지를 사용하는 경향이 강했고 연인, 가까운 사람들, 학교동창, 그리고 친구들 사이에는 메신저와 미니홈피가 주로 이용되고 있음을 알 수 있다. 한편, 동호회원들은 카페·커뮤니티, 블로그, 페이스북을 많이 이용하고 있다. 회사동료들끼리는 대체적으로 소셜미디어를 통한 커뮤니케이션 빈도가 낮았다. 그리고 일과 관련해서 외부인과 커뮤니케이션을 할 때에는 주로 이메일을 많이 활용하고 유명인과는 트위터와 미투데이를 이용하고 있는 것으로 나타났다.

요약하면 상대적으로 '가까운 관계'에서는 SMS나 메신저, 미니홈피처럼 좀더 '개인화'되고, 서로 신분을 확인할 수 있는 소셜미디어를 주로 활용하는 경향이 있었다. '관심사'로 맺어진 관계에서는 '카페'와 '블로그'를 사용하며, '직접적으로 관련이 없는 유명인과의 소통'은 트위터나 미투데이 등 소셜미디어를 활용하고 있음을 알 수 있다.[3] 한편 소셜미디어 가운데 미투데이는 주로 유명인과의 접속이 중심이고 트위터는 유명인과의 접속, 동호회·관심공유자를 중심으로 쓰이는 반면 페이스북은 학교동창·친구 사이에 많이 이용되고 있다.

---

3 Ibid.

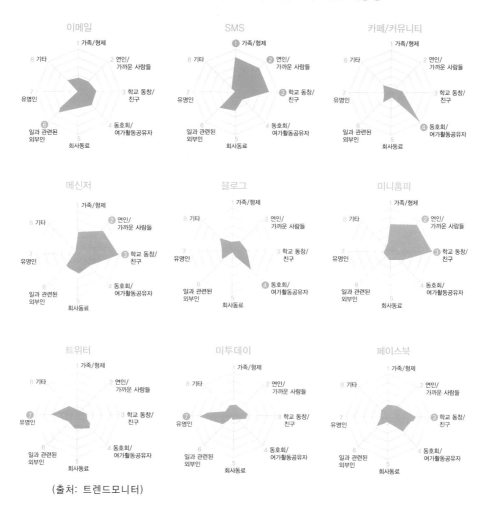

〈그림 23〉 소셜미디어별 관계 친밀도에 따른 이용정도

(출처: 트렌드모니터)

이 조사결과는 소셜미디어를 통한 관계형성의 양상을 이해할 수 있는 몇 가지 시사점을 드러낸다. 첫째, 미니홈피나 메신저, 커뮤니티 등 한국에서 점유율이 매우 높은 소셜미디어는 친밀한 관계에서 이미 중요한 매개체로 정착한 것으로 보인다. 두 번째는 좀더 본질적인 부분으로, 사람들은 단순히 '관계형성'이라는 모호한 틀에서 자기에게 편한 소셜미디어를 규칙성 없이 사용

하는 것이 아니라, '관계의 친밀함 강도'에 따라 '골라' 사용하고 있다는 것이다.[4]

SNS를 흔히 소셜미디어로 부르지만, 이 '소셜'이라는 용어에는 사람들 간에 존재하는 다양한 형태와 성격의 사회관계가 뒤섞여 있다. 정보 습득이라는 실용적 목적의 만남 역시 친분 형성 기능과 분리하기는 어렵다. 마찬가지로 페이스북이 관계형성 자체에 중점을 둔다 해도 여기서도 사람들은 때로 서로 유용한 정보를 주고받거나 실제로 도움을 주고받는다는 점을 무시할 수 없다. 말하자면 소셜미디어를 통해 형성되는 사회관계는 어떤 면에서 우리 사회의 축소판이라 할 수 있을 정도로 다차원적인 현상이어서 단순화된 개념으로 압축, 분류하기는 어렵다.

이처럼 소셜미디어에서의 인간관계 패턴이 복합적인 성격을 띠는 것은 새로운 현상이 아니며, 이는 오프라인 환경에서도 마찬가지다. 가령 학교는 지식을 습득하거나 이른바 '학벌'이라는 문화자본을 쌓기 위해 참여하는 사회집단으로, 개념 분류대로라면 이익집단에 가깝다. 그런데 이게 원래 목적과 달리 그 자체로 1차집단(혹은 공동사회)의 성격을 띠게 됐다. 어느 대학을 소개하는 글에서 본 표현을 빌자면 '국적은 바꿀 수 있어도 학적은 바꿀 수 없다'고 했는데, 이는 학교가 나름대로 1차집단의 성격을 띠게 됐음을 의미한다. 적어도 한국사회에서 출신학교란 이익사회와 공동사회라는 두 기능이 어떻게 결합하고 있는지 잘 보여주는 사례다. 이는 바로 1차집단과 2차집단, 혹은 공동사회와 이익사회의 구분이 어디까지나 개념적 구분에 불과할 뿐 현실에는 양극단 사이에 무수한 변형이 존재할 수 있다는 점을 잘 말해준다. 이러한 원리는 소셜미디어에서 볼 수 있는 관계의 성격에도 그대로 적용된다.

앞서 언급한 대로 정보습득 지향성과 관계형성 지향성이라는 두 패턴은 온

---

4 Ibid.

라인 환경의 중요한 두 가지 기능이다. 소셜미디어는 이 두 축을 중심으로 발전해왔다. 기능의 측면에서 보면 아이러브스쿨이나 클래스메이트, 싸이월드는 인맥 쌓기에 치중하는 관계형성 지향의 소셜미디어다. 하지만 인터넷 카페는 비슷한 관심사나 목적을 공유한 집단 간의 소통을 중시하는 정보 지향적 미디어에 가까웠으며, 블로그 역시 전문적인 정보매체의 성격을 띤 1인 미디어에 가까웠다. 5 현재 트위터와 페이스북의 차이는 바로 이러한 두 가지 상반된 흐름이 어떻게 차별화하고 경쟁하면서 진화해왔는지 잘 보여주는 스냅샷이라 할 수 있다.

2) 대화하면 관계가 생기는가?

소셜미디어는 대화라는 형식을 통해 사람들 사이에 관계를 형성할 수 있도록 해준다. 그렇다면 여기서 대화를 통한 소통과 관계형성 중 어느 것이 원인이고 어느 쪽이 결과에 해당하는가? 말하자면 우리가 대화를 나누기 때문에 친구가 되는가? 아니면 우리가 친구이기 때문에 소통하는가? 온라인에서 맺어진 관계는 현실에서도 지속될 수 있는 것인가? 이 질문들에 대한 해답은 여러 가지 요인을 고려해야 가능하다.

앞서 언급한 첫 번째 사례를 보면, 정 교수는 페이스북 친구 중 3분의 2를 과거 현실세계에서 친분이나 안면이 있던 사람들 중에서 선택했다. 이 중에는 오랫동안 소식이 끊겼던 사람도 있고, 지속적으로 관계를 유지해온 사람도 있을 것이다. 하지만 이들은 모두 현실세계에서 정 교수와 공통된 경험이나 화젯거리를 공유하는 사람들이다. 페이스북이라는 일종의 '가상현실'에서 사람들이 새로운 방식으로 다시 만나긴 했지만, 이들 간의 소통은 현실세계의 관계를 복원하거나, 유지, 강화하는 데 기여할 뿐이지 전혀 새로운 관계를

---

5 이새봄(2010.7.16), "[Cover Story]SNS 마케팅 제대로 활용하기", 〈매일경제〉.

형성했다고 할 수는 없다.

　반면 정교수의 페이스북 친구 중 3분의 1은 현실세계와 무관하게 온라인에서 새로 만나 관계를 형성한 사람들이다. 이들은 오로지 페이스북에서 드러난 신상소개나 관심사 등 주로 내용만 보고 친구관계를 형성했다. 물론 이들이 어떤 사람들과 관계를 맺고 있는지, 친구 수는 어느 정도 되는지도 고려사항이 될 수 있다. 이렇게 인연을 맺은 사람들과 소통하면서 더러는 공통관심사에 관해 대화를 나눌 뿐 아니라 친분과 감정을 공유하는 실제 '친구' 사이로 발전하기도 한다.

　하지만 순수하게 페이스북에서 만난 사람과의 관계를 진정한 관계라고 할 수는 없다. 이들 간의 대화 역시 마찬가지다. 내가 페이스북 친구에 대해 갖고 있는 '친근한' 이미지는 그 사람이 공개한, 혹은 보여주고 싶은 모습에 근거해 만들어진 것이다. 따라서 그 사람의 진정한 실제 모습과 다를 수 있다. 마찬가지로 페이스북의 글을 통해 내가 보여주는 나의 모습도 잘 포장되고 '관리된' 이미지, 즉 내가 나름대로 치밀한 계산 위에 수립한 '자아표현 전략'(strategies of self-presentation)의 산물이다. 서로 마음을 열고 나누는 것처럼 느껴지는 대화도 때로는 진실한 것처럼 보이는 데 그칠 수 있다. 바로 이 때문에 소셜미디어를 통한 만남은 현실세계에서 관계를 맺는 것보다 진정성이 훨씬 약화될 수 있다.

　어떤 점에서 사람들이 만나는 방식은 이후 관계를 결정하는 데 큰 영향을 미친다. 상대의 진정성을 파악할 수 없는 소셜미디어 환경에서 만난 사람과 전통적인 의미에서의 진정한 관계로 발전할 수 있을지는 판단하기 어렵다. 오프라인에서 형성된 관계가 소셜미디어의 관계형성에서도 중요한 계기가 되는 것은, 다름 아니라 현실에서는 상대에 대해 더 깊이 알 수 있는 정보가 많기 때문일 것이다. 오프라인의 인맥이 풍부한 사람은 소셜미디어에서도 폭넓은 관계를 맺기가 훨씬 수월하다. 이러한 사례는 소통 자체가 관계형성을 보장하지 않는다는 점을 시사한다.

소통과 관계는 상호 규정하지만, 양자 사이에 미치는 영향력 측면에서는 관계가 더 중요하다는 뜻이기도 하다. 소셜미디어는 사람들 사이의 새로운 소통방식을 만들어 냈지만, 관계가 아니라 어디까지나 관계형성의 '장'을 제공할 뿐이다. 소셜미디어의 잠재력에 대한 환상을 버린다 치더라도, 사람들이 사회적, 시간적, 공간적 제약에서 벗어나 다양한 방식으로 만날 수 있도록 새로운 장을 제공한 소셜미디어의 혁명적 잠재력은 인정해야 한다. 하지만 이러한 장 자체는 앞으로 다양한 방향으로 발전할 수 있는 가능성을 제공하는 데 그친다. 이러한 잠재력이 앞으로 어떤 방향으로 구체화될지는 좀더 지켜봐야 할 것 같다.

3) 온라인의 관계와 오프라인의 관계

관계의 성격은 사람들이 어떤 계기로, 또 어떤 장을 통해 만나는지에 따라 달라지기도 한다. 그렇다면 소셜미디어를 통해 형성된 관계는 오프라인에서의 관계와 비교할 때 어떤 성격을 띠는가? 소셜미디어에서는 짧고 빈번한 접촉을 유지하면서, 또 다양한 상황에 서로 노출하면서 관계를 축적해 간다. 이 때문에 소셜미디어에서 만난 사람들은 마치 '나와 밀접한 관계가 있는' 것 같은 느낌을 쉽게 준다. 소셜미디어는 관계유지 비용을 낮추기 때문에, 사람들은 이전에 비해 훨씬 적은 자원으로 더 폭넓은 관계를 유지할 수 있다.

하지만 소셜미디어를 통해 맺어진 '관계'가 현실에서의 관계와 같다고 할 수 있을까? 현실에서 만난 적 없이 오로지 소셜미디어를 통해 매개된 사람들의 온라인 관계가 과연 현실에서의 인간관계와 같은 가치를 지닐 수 있는지에 대해서는 아직도 많은 논란이 있다. 만일 우리가 과거의 틀을 벗어나 이해한다면, 과연 소셜미디어를 통해 만들어진 관계를 어떻게 규정해야 할까?

앞서 언급한 그라노베터의 구분은 전통적인 환경에서 인간관계의 성격을 유형화한 것이다. 만일 친밀감의 정도에 따라 강한 유대와 약한 유대로 나눌 수 있다면 '아는 사이'는 약한 유대에 속한다. 하지만 소셜미디어를 통해서 맺어진 관계를 약한 유대의 일종으로 보아야 할까, 아니면 이전의 틀로 파악할 수 없는 제3의 관계라고 해야 하나? 소셜미디어를 통해 얻어진 관계는 만남의 빈도가 높기 때문에, 그라노베터의 구분에 따르면 약한 유대 이상의 관계로 볼 수 있다. 그렇지만 실제로 당사자들이 서로 느끼는 관계의 끈끈함은 과거의 강한 유대에 비해 그리 강하지 않다. 과거 오프라인 시절 관계의 유형 분류, 즉 강한 유대와 약한 유대는 접촉빈도, 관계에 투자된 자원의 양, 관계 관여도, 관계유지 행동 등의 차이를 통해서 구분된다. 그러나 오로지 소셜미디어를 통해 맺어진 관계는 어떤 면으로는 기존의 강한 유대의 속성을 띠면서도 다른 면으로는 약한 유대와 비슷한 속성을 지니기도 한다. 접촉 빈도는 높지만 관계 관여도가 그리 높지 않고 투자된 자원의 양도 높다고 할 수 없다. 말하자면 아주 친하다고 말할 수는 없으면서도 마치 친한 관계에 있는 것 같은 느낌을 주는 게 바로 소셜미디어에서의 관계라고 볼 수 있다.

소셜미디어에서의 관계를 보는 시각차는 세대별로도 뚜렷하게 드러난다. 기성세대는 강한 유대에 기반을 둔 전통적인 관계에 익숙하고 또 그런 방식으로 살아왔기 때문에, 소셜미디어에서도 기존의 관계를 유지하기 위해 이를 활용하려는 경향이 있다. 반면 신세대들은 이러한 전통적인 관계망이 상대적으로 취약한 반면 온라인을 통한 새로운 관계형성에 익숙하다. 실제로도 소셜미디어를 그러한 용도로 많이 사용하고 있다. SK커뮤니케이션즈의 조사에 따르면, 싸이월드 회원 중 86%가 오프라인 인맥을 온라인에 그대로 옮겨온 '커뮤니티형' 인맥관리를 하고 있다. 그런데 이러한 온라인 인맥구성 양상이 최근 들어 크게 달라지는 징후를 보이고 있다. 즉, 오프라인에서 이미 알고 있던 사람들과의 관계 유지가 아니라 새로운 관계 형성을 위해 소셜미디어를

이용하는 경우가 늘고 있는 것이다. 6

　　이처럼 온라인 관계의 확산 추세는 단지 세대 간 차이를 반영하는 데 그치지 않고 현대사회 전반의 구조적 변화와도 연계돼 있다. 미국의 사회학자 에릭 클리넨버그는 '홀로살기'(*living alone*) 가 미국사회를 비롯한 선진국에서 뚜렷한 추세로 굳어지고 있다고 말한다. 역사적으로 볼 때 지난 수천 년 동안 사람들은 여럿이 모여 가족을 이뤄 사는 방식을 상식처럼 받아들였다. 하지만 20세기부터 홀로살기는 중요한 가족 형태의 하나로 부상했다. 미국 통계를 보면 무려 3,100만 명이 홀로 살고 있다. 1인 가족은 전체 가구의 28%에 달하는데, 이 비율은 무자녀 가구 비율과 비슷한 수치다. 7 2010 인구주택총조사를 따르면, 우리나라의 1인 가구 비율은 23.3%로 크게 늘어났다.

　　홀로 사는 사람들의 세대 구성을 보면 예상과 달리 대개 중년이지만 청년 세대 역시 빠른 속도로 증가하고 있다. 성별로는 여성이 남성보다 많았다. 이러한 추세는 미국에만 국한된 현상이 아니다. 상대적으로 복지제도를 잘 갖춘 스웨덴과 노르웨이, 핀란드, 덴마크 등 북유럽 국가들의 경우 홀로 사는 사람의 비율이 미국보다 더 높다. 과거에는 부모에게 독립해 결혼하기 전까지 잠시 싱글로 사는 게 일반적이었으나, 이제는 홀로살기가 과도기적 삶의 방식이 아니라 보편적인 사회 추세로 정착하고 있다. 8 한국사회에서도 이러한 추세의 징후를 여기저기서 볼 수 있다.

　　이처럼 홀로살기가 지배적인 사회구조에서는 사람들끼리 관계맺기를 하는 방식 역시 과거 가족 중심의 끈끈한 관계맺기와 크게 달라질 수밖에 없다. 삶의 방식이 개인화·고립화되고, 프라이버시나 개성을 중시하는 사회에서는

6　김윤현, op. cit.

7　Rotella, C.(2010. 11.11), "Bowling alone, by choice", *International Herald Tribune*.

8　Ibid.

지나치게 가깝지도 멀지도 않으며 유지비용도 적은 관계맺기 방식이 잘 어울린다. 아마 최근 소셜미디어 열기는 현대사회의 이러한 추세와 무관하지 않을 것이다. 그러나 이러한 시대 흐름에 대해 사람들의 평가는 극단적으로 엇갈린다.

많은 사람들은 소셜미디어에서 흔히 나타나는 가볍고 피상적인 관계들을 현대사회의 불가피한 추세로 받아들인다. 우선 사람들은 인간관계에서 늘 가까움이나 친밀함만을 추구하지는 않는다. 주변 사람들을 보면, 지나치게 가까운 것도 또 지나치게 먼 것도 싫어하며, 적당히 가깝고 적당히 먼 관계를 유지할 때 편안하게 느낀다. 흔히 가장 친밀한 관계로 꼽히는 연인관계에서도 두 사람 간에 일종의 '밀고 당기기'가 작용하기 마련이다. 이는 곧 나만의 영역은 지키면서도 적정한 친밀감을 공유하려는 동기에서 나온다. 이렇게 보자면 소셜미디어로 연결된 관계는 개인의 완전한 독립도 아니고 남과 완벽하게 얽혀 사는 것도 아니라 유연하게 거리를 조절할 수 있는 상태를 말한다. 멀지도 가깝지도 않게 적당한 거리를 두면서, 필요할 때 언제든 접촉할 수 있는 관계가 현대인들에게 편한 삶의 방식인지도 모른다.

가령 소셜미디어에서 대화하는 방식은 현실세계와 상당한 차이가 있다. 소셜미디어에서 사람들은 끝없이 '말'을 계속하지만, 다른 사람들이 이를 계속 '경청'해야 할 필요는 없다. 대화상대로 생각했다가도 마음에 들지 않으면 언제든 외면할 수 있고, 친한 사이에서도 모든 글을 다 읽지는 않는다. 내가 편한 시간에 내가 원하는 만큼 읽으며, 읽다가 잠시 한눈을 팔며 딴짓하기를 반복해도 된다. 물론 소셜미디어에서 일반적인 이러한 처신방식은 현실세계에서는 용납되지 않는 민망한 행위다. 반면에 트위터나 페이스북에서는 이러한 행동이 너무나 자연스럽게 허용된다. 이처럼 '캐주얼'한 관계를 진정한 관계라고 볼 수 있는지는 좀더 생각해봐야 할 문제다. 어떤 면에서 인간관계에 대한 인식 자체가 변하고 있는지는 단언하긴 어렵지만, 적어도 이러한 방식이 현실의 흐름으로 자리잡고 있다는 점은 부인하기 어렵다.

 술집과 찻집에서 만나 관계를 돈독히 하는 데 익숙한 구세대에게는 어색한 일이지만, 비교적 젊은 세대에게 이러한 시대적 흐름은 그다지 생소하지 않다. 예컨대 싸이월드에서는 한 번도 보지 못한 사람을 친구로 맺는 일이 그리 드물지 않았다. 인간관계를 보는 싸이월드 세대의 인식이 과거와 크게 달라졌기 때문이다. 트위터나 페이스북, 미투데이에서 인연을 맺는 방식은 싸이월드 세대들에게는 새로우면서도 이미 익숙한 경험인 셈이다. 싸이월드의 일촌관계가 과거의 지인 개념과 다른 생소한 관계였지만, 이젠 또 다시 트위터의 팔로어 같은 더 새로운 관계 형태로 진화하고 있다. 과거 세대가 다른 사람과의 관계를 깊이와 밀도에 따라 서열화해 구분했다면, 지금처럼 개인화된 시대에서는 어쩌면 남과의 관계가 모두 느슨하고 얕게 균질화된 것은 아닌지 모르겠다. 예전 시각에서 보면 이러한 교류방식은 공동체 붕괴에 따른 개인의 파편화와 소외를 보여주는 불길한 징후에 다름 아닐 것이다. 그러나 개인화된 시대의 신세대에게는 이야말로 외로움을 해결하는 적당한 삶의 방식이라 볼 수도 있다.

 앞서 언급한 클리넨버그 역시 이와 비슷한 맥락에서 가족형태의 개인화, 즉 홀로살기가 보편화하는 추세에 대해 긍정적인 평가를 내린다. 전통적인 관점에서라면 홀로살기 추세에 대해 우울할 정도로 고립된 사회가 연상될 수도 있다. 하지만 클리넨버그는 이러한 표준화된 해석에 반기를 든다. 현대사회에서 홀로살기와 사회성이 얼마든지 양립할 수 있다고 본다. 홀로살기는 일종의 사회적 유배상태가 아니라 개인의 선택에 의한 것이고, 수명 연장과 개인의 자유 확대, 경제적 풍요, 커뮤니케이션 혁명 등 다양한 사회적 구조변화가 이러한 삶을 가능하게 해주었다는 것이다.

 이 관점에서 보면 소셜미디어는 가족과 혈연 등 전통적인 *끈끈한* 관계에 얽매이지 않으면서도, 그러한 관계에 근거한 유대감을 대신할 수 있는 풍부한 관계망을 제공하는 장이 될 수도 있다. 과거에는 대화나 교류 상대가 친구나 지인이라는 좁은 범위에 국한될 수밖에 없었다. 하지만 소셜미디어라는 새로운 장을 통해 바깥의 전 세상과 대화를 나눌 수 있게 됐다. 어떤 면에서 세상과의 대화는 과거에는 생각도 할 수 없던 부분이지만, 이제는 기술적으로 가능해지면서 사람들의 새로운 욕구가 싹트게 된 셈이다. 남들이 뭐라고 비판하든 낙관적인 견해를 고수하는 입장에서 보면, 소셜미디어라는 기술발전으로 가능해진 새로운 관계맺기 방식은 과거의 관행에서 벗어난 '쿨'한 관계의 등장이다. 하지만 이 쿨한 관계가 멋진 신세계를 열어줄지, 냉혹하고 냉정한 인간관계의 세계로 초대할지는 좀더 두고 볼 일이다.

바로 이러한 우려 때문에, 많은 사람들은 온라인에서 형성된 관계가 오프라인 시절처럼 진정한 관계를 낳지 못할 것이라 예측한다. 물론 온라인에서도 서로 대화와 도움을 주고받으며 신뢰를 쌓아갈 수 있으며 때로는 이를 오프라인에서의 만남으로도 발전시킬 수는 있다. 그렇지만 이렇게 해서 확보한 관계망이 오프라인에서의 인적관계망과 같은 혜택을 가져올지는 의문이라는 것이다. 가령 트위터 팔로어 수가 5만 명인 사람이 현실에서 5백 명을 지속적으로 만나는 사람보다 친구가 많다고 할 수 있을까? 소셜미디어에서 친구를 많이 만드는 사람이 사교성이 뛰어난 것일까, 또 어려움에 처했을 때 온라인 친구들이 도움을 줄 수 있을까?

이런 질문에 대해 자신 있게 "그렇다"고 답변하긴 어렵다. 관계망의 폭이 관계의 깊이와 일치하지 않기 때문이다. 지금까지 인간커뮤니케이션을 연구해 온 사람들은 상대방에 대해 어느 정도의 통제력이 있을 때, 상호신뢰가 존재할 때, 또한 감정적 호감이 있을 때 인간관계가 발생한다고 보았다. 그렇다면 빈번한 접촉을 통해서 '관계가 있는 것 같은 느낌'을 갖게 되는 것을 '관계'로 보기는 아직 어려울 것이다. 현실에서 만난 친구가 급하다고 할 때 돈을 꾸어 줄 순 있지만 소셜미디어에서 빈번히 대화를 나누며 '친하게 된' 사람에게 선뜻 돈을 *꾸어줄* 수 있을지는 의문이다. 인간관계에서 호감과 신뢰는 다르기 때문이다. 호감은 대화를 통해서도 발생할 수 있지만 신뢰는 어떤 행위를 기반으로 혹은 어떤 시험을 거친 후 생기는 것이 아닐까? 혹은 다양한 상황에서 관계를 검증한 후 생기는 것이 아닐까?

　이러한 이유 때문에 소셜미디어에서의 관계형성에 비판적인 사람들은 온라인 친구 만들기에 열중하는 사람들을 "검술을 닦지 않고 더 좋은 검을 구입하기 위해 주어진 시간의 대부분을 소모해 버리는"[9] 사람에 비유한다. 소셜미디어란 어떤 의미에서 "함께 기뻐하고 슬퍼하고 어려울 때 도와줄 수 있는 사람을 사귀는 것이 아니라 친구라는 타이틀을 지닌 사람의 수를 늘려나갈 뿐"이라는 것이다.[10] 냉정하게 보자면 소셜미디어란 친구를 만날 수 있는 장을 제공하지 친구까지 만들어 주지는 않는다.

9　블로그 '파란문어'(2010), "Northem Light", Retrieved 2010.10.20 from http://blog.naver.com/classiceyes/90091124203

10　김윤현, op. cit.

인간관계 형성에는 여러 단계가 있다. 가령 어떤 계기를 거쳐 관계가 시작되는 단계, 지속적인 접촉을 통해 유지하는 단계, 한때 소원해진 관계를 다시 복구하는 단계 등이 그러한 예다. 그렇다면 대인관계 단계별로 소셜미디어는 어떤 기능을 하며, 이는 현실 관계에 어떤 영향을 미치는가?

미국 노트르담대 알버트 라즐로 바라바시(Albert László Barabási) 교수는 2002년 출간한 《링크》라는 저서에서 '사람들 간의 관계망이라는 측면에서 세상이 얼마나 좁은지'를 이론적으로 입증했다. 그는 이른바 '케빈 베이컨 게임'이라는 간단한 도구를 통해 할리우드 영화에 출연한 어떤 배우든 6명만 거치면 다른 어떤 배우와도 연결된다는 사실을 확인했다. 바바라시 교수는 이를 바탕으로 '여섯 단계의 분리'(six degrees of separation)라는 이론을 정립했다. 즉 세상의 모든 사람들은 불과 여섯 단계만 건너면 서로 연결된다는 것이다. 국내에서도 비슷한 연구가 이뤄진 적이 있다. 2003년 연세대 사회발전연구소는 한국 사회에서는 평균 4.6명을 거치면 다른 어떤 사람과도 연결된다는 결과를 내놓았다. 이 수치는 바라바시의 조사에 비해 더 낮게 나왔는데, 아마도 한국사회가 미국보다 땅이 좁고 인구가 적은 탓에 서로 연결되는 데 필요한 단계가 좀더 좁혀진 것이 아닌가 추측할 수 있다.[11]

이 연구에서 볼 수 있듯, 불과 몇 사람만 통하면 세상 누구와도 연결될 정도로 사람들의 관계가 서로 밀접하게 얽혀있다는 사실은 매우 놀라운 발견이다. 그런데 지금까지는 사람들 사이를 가로막고 있는 이 단계를 손쉽게 연계해 하나의 네트워크로 만들 수단이 그리 많지 않았다. 소셜미디어는 바로 이러한 관계 이어주기에 매우 편리한 통로를 제공했다는 점만으로도 인간관계에 혁명적 변화를 가져왔다고 평가할 만하다.

단계별로 보면, 우선 소셜미디어는 대인관계 형성단계에서 관계의 비용을 획기적으로 줄여줄 수 있다. 인간관계는 첫 만남이 중요하다. 시작단계가 다음 단계로 이어져 발전하기 위해서는 단계별로 시간적, 감정적 투자가 필요하다. 낯선 사람과 처음 대면할 때의 상황은 많은 이들에게 적지 않은 심적 부담을 주게 된다. 하지만 온라인 환경에서 이러한 첫 만남은 비교적 자유분방한 형식으로 이뤄질 수 있어 낯선 사람들과 관계를 형성하는 초기단계의 부담을 줄여줄 수 있다. 이전에는 낯선 사람들끼리 친분을 맺기 위해서는 두 사람을 잘 아는 누군가가 중간에서 다리를 놓아줘야 했고, 이는 소개하는 사람이나 소개받는 사람에게 모두 상당히 부담스러운 일이었다. 그렇지만 만일 페이스북에서 서로 모르는 두 사람이 한 친구를 공유한다면, 오프라인 세계에서보다 훨씬 부담 없이 친구 신청을 할 수 있다.

소셜미디어의 또 다른 장점은 인간관계를 유지하기 쉽게 해준다는 것이다. 과거 오프라인 환경에서 다른 사람들과 사적 관계를 지속하기 위해서는 정기

---

11 Ibid.

적으로 모임을 갖거나 연락을 유지해야 하는데, 여기에는 많은 시간과 비용, 노력이 들어간다. 그래서 아주 소수를 제외하면 한 개인이 유지할 수 있는 관계의 범위는 상당히 제한적일 수밖에 없다. 또한 관계유지를 소홀히 하는 바람에 접촉이 끊어진 사람과 차후에 다시 관계를 복원하는 일도 쉽지 않다. 과거에는 연락하고 지냈지만 지금은 연락처를 모를 수도 있고, 다시 접촉하기에 어색함을 느끼는 사람들도 있기 때문이다.

전통적인 환경에서 관계유지가 얼마나 힘든 일인지 잘 보여주는 사례가 있다. 한국사회에서는 인맥관리가 성공에 중요한 요인이라고 여기는 분위기 때문에 언론에서도 간혹 인맥관리의 '달인'들을 소개하는 기사를 싣고 있다. 〈조선일보〉의 한 기사는 수많은 지인들을 효율적으로 관리하는 사례로 서울대 발전기금 부이사장인 이 모 씨를 소개하고 있다. 기사에 따르면 이 씨는 자주 연락하는 사람이 3천 명에 달하고 한 달 휴대전화비로 15만 원이나 지출하며, 스스로 만든 정기모임을 45개나 유지하고 있다.[12] 잘 모르긴 하지만 이 사례는 일반 직장인들에게는 매우 부러운 성공사례로 꼽힐 것이다. 이는 역설적으로 대다수 사람들이 바쁜 사회생활을 영위하면서 인맥관리를 하기가 그리 쉽지 않았다는 점을 반증한다. 인맥관리에는 한 개인이 감당하기에 너무 많은 노력과 시간, 비용이 소요되기 때문이다.

하지만 소셜미디어는 이러한 관계망의 유지, 복원을 손쉽게 해주기 때문에 인간관계 패턴을 크게 바꿀 만한 잠재력을 갖고 있다. 과거 대인관계에서 대표적인 접촉방식은 전화였다. 친구와 전화로 연락하기 위해서는 연락이 될 때까지 일일이 일 대 일로 접촉해야 했다. 비교적 진일보한 소셜미디어인 싸이월드에서도 친구의 싸이에 들어가 글을 남겨야 했다. 하지만 페이스북이나 트위터 등 미디어를 활용하면 일 대 일 뿐만 아니라 일 대 다의 접촉이 가능해

---

12 정성진(2010.10.9), "이쯤은 돼야 '인맥의 달인'", 〈조선일보〉.

진다. 친구관계를 관리하는 데 필요한 부담을 획기적으로 줄일 수 있는 것이다. 페이스북에서는 최대 5천 명까지 친구를 관리할 수 있다.

그뿐 아니라 그간 소식이 끊긴 친구를 찾는 일 역시 소셜미디어의 기능을 활용하면 훨씬 쉽다. 가령 페이스북에는 어떤 사람과 학교, 직장 등에서 공통점이 있는 '잠재적 친구'를 추천해 주는 기능이 있어 공통된 사회적 배경을 가진 사람들 간의 네트워크를 복원할 수 있다. 요컨대 소셜미디어는 대인관계의 거의 모든 단계에서 비용과 노력을 절감할 만한 잠재력을 갖고 있다.

아는 사이와 친한 사이: 사회관계의 밀도와 빈도

소셜미디어가 등장한 이후 개인 간 소통량은 과거 오프라인 시절에 비해 크게 늘어났다. 구체적인 데이터는 없지만, 트위터나 페이스북을 한 번이라도 사용해본 사람들이라면 소셜미디어의 등장으로 개인들 사이의 접촉 빈도나 시간, 접촉대상의 폭이 크게 늘어났다는 점을 깨달을 수 있다. 실제로 우리는 여러 소셜미디어에 신상 변화에 관한 소식(직장 이동이나 진학 등)을 알리고, 지난 주말여행에서 찍은 사진들을 올리며, 친구들의 담벼락 글(wall posts)에 답글을 남긴다. 말하자면 우리는 소셜미디어를 통해 자신의 일상생활을 중계하다시피 하며, 다른 친구들의 삶의 일정과 감정 역시 자세하게 들여다 볼 수 있다. 그렇다면 이처럼 소통량이 확대되면서 사람들 간 관계의 밀도나 성격은 과연 어떻게 바뀌었을까?

전통적인 환경에서 사람들 간의 친밀도는 (그것이 강한 유대의 성격이든 약한 유대의 성격이든 간에) 그 범위나 강도에 한계가 있었다. 시간과 노력, 비용이 한정돼 있기 때문에, 우리는 대개 소수의 친한 사람들하고만 주기적으로 연락하거나 만나는 경향이 있었다. 이 때문에 두 사람이 얼마나 자주 연락하고 모이는지만 보면 이들 사이에 친밀함의 정도를 짐작할 수 있었다. 앞서 언급했듯 사회학자인 그라노베터가 사람들 간의 유대의 정도를, 접촉 빈도에 따라 약한 유대와 강한 유대로 구분한 것은 이 때문일 것이다. 즉 사람들이 자주 접촉할수록 이들 사이에 강한 유대가 작용한다는 과거의 커뮤니케이션 입장은 어쩌면 당연한 일이다.

하지만 최근의 소셜미디어 환경에서 사람들이 서로 소통하는 양상을 살펴보면, 이 수치는 사람들 사이의 친밀도를 재는 척도로 그리 적합하지 않다. 즉 이제는 접촉이나 소통 빈도로 친밀도를 측정하기 어려우며, 관계의 질적 측면을 함께 살펴봐야 이들 사이의 관계의 친밀성 여부를 판단할 수 있다. 이러한 의문을 제기하는 것은 소셜미디어 환경에서 소통양식이 다음과 같은 특징을 갖고 있기 때문이다.

첫째, 소셜미디어 환경에서는 타인에 대해 많이 알거나 대화와 정보를 많이 공유하는 것과 그 사람과 친밀한 관계를 맺는 것은 구분할 필요가 있다. 일대 일 대면이나 접촉이 지배적이던 환경에서는 이 두 관계유형 사이의 거리가 비교적 좁았다. 다른 사람의 다양한 측면에 대해 많이 안다는 것은 곧 강한 유대의 상징이나 마찬가지였다. 그렇지만 소셜미디어에서는 이 등식관계가 점차 무너지고 있다.

가령 배우자는 나에게 가장 가까운 사람이지만, 배우자와 페이스북이나 미투데이로 신상 관련 이야기를 나누는 사람이 많을지는 의문이다. 오히려 배우자에 관해 내가 잘 모르는 측면을 나와 한 다리 건넌 페이스북·미투데이 친구가 더 잘 알 수도 있다. 소셜미디어에서 친구관계에 있는 사람들은 과거의 기준에 따르면 아주 친한 사람이 아닐 수 있지만, 때로는 가족과도 공유할 수 없는 속마음을 부담 없이 털어놓을 수 있는 사이일 수도 있다. 아마 소셜미디어의 대화 구조가 일상적 이야기를 짧은 글로 편안하게 공유할 수 있는 분위기이기 때문일 것이다. 하지만 소셜미디어에서 형성된 가까운 대화 관계가 현실에서도 친밀성을 수반하는 강한 유대 관계라고 할 수는 없다. 또한 소셜미디어에서 형성된 활발한 소통 관계가 실제로 현실세계에서 친밀한 관계로 발전한다는 보장도 없다. 어떤 점에서 소셜미디어에서의 가까운 관계는 형식적으로는 친밀하지만 심리적, 정서적으로는 거리가 있는 '사이비 강한 유대'(pseudo-strong ties)라고 부를 수 있다. 이는 아마 소셜미디어 특유의 관계 유형으로 봐도 될 것이다.

소셜미디어에서 빈번하게 대화를 나누는 관계에서 주목할 만한 또 다른 특징은 가까운 관계라고 해서 나의 모든 경험을 공유하지는 않는다는 것이다. 전통적 인간관계에서 강한 유대란 상대방의 삶에 관해 잘 알고, 좋은 경험이든 나쁜 경험이든 개인의 다양한 경험을 모두 공유하는 다면적 관계를 의미했다. 하지만 소셜미디어에서는 주로 긍정적인 경험을 공유할 뿐 나쁜 경험은 잘 공유하지 않는 경향이 있다. 소셜미디어에서 소통은 격려성 대화의 성격이 유난히 강하다. 소셜미디어 환경에서 소통의 빈도 증가가 반드시 친밀성을 의미하지는 않는다는 뜻이다. 즉 소셜미디어에서는 관계의 친밀함이라는 환상을 두드러지게 보여주지만 이는 실제라기보다는 환상에 그칠 공산이 크다.

둘째, 소셜미디어 환경에서 사람 간의 소통 양식은 다변화했기 때문에 관계 유형에 따라 그 속성이 달라질 수 있다. 앞서 언급한 대로 소셜미디어에서 '사귄' 친구들은 여러 가지 부류이며, 이들과 공유하는 화제나 관심 영역, 기꺼이 공개하는 신상정보의 범위도 상당히 다를 수 있다. 실제로 소셜미디어 종류에 따라 이러한 관계의 강도나 성격 역시 상당한 차이를 보이기도 한다.

소셜미디어에서의 관계는 오프라인 세계의 인연으로 형성된 것도 있고, 순수하게 온라인에서 형성된 인연도 있다. 앞서 언급한 정 교수의 페이스북 친구 중에는 과거 학창 시절 친구도 있고, 직업 활동을 통해 만난 사람도 있으며, 춘천 지역 원어민 교사처럼 페이스북 친구로 만난 사람도 있다. 현실 세계에서 만나는 사람들과의 관계가 그렇듯, 여러 층의 친구들과 공유하는 관심사나 관계의 패턴이 모두 같을 수는 없다. 더구나 소셜미디어에서의 인연 역시 서로 공통된 관심사를 갖고 있기 때문에 맺어졌을 수도 있고, 아니면 온라인으로 제공된 상대방에 관한 정보나 이미지(그것은 실제일 수도, 거짓일 수도 있다)에 호감을 갖기 때문에 형성된 것일 수도 있다.

소셜미디어에서 흔히 발견되는 관계 유형 중 하나인 '파라소셜'(parasocial)한 대인 관계는 주목할 만한 현상이다. 원래 이 용어는 전통적 미디어 환경에서 생겨난 것이지만 소셜미디어에서의 인간관계에도 적용할 수 있다. 즉 한 사람은 다른 사람에 관해 많이 알고 있어 친하다고 생각하지만, 상대방은 그렇게 느끼지 않는 현상을 파라소셜한 상호작용 관계라고 말한다. 이 때 한쪽이 친밀하다고 인식한 관계는 실제로는 일방적인 '짝사랑'에 불과한 셈이다. 트위터에서 유명한 인사를 팔로우할 때 이런 현상이 흔히 발생한다. 연예인이나 대기업 회장, 정치인 등 유명인들에게는 팔로어가 많고, 이들은 유명인이 띄우는 친밀한 글을 읽고 그들의 일상을 들여다보면서 이들에 대해 잘 안다고 인식할 수 있다. 이 때문에 많은 팔로어들은 이 유명인사에 대해 친밀감을 느끼며 나와 가까운 관계의 사람이라고 착각할 수 있다. 하지만 이 친밀성은 나에게서 유명인에게 흐르는 일방적인 관계일 뿐이며, 그 사람은 마치 상인이 고객을 대하듯 나의 존재 자체에 대해 잘 모르거나 아예 무관심할 수도 있다. 이는 전형적인 파라소셜 관계의 한 형태라고 할 수 있다.

이밖에 소셜미디어 환경에서는 수많은 형태의 인간관계가 존재하고 계속 생겨날 수 있으며, 우리는 아직 이 부분에 관해 잘 모르고 있다. 인간관계는 삶의 여러 측면을 공유하는 다면적 관계가 되기도 하고, 특정 관심사만 공유하는 일면적인 관계가 되기도 한다. 이 관계의 다양한 형태들을 발견해 내고 그 특징을 파악하는 일은 아마 앞으로 우리 사회의 변화 흐름을 읽는 한 가지

키워드를 찾아내는 작업이 될 것이다.

소셜미디어 환경에서 주목할 만한 세 번째 특징은 기술적인 무제한성과는 달리 실제로 한 개인이 유지할 수 있는 관계의 양이 여전히 제한돼 있다는 사실이다. 물론 소셜미디어 환경에서는 개인이 관리할 수 있는 소통량이 급격하게 늘어났지만, 그럼에도 이 원칙은 예외 없이 적용된다. 영국의 인류학자이자 진화생물학자인 로빈 던바는 1992년 기고한 한 논문에서 인간은 다른 영장류보다 더 큰 그룹을 유지하고 관리할 능력은 있지만, 여기에는 한계치가 존재한다고 주장했다. 즉 하나의 관계망에 속한 인원이 150명을 넘어서면 다른 사람들과 대화하거나 사회적 상호작용을 할 때 인지적 한계에 부딪히게 된다는 것이다. 13 150명이 넘는 집단 속에서라면 사람들은 서로 이름을 기억하기조차 힘겨워할 것이다.

실제로 던바의 수가 소셜미디어에도 적용된다는 사실을 입증하는 조사들이 나오고 있다. 가령 미투데이에서 미친의 수가 150명을 넘어가면 대화나 상호작용을 유지하기 어려운 인지적 한계가 온다고 한다. 어떤 사람들은 대략 100~200명 사이에서 이러한 한계를 느낀다고 한다. 페이스북 가입자의 평균 친구 숫자가 130명 정도라는 조사결과도 흥미롭다. 14 만일 소셜미디어에서 사람들이 맺는 관계의 범위나 빈도가 대폭 증가한다면 깊이 있는 관계를 형성하기 어렵게 되는 부작용을 가져오게 될지 모른다. 소셜미디어에서는 수백, 수천, 아니 수만 명을 매일 만나 상대방의 잘 관리된 모습만을 보면서 아주 짧은 글을 주고받게 되는데, 이런 상호작용을 통해 형성된 관계에는 친구라는 용어가 어울리지 않는다. 억지로 친구라는 이름을 쓰고 싶다면 '소셜미디어'라는 관용어를 추가해, '소셜미디어 친구'라고 불러야 할 것이다.

---

13 "Dunbar's number", [Online] Available: http://en.wikipedia.org

14 Steve Han(2010), "미투데이와 트위터", Retrieved from http://socialcomputing. tistory.com/39

온라인 관계의 특성: 드러내기와 저장성, 정보관계망

온라인이든 오프라인 현실세계든 사람들은 서로 관계를 형성하면서 외로움을 달래고 어떤 소속감을 얻고 싶어 한다. 또한 때로는 실생활에 필요한 정보를 얻거나 도움을 받는 등의 도구로 활용하려는 동기도 중요한 요인으로 작용한다. 소셜미디어 환경에서든 현실세계에서든 이러한 사회성의 욕구는 사람들의 사회적 상호작용 행위의 근저에 작용하고 있다.

하지만 사회성의 기본 동기나 욕구가 비슷하다 할지라도, 소셜미디어 환경에서는 사람들 간의 관계맺기 방식이 독특하다. 이는 전통적인 오프라인 환경에서의 행위양식과 상당한 차이를 보인다. 아마 이러한 구체적인 특징들은 소셜미디어 환경에서 인간관계의 관행이자 '문법'(*grammar*) 이라고 부를 수 있다. 여기에는 다음과 같은 특징들을 주요한 요소로 들 수 있다.

1) 관계 드러내기

사람들에게는 자신을 드러내고 싶은 욕망이 있다. 자신을 표현하고 다른 사람들에게 평가받고 싶어 한다. 소셜미디어는 이러한 욕망을 손쉽게 해소하는 장소 구실을 하고 있다. 사람들은 자신의 다양한 측면들을 선택해 소셜미디어에 노출함으로써 '새로운 나의 모습'을 창조할 수 있다. 이는 나도 잘 깨닫지 못한 잠재해 있는 나의 모습일 수 있고, 나의 참모습일 수도 있으며, 새롭게 창조된 제2의 나일 수도 있다.

아무튼 이러한 모습은 오프라인에서 표현되는 나의 모습과 상당히 다를 수도 있다. 실제로도 페이스북이나 트위터 ID를 복수로 만들어 온라인에서 일종의 '이중생활'을 하는 사람도 적지 않다. 직장 등 공적 인간관계가 아닌 나머지 인적 네트워크를 또 다른 온라인 계정으로 관리하는 것이다. 사람들은 이러한 자아표현의 품질로 나를 평가하기 때문에, 소셜미디어에 참여하는 사람들은 자기 나름의 방식대로 노력을 기울인다. 싸이월드에서 사람들은 많은 시간을 투자해 자기 방을 꾸미고, 각종 콘텐츠를 만들거나 퍼 나르며, 다른 사람을 방문해 자신의 자취를 곳곳에 남긴다.[15] 페이스북이나 트위터에서도 이러한 노력은 형태만 조금씩 바뀐 채 계속되고 있다.

기본적으로 대인관계란 개개인이 상대방에게 자신을 드러내는 행위를 포함한다. 다른 사람과 관계를 맺기 전에 우리는 누구에게, 나의 어떤 부분을 보여주고, 어떤 관심사를 공유할 것인지 결정해야 한다. 무엇보다 관계는 상대방의 선택에서 출발한다. 소셜미디어에서의 관계 역시 현실세계를 벗어나 현실과 전혀 무관한 새로운 관계라 볼 수 없다. 우리가 다른 사람들과 관계를 맺는 데 가장 중요한 요소는 무엇인가? 관계란 상대를 선택하는 데에서 시작하며, 이 선택은 이후 관계의 성격을 규정하는 데 결정적인 영향을 미친다. 소

---

15 김상훈·김상운(2010.9.9), "페이스북—트위터가 바꾼 인간관계 '빛과 그림자'", 〈동아일보〉.

셜미디어 역시 가상의 세계이며 상대방이 제공한 정보 역시 실체를 확인하긴 어렵다. 하지만 여기서 상대를 선택하는 데에는 오프라인에서의 사회적 속성이 중요한 고려사항이 된다. 이 사람은 어떤 직업에 종사하며, 어떤 주제에 관심이 있으며, 어떤 사회·정치 활동을 했는가? 우리의 공통 관심사에 관해 어느 정도 지식을 갖추고 있는가? 바로 이러한 속성은 현실세계에서 축적된 것이며, 온라인 세계에 옮겨놓는다고 해서 완전히 달라지지는 않는다.

하지만 이렇게 선택된 상대방의 모습이 진짜인지 판단하기는 어렵다. 현실세계에서는 상대방에게 자신의 진면모를 감추기가 상대적으로 어렵다. 즉 내 모습을 내 의도대로 통제하기 어렵다는 점에서 '드러내기의 수동성'이 작용한다. 반면에 온라인 세계에서는 기본적으로 상대방을 볼 수 없기 때문에 어느 정도 자신의 모습을 위장하고 통제하는 일이 가능하다. 우리는 상대방이 선택해서 올린 사진이나 신상정보, 글을 통해 그 사람의 지위와 성격, 취향, 관심사를 파악할 수밖에 없다. 오프라인에서의 관계에 비해 온라인 세계에서는 상대방이 보여주는 모습이 실제와 일치하는지 확인하기는 매우 어렵다. 심지어 이른바 '얼짱' 각도에서 찍어 포토샵 처리한 사진만 보면 그 사람의 외모조차 믿을 수 없을 때도 있다.

관계에서 진정성이라는 쟁점은 단지 그릇된 정보로 상대방을 속이는 수준을 넘어 훨씬 복잡한 이슈와 이어진다. 무엇보다 소셜미디어에서 우리가 남에게 보여주는 자신의 측면들은 자기 나름대로 설정한 자아표현 전략에 따른 것이다. 어떤 면모를 어떻게 노출할 것인지에 대해 우리는 어느 정도 통제할 수 있다. 물론 이 점은 온라인이든 오프라인이든 다를 바가 없지만 온라인 환경에서 훨씬 수월하게, 또 체계적으로 이뤄진다는 점은 강조할 필요가 있다.

예컨대 오프라인 환경에서 목욕탕에 가거나 동네 주위를 산책할 때의 옷차림과 친구를 만나려 갈 때의 차림, 소개팅에 나갈 때의 모습은 모두 다르다. 만나는 사람이나 상황에 따라서 옷차림뿐 아니라 화젯거리나 말투, 행동거지까지 바뀌는 게 일반적이다. 소셜미디어에서도 비슷한 현상이 반복된다. 트위터나 미투데이에는 사람들이 일상사에 관한 소식이나 단상, 의견을 비교적 격식 없이 올린다. 하지만 사려 깊은 사람들은 글을 올리기 전에 다시 한 번 생각해본다. "과연 올려도 될 만한 이야기인가? 이런 글이나 사진을 올렸을 때 남들이 나를 어떻게 생각할까?" 더구나 한 번 올린 메시지는 다시 삭제하기가 불가능하며 전 세계 사람들에게 일파만파로 퍼져나갈 수 있기에, 이런 생각을 해보는 게 현명한 처신이다.

조금 더 생각이 깊은 사람이라면 부적절한 내용을 삼가는 데서 더 나아가, 내가 공개한 글이나 사진, 신상정보들이 나에 대해 어떤 인상을 남기게 될지 고려하게 된다. 매우 지적이고 창의적인 사람으로 비칠지, 아니면 자상하고 유머감각이 있는 사람으로 평가받을지, 시쳇말로 '개념 없고' 불평만 늘어놓는 철부지로 비칠지는 모두 내가 매일 무심코 흘리는 단편적인 정보들이 쌓인 결과다. 이는 바로 온라인 세계에서 장기적으로 만들어지는 나의 '정체성'(identity)이라 할 수 있다. 자신의 이미지 관리에 관심 있는 사람들에게 소셜미디어는 또 하나의 자기PR의 장이 될 수 있다는 것이다.

물론 이처럼 소셜미디어가 삶에 깊숙이 침투한 사회 환경에서 개개인이 자신의 이미지를 철저하게 위장하고 관리할 수 있을지에 대해서는 평가가 다양하다. 소셜미디어 이용이 일상화할수록 의도적으로 제시하는 정보 못지않게 유출되는 정보도 많아서 오히려 위장하기가 힘들어지기 때문이다. 사람들은 자신을 드러내고 싶어 하면서도 동시에 감시에서 벗어나고자 하는 상반된 욕망을 갖고 있다. 소셜미디어에서의 인간도 양립할 수 없는 가치를 동시에 추구하는 모순된 존재다. 따라서 한쪽을 추구하다가 이것이 어느 정도 충족되면 다른 쪽을 추구하고자 하는 욕구가 생길 수 있다.

기본적으로 소셜미디어에서 사람들은 끊임없이 대화하고 글을 올리면서 자신과 외부세계를 묶어두고 있다. 즉 이러한 환경에서 개개인은 타인에게 '언제나 접촉 가능한'(always-on/always-on-us) 상태를 유지하면서, 소셜미디어라는 새로운 커뮤니케이션 공간에서 벗어날 수 없게 된다. 사람들은 잠자기 전이나 휴식시간뿐 아니라 지하철 안에서 혹은 거리를 걸어가면서도 끊임없이 모바일 기기를 들여다보며 끊임없이 글을 읽고 답글을 남긴다. 말하자면 이제 개개인들은 독립된 인격체라기보다 외부와의 커뮤니케이션에 얽매인 '묶인 자아'(tethered self)[16] 상태로 전락하는 셈이다. 소셜미디어 환경에서 사람들은 자신의 이미지를 관리하고 사회적 존재를 유지하는 데 너무 많은 노력을 기울이기 때문에 항상 큰 피로감을 느끼며 살아간다는 것이 비판적인 의견의 골자다.

그렇지만 이처럼 비관적인 주장과는 달리 에릭 퀄먼(Erik Qualman)[17]은 훨씬 낙관적인 견해를 펴면서, 소셜미디어의 보급은 '다중인격 사회의 몰락'이라는 긍정적 효과를 낳을 것이라고 보았다. 즉 사람들은 다른 사람들을 만나게 되는 맥락에 따라 자신의 모습을 바꿔가면서 관리하는 다중 인격적 성격을 띠게 된다. 그러나 온라인 환경에서는 자신의 모든 행위와 글이 기록되고 저장된다. 따라서 검색을 통해 그 사람의 정체성을 파악할 수 있게 된다. 장기적으로 한 개인에 관한 정보흐름의 투명성이 확대되는 것이다. 이전처럼 이를 유지하기 위해서는 많은 노동과 스트레스가 따르기 때문에 다중 인격적 정체성을 유지하기 위한 동기가 약해진다. 그 덕분에 사회전반이 투명해지는 긍정적 효과가 유발된다는 것이다.

실제로 일부 명사들은 사이버 공간에서 이러한 다중인격의 측면이 폭로되는 바람에 명성에 타격을 입고 큰 곤욕을 치르기도 한다. 하지만 우리가 소셜

---

16 Turkle, S.(2008), "Always-on/always-on-you: The tethered self", In Katz, J. (Ed.), *Handbook of mobile communications and social change*, Cambridge, MA: MIT Press, pp. 121~137.

17 에릭 퀄먼(Erik Qualman)(2009), 《소셜노믹스》, inmD 역, 에이콘 출판.

미디어에서 만나는 모든 사람을 일일이 조사하고 확인해 그 사람의 진면목을 파악할 수는 없는 노릇이다. 여전히 대다수의 사람들에게는 다중 인격적 처신이 가능하다는 점에서, 쿨먼의 주장은 소셜미디어의 가능성 중에서 지나치게 긍정적인 측면만 보는 낙관적인 견해에 빠졌다고 볼 수 있다.

소셜미디어 환경에서는 이처럼 자신에 관해 노출되는 정보를 체계적으로 관리해 자신에게 유리하다고 판단되는 이미지를 구축할 수 있다. 그뿐 아니라 상대방과 맺는 관계의 성격, 관계의 깊이 역시 관리 대상이 될 수 있다. 물론 이러한 관리가 반드시 내 뜻대로 되지는 않는다. 관계의 성격이나 깊이가 한쪽이 의도하거나 인식하는 것과 달리 엉뚱한 방향으로 발전할 수도 있다. 관계란 쌍방의 동기나 의사, 상호작용의 양상에 따라 형성되는 결과물이기 때문이다. 나는 저 사람과 친구관계라고 생각하는데, 저 사람은 나를 단지 수많은 의례적 고객 중 하나에 불과하다고 인식할 수도 있다. 앞서 언급한 파라소셜한 관계는 이처럼 양쪽이 이해하는 친분관계의 성격이 서로 어긋나 일방적인 애정관계로 전락한 대표적인 사례다.

2) 관계의 시간성, 저장성과 복제성

소셜미디어에서 대인관계의 특징은 시간성의 측면에서 접근해볼 수도 있다. 전통적인 오프라인 환경에서 사람들 간의 관계는 실시간(real-time)으로 전개되며, 한번 뱉은 말이나 행위는 돌이킬 수 없는 일회성을 지닌다. 사람들이 서로 면 대 면으로 만나든 전화로 대화하든 상관없이 이 점은 오랫동안 대인관계에서 바뀔 수 없는 특성으로 통했다.

하지만 전통적인 대인관계에서도 사람들이 주고받는 편지는 면 대 면 접촉처럼 사적인 내용이면서도 시간성의 차원에서는 성격이 다르다. 편지는 보내는 시점과 받는 시점 간에 상당한 시차가 발생할 수 있으며, 상대방에게 보낸 메시지에 대답을 기대할 때에도 기다림, 즉 시간적 지연은 양자 간의 소통관계에서 중요한 특징을 이룬다. 만일 자신이 받은 편지를 즉시 열어보지 않고 나중에 읽거나, 한 번 본 글을 다시 읽게 될 경우, 이러한 지연성은 반복성이라는 성격을 함께 지니며 대인관계에서 새로운 의미를 창출하기도 한다.

소셜미디어를 통한 소통은 면 대 면 접촉과 편지 주고받기를 적당히 절충한 새로운 성격을 지닌다. 소셜미디어는 한 개인의 일상생활을 거의 실시간으로 중계할 수 있는 매체다. 특히 트위터는 손바닥 안의 스마트폰으로 세상살이에 대한 관심사뿐 아니라 매일매일 주변에서 본 이미지, 스쳐가는 단상, 감정의 부침 등을 가감 없이 전달할 수 있다. 이는 지인들과의 물리적 거리나 사회적 상황, 그리고 시간 차이와 무관하게 자신의 라이프스타일에 맞추어 대인관계를 지속할 수 있게 해준다. 어떤 면에서 나는 24시간 트위터를 통해 다른 사람들과 개인적 접촉을 지속할 수 있게 된 셈이다. 오프라인 환경의 대인관계에서는 온갖 이유로 사람 간의 접촉이 시간적으로 단절, 유예될 수밖에 없다는 점에 비하면 이는 거의 획기적인 변화다.

소셜미디어 환경의 대인관계에서는 이러한 접촉을 실시간의 지속적 관계로 유지할 수도 있고, 전통적인 편지 주고받기처럼 시간적으로 지연된 소통방식 형태로 수용할 수도 있다. 따라서 사람들은 대인관계에서 선택의 폭을 누릴 수 있다. 여기서 실시간 접촉과 대비되는 접촉 행위의 특징으로, 반응의 시간적 지연 외에 과거의 접촉행위를 저장해 차후에 불러내는 저장성을 들 수 있다. 현실세계에서 사람들 간의 사적인 관계를 규정하는 요인 중 하나는 바로 시간성과 생활리듬이다. 사람마다 시간이용 패턴이나 생활 리듬이 다르기 때문에 이것을 일치시키거나 조정할 수 있는 한도 내에서 대인적인 접촉관계가 형성, 유지될 수 있다. 초창기 소셜미디어 형태인 아이러브스쿨이 폭발적인 인기를 끈 것은 다름 아니라, 시간성과 리듬의 차이 때문에 연락이 끊긴 지인 간 관계를 복원했다는 데 있다. 최근의 소셜미디어는 사람들 간의 대인관계가 시간성의 제약을 한 단계 더 넘어서 훨씬 광범위하고 치밀한 형태로 형성될 수 있게 해주었다.

물론 대인관계가 시간성을 초월하게 되면서 새로운 문제점도 생겨난다. 소셜미디어에서 사람들은 친구들의 접촉시도에 실시간으로 대응할 수 있고, 편지에서처럼 실시간 접촉을 거부하고 대신 지연된 관계를 선택할 수도 있다. 하지만 이러한 행위는 기술적으로는 충분히 가능하지만 문화적으로는 금기시될 수도 있다. 상대의 글에 대해 즉각적으로 답하지 않고 무시하거나 늦게 반응하는 행위는 사회성의 결여라는 부정적 평판을 감수해야 한다.

또한 전통적 오프라인 세계에서는 사적인 체험의 일회성 때문에 그 순간이 지나면 사라져 기억 속에서만 희미하게 보존된다. 사람들 간의 대인관계 성격은 바로 이처럼 불완전하고 부분적으로 남은 기억의 축적 속에서 형성된다. 사적인 체험이 공적, 사회적 행위와 구분되는 부분은 바로 이처럼 기록(혹은 기억)의 불완전성이라는 점에도 있다. 하지만 소셜미디어에서는 바로 이처럼 사적인 체험이 낱낱이 기록되고 역사화되기 때문에, 언제든지 공적인 기록처럼 다시 등장해 대중적 관심사로 부각될 수 있다. 먼 과거의 사소한 기억이나 흔적이 마치 악몽처럼 나타나 현재의 대인관계에 큰 부담감을 드리울 수 있다.

소셜미디어를 통한 소통의 다른 특징으로는 대인관계와 관련된 행위와 내용들이 끊임없이 복제, 되풀이될 수 있다는 점이다. 트위터에서 메시지의 퍼나르기 혹은 재전송에 해당하는 리트윗(retweet)이 대표적이다. 과거 면 대면 대인관계에서는 한 개인의 행위나 말이 1인이나 소수를 대상으로 한다는 점에서 사적이고 일회적인 행위의 성격을 띠었다. 물론 사적인 대화라 하더라도 여러 사람을 대상으로 발언할 수는 있지만, 그 대상은 소수에 그칠 수밖에 없다. 하지만 소셜미디어에서 사적인 대화는 일 대 일이 아니라 일 대 다의 형태로 바뀐다. 특히 트위터에서는 한 번 이뤄진 '사적인 대화'는 똑같은 형태로 무수히 복제돼 반복적으로 유포될 수 있다.

트위터는 메시지를 매개로 한 사적인 대인관계이면서도, 리트윗을 통해 이 관계를 계속 복제해서 퍼뜨릴 수 있다는 점에서 사적-공적 관계라는 전통적인 분류틀을 넘어서는 새롭고 독특한 현상이다. 이러한 특성은 이전에 예상치 못한 새로운 형태의 사회적 효과나 부작용까지 낳을 수 있다. 가령 내가 받은 지극히 '사적인' 메시지가 대량생산된 '의례화된 친밀성'의 기호에 불과하다는 사실을 깨닫는 순간, 그 사람과 나 사이가 친밀하다는 환상은 순식간에 사라질 수 있다.

3) 정보소비와 정보관계망

소셜미디어에서 사람들이 맺는 관계는 어디까지나 대화나 정보를 매개로 형성된 관계다. 물론 예외는 있지만 오프라인과 달리 서로 만나 얼굴을 마주보고 술을 마시거나 밥을 먹을 수 없는 관계라는 점에서 '일면성'을 띠게 된다. 그렇다면 이 일면성은 무엇인가? 소셜미디어에서의 대인관계란 결국 대화와 정보교류를 매개로 해 맺어진 관계라는 것이다.

물론 소셜미디어에서 대인관계의 상대를 선택하는 일은 현실세계의 맥락으로부터 자유롭지 않다. 이 장의 서두에서 언급한 두 사례에서 볼 수 있듯, 대다수 사람들은 소셜미디어에서 친구를 선택할 때 이미 현실에서 알던 사람들의 집단에 크게 의존한다. 두 사례 가운데 정 교수의 페북 친구 3분의 2는 오프라인에서 알고 지내던 지인들이다. 상대적으로 신세대에 속하는 사람들 역시 이러한 선택패턴에서 완전히 벗어나지는 않는다.

그렇지만 현실에서 우리가 늘 만나는 사람들이 어떤 형태로든 만남의 동기나 유인을 갖춘 사람이듯, 소셜미디어에서 지속적으로 접촉을 유지하려면 이 관계에 힘을 실어주는 동력이 작용해야 한다. 다시 말하자면 현실에서 우리는 우리가 아는 모든 친구나 지인들을 지속적으로 만나지는 않는다. 같은 지인이라도 나에게 세속적인 기여를 하거나 재미, 편안함 등 정서적 도움을 주는 사람은 훨씬 빈번한 접촉대상이 되기 마련이다. 마찬가지로 소셜미디어 환경에서 우리는 대화상대의 대다수를 이미 현실에서 알던 사람 중에서 선택한다. 하지만 이들과 관계를 형성하고 유지하는 원동력은 정보교류와 대화의 즐거움과 유용성, 말하자면 소셜미디어 고유의 대인관계를 지배하는 관습이나 잣대다.

이 점에서 소셜미디어에서의 대인관계 네트워크란 기본적으로 정보와 대화를 기반으로 맺어진 '정보관계망'이라 부를 수 있다. 단순화해서 말하자면 오프라인에서는 사람들 간의 관계가 형성되고 그것을 기반으로 서로 정보를 교류하지만, 온라인 환경에서는 정보가 흐르면서 이를 통해 관계가 형성, 강화된다. 정보관계망은 소셜미디어 특유의 방식과 문법에 따라 형성된 새로운 사회관계의 한 형태인 셈이다.

소셜미디어가 가져오는 혁명적 변화의 잠재력을 강조하는 사람들은 바로 이러한 특징에 주목한다. 일각에서는 인맥에 대한 과거의 도구적 접근방식으로는 소셜미디어를 통해 형성되는 사람들 간의 관계, 혹은 나아가 사회 형태의 속성을 이해할 수 없다고 주장한다. 이러한 관점에서 소셜미디어 현상을 보는 사람들 중에서는, 전통적 사회지위나 속성에 근거한 인맥 대신에 '비시장적 가치 추구'와 '네트워크'라는 새로운 가치가 소셜미디어에서의 대인관계를 떠받치는 지주로 부상하고 있다고 주장한다. [18]

오프라인 세계에서 우리는 여러 경로로 사람들과 관계를 맺으며 살아가는데, 이 경로마다 인간관계를 규정하는 문법이나 요인들에는 차이가 있다. 테니스 동호회나 조기축구회에서 친구를 고르는 기준이 술친구나 회사 신입사원을 뽑는 기준과 같을 수는 없는 노릇이다. 각 관계 유형마다 바람직한 대인

---

18 윤영민(2010), "페북 인맥쌓기, 쓸모가 있을까요?" from 정보사회학: http://www.facebook.com.

관계의 문법 역시 천차만별이다. 마찬가지로 소셜미디어 관계에 적합한 친구 선택 기준이나 처세술 역시 소셜미디어 나름의 독특한 방식으로 정착되지 않을까? 이 관계가 정보교류와 대화를 근간으로 하는 정보관계망의 성격을 띤다면, 이 관계를 규정하는 문법은 다른 인간관계의 장과 달라질 수밖에 없다. 정보와 대화를 매개로 형성되는 정보관계망이라는 새로운 현상은 앞으로 우리 사회의 변화를 읽는 중요한 키워드가 될 것이다.

물론 소셜미디어 세계에서 인간관계의 문법이 눈이 어지러울 정도로 빠르게, 또 근본적으로 바뀌고 있다는 사실은 부인할 수 없다. 그렇다고 이러한 혁명적 잠재력을 지나치게 부각해 소셜미디어가 현실세계의 인간관계를 벗어나 전혀 새로운 사회관계와 사회형태를 낳을 것이라 보는 관점 역시 현실을 너무 단순화하는 것이다. 한편으로 보면 소셜미디어에서 형성된 정보관계망이란 인간관계의 새로운 창구로서 여타 사회관계와 다른 독특한 문화를 정착시키게 된다. 하지만 이 창구는 사람들이 현실에서 맺는 수많은 관계의 창구 중 하나에 불과하다. 소셜미디어에서 가상의 친구나 지인들과 새로운 형태의 관계망을 형성한다고 해서, 이들이 현실의 일상생활에서 부대끼며 영위하는 다른 관계들을 대체할 수 없으며 또 이 관계들이 소멸하는 것도 아니기 때문이다. 이렇게 보면 소셜미디어 세계에서의 대인관계가 전통적 인맥이나 사회적 지위가 아니라 전혀 새로운 가치에 따라 형성될 것이라 보는 견해는 다소 과장된 것이며 현실성이 희박하다.

소셜미디어에서 우리는 어떤 잣대로 사람들과 관계를 맺는가? 온라인상의 대화 상대는 공통된 화젯거리나 관심사를 중심으로 선택되는데, 누가 나에게 적합한 사람인지 선택할 때 고려하는 요인은 오프라인의 사회적 속성에서 자유로울 수 없다. 그 사람의 지위, 직업, 교육배경 등은 비록 온라인으로나마 그의 취향이나 관심사를 읽어내는 지표로 활용할 수 있다. 아니면 순수하게 그 사람의 글만 보고 선택할 수도 있다. 하지만 글이란 글쓴이의 사회적 배경과 무관할 수 없으며, 그 사람이 오랜 기간 동안 특정 분야에 대한 지식과 관심을 기울인 결과 축적된 것이다. 이 점을 감안하면 소셜미디어에서 글쓰기 능력 역시 오프라인의 사회적 속성과 무관하지 않다. 즉 소셜미디어 환경에서 사람들의 공통된 관심사를 유도하는 지식 역시 현실세계에서 축적한 문화 자본의 성격을 띤다는 점에서, 상당 부분 오프라인 세계의 산물임은 부정할 수 없다.

'친목' 도모, 한국적 소셜미디어의 특수성

소셜미디어의 빠른 확산 역시 사회·문화현상의 일부라면, 과연 한국의 소셜미디어 이용방식에는 어떤 한국적인 특성이 있을까? 특히 사람들이 소셜미디어를 이용하는 이유라든가 관계를 맺는 방식에서 다른 나라의 이용자들과 구분되는 독특한 점은 무엇인가? 이러한 질문에 대해 다음의 몇 가지 조사결과들은 흥미로운 시사점을 던져주고 있다.

사례 1: 한국인은 친구 수가 적다

한국은 인터넷 보급률 세계 1위일 정도로 온라인 서비스를 위한 네트워크가 잘 갖춰져 있음에도 불구하고, 페이스북과 트위터 등 소셜네트워크에서 맺는 친구 숫자는 상대적으로 매우 적은 것으로 나타났다. 영국 여론조사기관인 TNS는 2010년, 46개국의 5만여 명을 대상으로 인터넷 사용 행태를 조

〈그림 24〉 소셜네트워크에서 연결된 친구 숫자의 국가별 비교

말레이시아   233명

브라질   231명

노르웨이   217명

한 국   50명

탄자니아   38명

일 본   29명   단위: 명, 46개국 조사

출처: 조선일보, 2010.10.12.

사했다. 이 연구보고서에 따르면, 한국의 인터넷 이용자들이 소셜네트워크 서비스에서 맺는 친구 관계(페이스북의 '프렌드', 트위터의 '팔로어' 등)는 평균 50명에 그쳤는데, 이는 46개 조사대상국 중 거의 최하위인 44위에 해당하는 수치다.

이 조사에서 대체로 한국을 비롯해 일본·중국 등 동북아시아 국가들의 소셜네트워크 활동은 모두 저조한 수치를 보였다. 일본인들은 친구 수가 평균 29명에 그쳐 조사국 중에서 가장 적었고, 중국도 한국보다 약간 많은 60명에 불과했다. 말레이시아 이용자는 평균 233명의 친구를 두어 1위를 차지했고, 2위는 브라질(231명), 3위는 노르웨이(217명)였다. TNS의 프로가트 팀장은 이 조사결과에 대해 "인터넷 사용자가 많은 한국·중국·일본 네티즌의 소셜 네트워크 친구가 적다는 사실은, 몇몇 친구를 엄선해 깊이 사귀는 동아시아 지역 특유의 문화 때문인 것으로 보인다"고 풀이했다.[19]

사례 2: 한국인은 모여서 친목만 도모한다

아시아 국가별로 인터넷 커뮤니티 활동 실태를 비교한 조사결과를 보면, 친목이라는 동기가 한국 사회의 커뮤니티 활동에서 얼마나 중요한 비중을 차지하는지 잘 알 수 있다. 트렌드모니터는 2010년 2~4월 한국과 중국, 일본, 대만의 4개국 네티즌 3,836명을 대상으로 현재 회원으로 가입하고 있는 커뮤니티 분야를 비교했다. 'SNS(*Social Networking Service*) 관련 조사'라는 제목의 조사 보고서를 보면, 중국에서는 '쇼핑'과 관련된 커뮤니티에 가장 많은 사람들이 가입해 활동하고 있으며, 일본과 대만은 '게임'이 가장 많은 것으로 나타났다. 한국에서는 '친목' 관련 커뮤니티에 가입해 활동하는 사람의 비율이 4개국 중에서 가장 높았다. 4개국 이용자들이 선호하는 커뮤니티 분야나 직접 운영에 참여하는 커뮤니티 분야를 살펴보더라도 한국 이용자 집단에서는 친목이 가장 높게 나타났다. 즉, 한국 사람들은 '일단 친해야' 다른 형태의 관계나 활동에 들어갈 수 있으며, 친하기 위해서는 '서로 소통량' 자체가 많아야 한다는 일반적인 통념이 조사 결과에 그대로 나타나 있다.[20]

한국 사회에서는 개인 간의 친밀한 관계형성이 사회 제도의 근간을 이룬다고 할 정도로 활성화해 있다. 수많은 경조사 참석, 연하장의 범람, 연말이면 거의 약속을 잡기 어려울 정도로 빈번한 각종 친목 모임(동문회, 향우회, 친목회 등) 등이 이러한 풍토를 잘 보여주는 사례다. 이러한 관계 지향적 활동은 일종의 사회적 규범과 상식을 재확인하는 의례(*ritual*)이긴 하지만, 개개인의 합리적인 욕구와 관리 가능한 범위를 넘어설 정도로 뿌리 깊게 정착돼 있다. 대다수의 사람은 여기에 상당한 신체적, 정신적, 물질적 부담을 감수할 수밖에 없는 상황에 처해 있다. 그럼에도 불구하고 이는 정상적인 사회 구성원을

19 "한국 네티즌 '인터넷 친구' 적어"(2010.10.12), 디지털조선일보.
20 트렌드모니터, op. cit.

자처하는 한국인에게는 사회적 정체성과 DNA를 구성하는 핵심요소로 내재화돼 있다.

그렇다고 해서 이 관행들이 딱히 일차적으로 실용적이거나 도구적인 목적에 기여하는 것도 아니다. 일반적 통념과 달리 개인 간 친목도모로 형성된 연결망은 1차적 사회자본으로 직접 전환할 수 있는 자본으로서의 의미는 생각처럼 그리 강하지 않으며, 간접적인 성격을 띤다고 보는 게 더 타당하다. 즉 원만한 관계 유지에 대한 투자는 직접적인 보상 형태로 단기간에 돌아오기는 어렵지만, 이를 소홀히 했을 경우 발생하는 반대급부는 치명적일 수 있다. 말하자면 대인관계 관리가 원만하지 못하거나 이를 게을리 하는 사람은 사회성이나 인간성의 결함을 지닌 사람으로 간주돼, 사회적 평판에 거의 치명타를 입게 된다. '그 사람, 능력은 있지만, 인간성이 나빠' 하는 평가가 이러한 시각을 전형적으로 보여주는 표현이다. 심지어 공식적인 업무처리 능력 못지않게 대인관계를 잘 관리하는 수완 역시 사회적 능력의 핵심적인 부분으로 간주하는 경향이 있다.

이 때문에 당장 차후의 관계로 발전할 가능성이 높아 보이지 않는 경우에도 사람들과 관계를 원만하게 처리하고 어느 정도 친분을 유지하도록 하는 무언의 사회적 압력이 작용한다. 이러한 사회 분위기에서 원만하고 폭넓은 관계를 유지하는 일은, 실익이 돌아올 가능성은 별로 없어도 최악의 상황에 대비해 지속적으로 투자하는 보험의 성격을 띠기도 한다. '다리를 건너고 나서도 다리를 끊지는 마라'고 하는 격언은 바로 이런 사회풍토에 맞는 처신술을 시사하는 표현이다.

이 점을 감안하면 앞의 조사결과에서 나타났듯이, 한국 사람들이 모든 사회 활동이나 행위에서 거의 맹목적으로 '친목도모'를 추구하는 것은 사회적으로 매우 합리적인 행위양식일 수도 있다. 한국사회 전반의 급속한 변화에 따라 대인관계의 양상이나 성격도 많이 바뀌고 있지만, 사회활동의 근간을 흐르는 행동규범은 본질적으로 크게 변화하지 않았다고 할 수 있다. 소셜미디어라는 전례 없는 사회현상에서도 친목도모가 중심적인 요소로 작용하는 것도 바로 이 점을 잘 입증해주는 사례다. 한국 사회에서 많은 사람들이 소셜미디어에 주목하는 이유 중 하나는 바로 소셜미디어가 사람들의 관계 관리를 훨씬 효율적으로 개선할 잠재력을 지닌다고 보기 때문이다.

역사적으로 살펴보면, 사람들은 사회적 필요성을 느끼면 여기에 적합한 도구를 모색하고, 기술발전 역시 이를 충족시키는 방향으로 적응·진화해 왔다. 한국 사회에서 크게는 인터넷, 좁게는 소셜미디어의 발전과정 역시 관계형성과 소통에 대한 욕구를 충족하는 방향으로 전개돼 왔다. 앞의 사례에서 볼 수 있듯 한국인들은 소셜미디어라는 소통과정을 통해 다양한 정보를 주고받으며 친목을 쌓아간다. 이처럼 '잦은 소통을 통한 친밀함 형성'이 다른 국가들에 비해 한국에서 상대적으로 두드러지게 나타나고 있음을 앞의 데이터는 잘 보여준다.

전 세계적으로 통용되는 소셜미디어들도 한국 사회의 문화적 특성과 맞물려 변형된 형태로 수용되기도 한다. 가령 소셜미디어 중에서도 트위터는 정보 미디어의 성격이 가장 강한 유형이라는 평가를 받고 있지만, 한국 문화에서는 이것 역시 관계를 중시하는 쪽으로 변형돼 발전하고 있다. 팔로어 수에 비해 서로 상대의 팔로어가 되는 '맞팔'의 수가 유난히 높은 것 역시 한국의 트위터가 상호작용성이 강화된 방향으로 진화한 징후로 볼 수 있다. 말하자면 단순히 정보를 주고받는 관계라 할지라도 상호 공감대를 형성하는 일이 중요하고 이를 위해서는 정서적 유대감의 조성이 선행돼야 한다는 것이다. 트위터 부사장인 선 가렛에 따르면, 해외의 트위터 사용자가 정보에 초점을 둔다면, 한국의 사용자는 네트워크에 더 무게를 둔다는 점에서 대비가 된다고 한다.[21]

이와 비슷하게 특히 국내에서 시작된 토종 소셜미디어들은 소셜미디어의 세계적 트렌드인 '미디어' 역할보다는 우리나라 특성에 맞는 '네트워크' 서비스를 강화하는 쪽으로 진화하고 있다. 이런 서비스가 국내 이용자 입맛에 더 맞기 때문이다. 싸이월드의 비공개, 일촌공개, 일촌 그룹별 공개 설정 등이 국내 이용자의 호응을 얻었듯, 국내 이용자들은 트위터나 페이스북과 같은 완전 오픈형 관계맺기에 다소 유보적인 태도를 보였다. 미투데이가 트위터와 달리 '자동친구맺기' 이외에 '친구 수락하기', '구독하기'와 같은 한국형 관계 설정 기능을 제공하는 이유도 이런 맥락에서 이해할 수 있다. [22]

21 이새봄(2010.7.16), "한국의 남다른 트위터 문화", 〈매일경제〉.

22 김소연(2010), "SNS 인기 끄는 이유 … 카페서 수다 떨고 광장서 토론하고", 〈매경이코노미〉.

5장

'Talk, Play, Love'의 세계
소셜미디어로 무엇을 하는가?

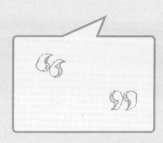

이야기 · 오락 · 관계맺기가 하나로

소셜미디어는 사람들의 일상에 침투해 새로운 행동양식을 만들어 내고 있다. 사람들은 아침에 일어나자마자 소셜미디어를 체크한다. 마치 서로 얼굴을 마주보고 있는 것처럼 '즐거운 하루 보내세요' 하고 '가상 인사'를 나눈다. 학교 수업에 가거나 출근을 위해 지하철을 타면 자신의 위치를 알린다. '나 여기 있어요' 하는 식의 메시지는 낯선 사람에게는 거의 무의미한 내용이겠지만 소셜미디어 친구들은 이런 세세한 일상사를 서로 알려준다. 이러한 정보는 마치 함께 있는 것처럼 서로가 처한 배경을 공유하는 역할을 한다. 점심을 먹으러 나와서도 메뉴가 좀 특이하면 사진을 찍어 올리며, 여기에 친구들은 답글을 올리며 즐거워한다. 다른 사람의 경험을 공감하는 것(empathy)은 인간만이 가진 특징이라고 하는데, 소셜미디어를 통한 세세한 일상의 공유는 경험이나 감정을 공유할 수 있는 기회를 끊임없이 제공한다. 이처럼 소셜미디어를 통해 소소한 일상을 공유하면서, 사람들은 매일매일 상대방이 무엇을 하고 지

〈그림 25〉 애니콜의 '토크! 플레이! 러브!' 로고

내고 어떤 데에 관심이 있는지, 어떤 감정을 느끼는지 잘 알게 된다. 이렇게 하면서 자연히 소셜미디어 친구들은 서로의 경험 세계 안으로 들어가면서 더 친밀감을 느끼게 된다. 하찮은 잡담정도로 여겨져 왔던 대화나 정보공유가 사람들을 집단으로 만들고 '우리'를 만들어가는 데 큰 역할을 하는 것이다.

이처럼 우리가 소셜미디어에서 흔히 보는 '잡담의 일상화'는 어떤 의미가 있을까? 우선 일상적 대화를 통해 우리는 세상 돌아가는 소식을 주고받는다. 일본 쓰나미 소식은 어젯밤 텔레비전에서 본 내용이지만, 친구들과 대화하면서 이것이 나에게 미칠 파장을 절감하게 된다. 그동안 직장 주변 식당에서 줄서서 먹던 생태탕이 왜 인기가 없어졌는지 친구들에게서 듣게 되고, 도쿄에 파견됐던 주변지인들의 근황도 공유하면서 일본인의 일상에 일어난 크고 작은 변화들도 알게 된다.

소셜미디어에서 얻은 정보로 우리는 텔레비전 뉴스라는 큰 그림에 세세한

살을 붙일 수 있다. 텔레비전이나 신문의 뉴스로 읽은 소식들이 나와는 동떨어진 그냥 이야기 정도였다면 이 뉴스들은 주변 사람들과 논의하면서 나와 관련 있는 이야기로 살아 움직이게 된다. 또한 소셜미디어를 통해 지인과 일상 대화를 나누는 행위는 우리를 사건에 관한 정보의 수동적인 소비자에서 적극적인 참여자로 바꾸어놓는다. 큰 사건이든 일상적 에피소드든 관심사를 놓고 서로 이야기하는 과정에서 그 사건은 단순히 흘려듣는 '정보'에서 우리에게 절실한 문제이자 공통된 절실한 관심사로 다가오게 된다. 이렇게 우리의 문제를 공유하면서 서로 자신의 일인 것처럼 웃고 기뻐하고 연민의 정을 느끼며 때로는 눈물을 흘리기도 한다. 이는 이른바 오락 프로그램인 일일연속극을 보면서 우리가 다양한 감정의 폭을 경험하는 것과 비슷한 기능을 한다. 나아가 이처럼 대화를 나누고 감정을 공유하는 과정에서 우리는 서로 친밀감을 형성하게 된다. 이렇게 해서 우리가 이전에 맺고 있던 느슨한 관계에서 새로 친밀감이 형성되기도 하고 친한 사이는 더 친해지기도 한다. 이렇게 관계는 이야기에 재미와 생동감을 불어넣고 이야기의 공유는 관계를 만들거나 강하게 만들어 준다.

소셜미디어를 통한 일상대화는 이처럼 다양한 기능을 동시에 수행하고 있다. 어느 휴대폰 회사의 광고는 단순히 자사 제품의 기능적 편의성을 강조하는 데에서 나아가 '토크, 플레이, 러브'라는 광고카피로 휴대폰의 다양한 사회문화적 기능을 부각하였다. 이는 소셜미디어의 속성을 잘 포착한 표현이라고 할 수 있지 않을까? 소셜미디어를 통해 맺어지는 인간관계의 기본 원소들은 결국 이 구절이 상징적으로 표현해주는 '대화', '함께 참여하는 오락', '관계'라는 세 가지로 요약할 수 있지 않을까?

소셜미디어에서 새로운 점은 이처럼 인간관계에서 늘 중심요소이던 세 가지 기능을 하나로 통합해주었다는 데에도 있다. 그리고 이를 내 손 안의 휴대폰이라는 도구 속으로 끌어들여 마치 신체기관이나 피부처럼 느낄 정도로 가까운 일상의 일부로 만들어주었다는 점도 눈여겨 볼 필요가 있다. 소셜미디어의 기능과 콘텐츠 자체는 그다지 새롭다고 할 수 없으며, 오히려 이전에 우리가 친숙하게 보던 것들의 조합에 가깝다. 하지만 소셜미디어는 그 자체로 혁명적일 뿐 아니라 기존의 많은 것들까지도 소셜'형'으로 바꾸어놓을 수도 있다.

이는 젠킨스 (Henry Jenkins) 가 주창한 참여문화(*convergence culture*) 의 개념에도 부합한다. 뉴스의 예를 들자면 이전에는 신문사, 방송사 등 미디어 조직들이 생산한 뉴스를 이용자들이 소비하는 것이 아니라 이용자가 이러한 뉴스를 받아서 변환하고 첨가하고 서로 전달할 뿐 아니라 때로는 생산에 까지 참여하여 이용자가 생산한 뉴스를 다시 미디어 조직들이 싣고 전파하는 등 미디어 조직과 이용자들이 끊임없이 상호작용을 하게 된다. 이것은 대화이기도 하고 이용자가 함께 참여하는 오락 행위이기도 하며 동시에 이러한 활동을 통해 우리 의식이 생겨난다.

소셜미디어는 기능의 확장 가능성과 잠재력이 아직 광범위하게 열려있는 서비스다. 소셜미디어 안에서는 정보와 오락이 섞여있고 공적·사적인 대화 주제와 양식이 함께 존재하며 내가 잘 아는 사람과 내가 잘 모르는 사람이 한데 어울려 있다. 엄숙하고 진지한 시사적 주제만 다루는 '100분토론'도 오락의 대상이 될 수 있고, 옷 색깔이나 점심메뉴 선택과 같은 나의 소소한 일상이 심각한 토론의 주제가 되기도 한다. 앞서 본 광고에서처럼 'talk, play, love' 즉 대화(정보의 교류) 와 함께 참여하는 오락, 관계가 함께 어우러지면서 새로운 사회적 장을 열어가는 열린 공간이 바로 소셜미디어다.

소셜미디어는 올드미디어를 새롭게 재편한다

그동안 미디어 환경이 진화해 온 역사를 보면 새로 등장하는 뉴미디어는 새로운 기능을 선보이는 동시에 기존 미디어가 가진 기능의 일부를 대체한다. 라디오는 신문이나 잡지가 하던 일을 일부 대신했고 텔레비전은 라디오의 오락기능을 대부분 넘겨받았다. 지금의 노년층들은 라디오 연속극이나 코미디, 만담에 열광하며 울고 웃고 했던 경험이 있으시다. 텔레비전이 등장하면서 라디오 방송은 종합오락에서 음악과 뉴스 중심으로 콘텐츠의 방향을 수정했고 방송뉴스가 본격화하면서 신문의 내용이나 양식에도 큰 변화가 생겼다. 새로운 미디어의 등장에 대한 반응으로 올드미디어는 기존의 역할을 수정하면서 자신의 위치를 새롭게 잡아간다. 새로운 미디어의 등장은 늘 올드미디어를 긴장시킬 수밖에 없다. 하지만 새로운 뉴미디어가 등장할 때마다 올드미디어의 위기를 외쳤지만, 실제로 올드미디어가 자취를 감춘 적은 별로 없다.

물론 소셜미디어는 '대화', '참여', '관계'라는 새로운 키워드로, 다른 이와 대화하고 관계 맺고자 하는 인간 본연의 욕구를 기술적으로 해결해준다는 점에서, 언뜻 이전의 대중매체와 전혀 다른 새로운 매체처럼 보인다. 하지만 크게 보면 이것 역시 이전의 미디어에서 전혀 볼 수 없던 기능이라 할 수는 없다. 그보다 소셜미디어라는 새로운 매체의 등장에서 새로운 점이 있다면, 신문과 라디오, 영화, 텔레비전, 음반 등 올드미디어를 폐기하는 게 아니라 그 기능이나 이용 방식을 새롭게 재구성한다는 데에 있다.

첫째, 소셜미디어는 모든 미디어 이용에서 참여와 관계 형성을 핵심적 부분으로 바꾸어놓았다. 이는 기존 올드미디어의 소비 방식도 새롭게 변화시키고 있다. 사람들은 마음에 드는 신문기사가 있으면 페이스북이나 트위터에 올려 공유하고 의견을 교환하며 슬픔이나 분노를 함께 나누기도 한다. 포털 뉴스에 댓글을 달면서 자신의 감정이나 의견을 적극적으로 표현하고 이것은 동시에 다른 사람들이 이것을 읽고 반응하리라는 전제하에서 이루어진다. 다른 사람이 읽어주지 않으면 댓글달기의 재미는 시들해질 수밖에 없다. 텔레비전 프로그램이든 영화든 음악이든 거의 모든 올드미디어는 소셜미디어에서도 대화의 소재가 된다. 사람들이 식사를 함께 하면서 관계를 돈독히 하듯이, 소셜미디어에서 정보공유와 참여는 관계형성이라는 사회적 기능과 분리할 수도 없게 되었다.

물론 올드미디어 시절에도 수용자들은 정보나 콘텐츠를 단지 수동적으로 소비하는 데 그치지 않고 참여하고 감정을 공유하며 관계를 형성하는 데 대중매체를 활용하기도 했다. '타블로이드 신문'이 좋은 예다. 타블로이드 신문은 대중적으로 잘 팔리고 널리 읽히는 소재를 선호한다. '엘비스 프레슬리는 살아 있다', '나는 외계인과 결혼하였다' 식의 황당무계한 이야기라든지, '다이애나 왕세자비의 숨겨둔 연인' 따위의 스캔들, 엽기적인 사건, 범죄 따위가 타블로이드가 선호하는 기사거리들이다. 그래서 타블로이드의 내용은 좀 배웠다는 사람들 사이에서는 거의 '쓰레기' 취급을 받는다.

하지만 과연 타블로이드는 그런 부정적인 기능만 하는가? 타블로이드의 진면목은 바로 사람들 사이에서 '화젯거리'를 만들어 내고 뉴스의 일부가 되게 만드는 데 있다. 타블로이드 신문의 정보는 정보 자체로는 가치가 없을지 몰라도, 이 기사에 대해 사람들의 관심과 화제를 이끌어 내고 이를 통해 사람들로 하여금 뉴스라는 사회현상에 참여하도록 유도한다.

텔레비전 드라마에서도 비슷한 현상을 볼 수 있다. 내용만 보면 뻔한 남녀 간의 사랑이야기를 다루고 결말도 예상을 벗어나지 않는다. 하지만 매 방영분의 대사, 표정 하나하나가 사람들을 감정적으로 몰입하게 한다. 또 개인 단위로 즐기는 수준을 넘어서, 끼리끼리 카페에서 동호회를 만들어 반복해서 음미하고 열광하는 등 '○○폐인'이라는 집단현상까지 낳는다. 소셜미디어는 과거 대중매체에서 일부에 국한된 이러한 참여 현상을 미디어 이용에서 보편적인 경험으로 확대하였다.

둘째, 소셜미디어는 사적인 대화와 공적인 커뮤니케이션 간 경계를 허물고 모든 사회적 커뮤니케이션에 '사람의 얼굴'을 부여하였다. 과거 신문이나 텔레비전 등의 대중매체가 지배하던 올드미디어 시절에는, 대화와 참여의 기능은 주로 대인 커뮤니케이션 채널을 통해서만 이루어졌다. 커피숍의 모임이나 우물가 아낙네들의 수다에서 볼 수 있는 사람간의 면대면 접촉을 통한 커뮤니케이션은 바로 콘텐츠이자 채널을 포괄하는 것이었다. 대다수 사람들에게 대중매체란 얼굴이 없는 익명의 목소리와 같았다.

지금까지 대인 채널을 통해 전파되는 개인의 목소리는 면대면이라는 좁은 범위를 넘어서지 않는 '사적 행위'에 불과했고, 이 때문에 넓은 전파력을 갖춘 대중매체만이 '공적인' 영향력을 발휘할 수 있었다. 대다수 대중에겐 참여란 사적인 범위에 그칠 뿐, 그 이상을 넘어설 수는 없었다. 반면에 소셜미디어의 시대에 한 개인이 내보낸 좋은 '사적인' 콘텐츠는 신문이나 텔레비전만큼 큰 '공적인' 파급효과를 낳을 수도 있다. 이른바 '재스민 혁명'이라 불리는 중동의

민주화도 한 개인의 트위터 메시지에서 시작되었다는 평가를 받고 있지 않은가. 소셜미디어 시대에는 오히려 사적인 개인의 모습을 취하는 게 더 효과적인 커뮤니케이션 전략이라고 인식되기 때문에, 기업이나 공조직들도 소셜미디어를 홍보에 폭넓게 활용하고 있다. 소셜미디어는 이처럼 사적 영역과 공적 영역의 구분을 무너뜨렸다.

셋째, 소셜미디어는 사람들의 참여로 만들어지는 역동적인 현상이어서, 그것이 어떤 방향으로 갈지는 아직 예측하기 어렵다. 위에서 살펴보았듯 소셜미디어는 인터넷 동호회, 싸이월드, 개인 블로그 등을 거치면서 상호 연결성, 개방성과 같은 인터넷의 기술적 가능성을 구현하고 확대해 갔다. 소셜미디어에 여러 가지 미디어의 기능들이 융합되고 다양한 형식의 관계지향적 커뮤니케이션 양식이 조합되면서 대화를 통해 다양한 콘텐츠를 제공받을 수 있다. 물론 우리가 전에 보지 못한 전혀 새로운 기능이 등장한 것이라 하기는 어렵지만 실제로 사람들이 이러한 기능을 이용하는 방식에서는 상당한 변화가 일어나고 있다.

사람들은 소셜미디어라는 새로운 매체 테크놀로지를 활용해 과거의 유산을 새로운 용도에 맞게 재구성하고 끊임없이 새로운 실험을 계속하고 있다. 우리에게 미래는 아직 다 그려져 있지 않다. 커뮤니케이션 학자인 닐 포스트만의 지적대로 기술은 문을 열어줄 뿐, 문을 열고 들어가라고는 하지 않는다.[1] 결국 사람들이 새로운 기술, 새로운 미디어를 어떻게 활용하는지에 따라 혁신이 이뤄지는 것이지 기술 자체가 혁신을 만드는 것은 아니라는 지적이다.

---

1 Postman, N.(1992), *Technopoly: The surrender of culture to technology*, New York: Knopf.

기업 커뮤니케이션, 사람의 얼굴을 하다

모든 미디어는 사람과 사람을 연결해주며, 사람들이 모이는 곳은 어디든지 '시장'이 된다. 새로이 부상하고 있는 소셜미디어를 어떻게 활용할 것인지를 놓고 기업들이 고민하는 것은 당연하다. 기업이 성공하기 위해서는 고객과 효과적인 커뮤니케이션을 할 수 있어야 하며, 이를 위해서는 다음과 같은 원칙을 꼭 지켜야 한다고 지금까지 전문가들은 강조해왔다. 예컨대 수평적 대화가 중요하다든지, 고객과의 접점을 늘려야 한다든지, 고객의견 대응을 빠르게 해야 한다든지, 브랜드 가치를 제고해야한다든지 하는 지적들은 기업 커뮤니케이션 담당자의 머릿속을 늘 떠나지 않는 숙제와 같았다. 그런데 소셜미디어는 바로 이러한 숙제를 더 효과적으로 풀 수 있는 수단을 주었다. 소셜미디어를 활용한 다양한 기업 마케팅 전략에 대해서는 여러 흥미로운 사례들이 알려진 바 있다.

　인터넷이 등장하기 전에만 해도 기업이 고객과 만나는 방법은 실제 상품이

거래되는 매장을 통해서가 아니면 언론을 통해서였다. 언론이 기업에 관해 혹은 상품에 관해 긍정적인 정보를 전파할 수도 있고 부정적인 정보를 전파할 수도 있으므로 기업이 고객들에게 어떻게 알려지는가를 좌우하는 병목 (bottleneck) 구실을 했다. 인터넷이 등장하고부터 기업은 고객과 직접 대화할 수 있는 창구가 생겼다. 홈페이지 등을 활용해 적극적으로 정보를 제시하고 행사를 마련하며 고객의 목소리를 듣는 쌍방향적인 서비스를 구축했다. 소셜 미디어는 이러한 변화의 연장선상에서 기업들이 좀더 적극적으로 고객들에게 자신의 이미지를 구축하고 원하는 관계를 조성할 수 있는 도구를 추가로 제공 한 셈이다.

물론 이러한 변화는 크게 경제와 사회의 역사적 발전단계를 볼 때 현재의 시점에서 기업 생산활동이 소비자에게 어떤 의미를 갖는지와 맞물려있다. 대 량생산과 저렴한 가격, 기술혁신 등이 전통적으로 기업이 추구하는 가치였으 나 기술력과 생산력의 진화로 가격이나 기본적 품질에서는 상품 간의 차별성 이 점차 사라지고 있다. 기업이 생산을 통해 제공하는 가치와 이에 대한 소비 자의 선택은 소비자에게 이미지를 부여하고 특별한 정서적 경험을 선사하는 쪽으로 이동했다. 〈뉴욕타임즈〉칼럼니스트 마이클 울프[2]는 이를 '엔터테인먼 트 경제'(entertainment economy)의 도래라고 하고, 경영학자 파인과 길모어[3] 는 '체험 경제'(experience economy)라고 말한다. 수사학자 랜험[4]은 물질의 세 계는 중심에서 주변으로 이동하고 물질들을 어떻게 보이도록 포장해내거나 의미를 부여하는 영역이 세상을 움직이는 중심에 있다고 선언한다. 이러한 변화의 관점에서 더 이상 기업은 물질 (즉 상품) 을 잘 만들어서 파는 것만으로

---

2 Wolf, M.(2003), *The entertainment economy*, New York: Crown Books.

3 Pine, B. J. & Gilmore, J. H.(1998, July), "Welcome to the experience eco-nomy", *Harvard Business Review*.

4 Lanham, R.(2008), *Economics of attention*. Chicago, IL: University of Chicago Press.

이윤이 유지되지 않는다. 상품이 어떻게 쓰일 수 있는지 이 상품을 쓴다는 것이 쓰는 사람을 어떻게 보이게 할 것인지 끊임없이 의미를 만들고 이를 소비자에게 납득시키는 과정이 필요한 것이다. 새로운 경제 환경에서 소셜미디어는 기업에게 끊임없이 그 상품의 가치를 소비자에게 효과적으로 일깨워줄 무기로서의 잠재력을 갖고 있다.

그러나 모든 기업이 소셜미디어를 쉽게 활용하는 것은 아니다. 과거 경험해 보지 못한 새로운 미디어인 만큼 어떻게 접근해야 하는지를 놓고 아직도 다양한 실험을 전개하고 있다. 개별 기업의 속성, 구축하고자 하는 이미지, 대상 고객의 특성에 따라 소셜미디어 상에서 어떻게 구체적으로 브랜드 가치를 창출할 것인지는 기업들이 안고 있는 숙제다. 이러한 가치를 어떻게 맞춤화하고 장기적이고 일관되게 추진해야 할 것인지도 기업들의 여전한 고민거리다. 물론 첫걸음은 소셜미디어의 특성을 잘 이해하는 데서 시작한다.

바로 이러한 맥락에서 마이클 울프는 기업이 추구해야 할 '소셜'의 의미를 세 가지로 제시했다. 5 즉 소셜은 대화이자, 개인화된 메시지의 전달이고, 참여다. 사람들은 소셜미디어를 통해서 대화(*talk*)와 오락(*play*), 관계(*love*)를 기대한다. 오늘날 성공 사례라고 일컬어지는 기업인이나 기업 조직들은 바로 소셜미디어의 이 기본 속성을 잘 이해해 현실에 적용한 것이라 볼 수 있다.

그렇다면 기업들은 어떤 방식으로 소셜미디어를 활용하고 있는가? 소셜미디어 참여자들은 상대방과 서로 동등한 위치에서 대화를 나누고자 한다. 대화는 지위가 다른 사람들끼리는 편치 않으며, 대등하게 사람 대 사람으로 교류할 때에야 제대로 이뤄진다. 또한 일상적인 대화는 특정한 의도나 목표를 겨냥하지 않으며, 사람들은 오히려 캐주얼하고 소소한 대화에서 재미를 느낀다. 사람들은 특히 상업적 메시지에 거부감을 갖기 때문에, 소셜미디어가 온

---

5 Wolf M., op. cit., pp. 34~35

라인 쇼핑몰이나 광고 전단지 식으로 운영되어서는 곤란하다.

소셜미디어에서 기업이 대화 상대가 되기 위해서는 익명의 거대조직이라는 '기업' 이미지를 벗고 사람의 '얼굴'을 취해야 한다. 마치 성격과 개성을 지닌 사람처럼 소셜미디어 상의 콘텐츠를 통해서 일관된 정체성이 구축되는 '의인화' 작업이 필요한 것이다. 실제로 이러한 원칙에 따라 미스터피자(트위터 @mrpizzalove) 라는 기업은 '1년차 신입 여사원이 들려주는 미스터피자의 담백한 이야기'를 콘셉트로 정체성을 구축하여 좋은 반응을 얻었다. 문체나 이야기 소재도 이러한 콘셉트에 맞게 진행한다. 꼭 특정 가상의 인물을 내세우지 않는 사례도 있다. 대한항공처럼 트위터와 미투데이 계정을 개설해 항공 정보를 제공하는 본연의 홍보활동과 더불어 사용자가 보내온 여행 사진을 첨부해 편안한 느낌을 제공, 더 가까이 있는 기업으로 다가가는 방식도 활용되고 있다.

대인관계에서 어느 한쪽이 대화를 독점하면 사람들이 외면할 수도 있다. 사람들은 말을 많이 하는 사람보다 말을 잘 들어주는 사람을 선호하게 된다. 말을 들어준다는 것은 말하는 사람을 인정하고 존중한다는 의미이고 사람들은 자신이 인정받을 때 행복하기 때문이다. 자신을 행복하게 해주는 사람을 어찌 좋아하지 않을 수 있는가. 그래서 소셜미디어에서도 기업은 이야기를 너무 많이 하지 않도록 주의를 기울여야 한다. 소셜미디어 상에서 존재감을 유지하기 위해서는 어느 정도는 계속 말을 해야 하지만 사람들은 지나친 수다쟁이를 좋아하지 않는다. 더욱이 일방적인 상품 홍보는 소셜미디어에서는 금기로 통하므로, 다른 미디어나 판촉 수단을 통해 이뤄지도록 하는 게 좋다. 소셜미디어는 기업이 전체 마케팅 전략 안에서 고객과 커뮤니케이션을 하는 수많은 통로 중 하나로서 차별화되어야 한다.

한국의 기업 CEO들 중에는 소셜미디어 활동에 적극 나서 마치 연예인과 유사한 지위를 갖게 된 사람도 많다. 두산의 박용만 회장이나 신세계의 정용

미투데이 에뛰드 스윗걸 http://me2day.net/etude-house

화장품 브랜드 에뛰드 하우스는 미투데이를 통해 신제품 및 행사를 활발히 홍보하고 있다. 10~20대 여성들을 타깃으로 하는 만큼 에뛰드 하우스의 미투데이는 발랄하고 에너지 넘치는 20대 여성이 등장한다. 에뛰드 스윗걸은 화장품을 추천해주고 화장에 대한 팁을 전해주는 친근한 언니 이미지를 내세운다. 이러한 브랜드 느낌은 다음과 같은 커뮤니케이션 전략들을 통해 구축되고 있다.

첫째, 에뛰드 하우스의 미투데이는 상품 홍보와 이벤트 홍보에만 초점을 맞추지 않고 일상적인 대화를 통해 브랜드 소비자들과 친밀감을 형성하고 있다. 예를 들어, 에뛰드 하우스 미투데이 담당자는 봄을 맞이해서 친구와 맛있는 것을 먹으러 가는데 저녁 메뉴를 추천해달라고 부탁한다. 그리고 까르보나라, 감자탕, 갈비 등 저녁 메뉴를 추천해주는 다른 사람들의 의견 댓글에 또 댓글을 달면서 소비자들과 친밀한 관계를 형성한다. 먹을 것에 대한 이야기 이외에도 날씨와 현재 일어나는 사건 사고들에 대해서도 언급된다. 이러한 일상적인 대화를 통해 에뛰드라는 브랜드는 사람들의 일상 속에 자리 잡게 되는 것이다.

둘째, 에뛰드 하우스의 미투데이는 광고와 일상의 경계가 흐린 글들을 남김으로써 노골적인 홍보에 대한 불쾌감을 감소시킨다. 예를 들어, 에뛰드 하우스의 미투데이는 연예인 산다라박을 직접 봤다면서 산다라박의 직찍(일반인들이 연예인들을 직접 찍은 사진)을 올린다. 그런데 산다라박은 에뛰드 하우스의 모델이며 사진에는 산다라박이 에뛰드 하우스에서 제품을 구매하는 매우 자연스러운 모습이 찍혀 있다. 이러한 글과 사진에는 연예인 본 것을 남들에게 알리는 지극히 일반적인 행위와 브랜드에 대한 홍보가 함께 섞여 있어 거부감 있게 다가오지 않는다. 또, 스윗걸은 화장하는 팁을 가르쳐주고 직접 화장한 모습을 사진으로 올리기도 한다. 여기서 사용되는 제품들은 모두 에뛰드 하우스의 제품들이다. 이처럼 친근한 언니가 화장에 대해서 해주는 조언 속에 에뛰드 하우스의 상품들의 홍보를 녹여낼 수 있는 것이다.

셋째, 에뛰드 하우스의 상품에 대한 직접적인 홍보도 딱딱하지 않은 발랄한 말투로 하기 때문에 상품에 대한 호감을 불러일으키기 쉽다. 실제 텔레비전 광고나 지면 광고에는 사용되지 않을 것 같은 일상적인 말투가 설득력을 증대 시킨다. 예를 들어, '완전 대세', '완소 아이템', '입술에 퍼지는 그 느낌이란 … 꺄아><' 같은 말들은 타깃층에게 상품에 대한 설렘과 기대를 그대로 전해줄 수 있다. 그리고 상품에 대한 홍보글에는 또 제품을 직접 사용해본 사람들의 짧막한 후기가 댓글로 달려 있기 때문에 소비자들은 상품에 대한 좀 더 객관적이고 추가적인 정보도 얻을 수 있는 이득이 있다.

스윗걸과의 인터뷰

1. 에뛰드 스윗걸 아이디어는 처음에 어떻게 나오게 되었나요?
고객들과 더 가까이 이야기를 나누고 싶었던 차에 2010년 5월 미투데이를 통해 에뛰드 브랜드를 대표하는 스윗걸이라는 가상의 캐릭터를 시작하였고 이후 꾸준히 대화하려고 노력하고 있어요.

2. 에뛰드 스윗걸이 한 사람이라면 이 사람을 어떻게 묘사하시겠어요?
사랑스러운 소녀감성을 가지고 자신의 영리함과 자신감으로 세상을 놀이터로 활용하는 매력녀라고나 할까요? 게다가 아는 것도 많고, 친절하고 발랄한 모습이 마치 친한 언니 같기도 하고요.

3. 다른 에뛰드의 마케팅 홍보 채널들과 미투데이 채널을 통한 고객관계의 가장 큰 차이점은 무엇이라고 생각하시나요?
에뛰드 하우스는 매월 신제품 출시와 이벤트가 활발한, 빠른 사이클을 갖고 있는 브랜드입니다. 한정적인 홍보 채널을 효율적으로 이용하기 위해 주력제품이 정해져있고요. 미투데이는 주력하지 않는 제품이나 굳이 기사화 되지 않는 소소한 브랜드 소식들도 빠르게 담을 수 있는 최적의 채널이에요. TV광고에서, 잡지에서 보지 못했지만 미투데이에서는 알 수 있는 묘한 즐거움이 있지요. 짧고 간단하게 표현된 이야깃거리들은 고객들도 긴 시간을 들이지 않고 쉽게 받아들이며 거부감도 없고요. 이런 커뮤니케이션 방법을 통해 고객들은 에뛰드 스윗걸을 기업이 아닌 관계를 맺을 수 있는 대상자로 의인화하여 인식하기 때문에, 어느 홍보 채널에서도 만들 수 없는 정서적인 교감이 분명히 이루어지고 있다고 생각해요.

4. 고객의 반응이 가장 뜨겁고 적극적이었던 경험을 알려주세요.
가수 강수지의 '보랏빛 향기'라는 음악을 리메이크하여 산다라의 상큼한 모습을 담아 '감귤빛 향기'라는 뮤직비디오를 만들었어요. 뮤직비디오 스크랩 이벤트를 진행했는데 1200명이 넘는 댓글과 500회 이상의 미투공감을 이끌어냈었죠. 굳이 이벤트를 진행하지 않아도 해외 유명 디자인상을 수상했거나 광고촬영장 스윗걸 직찍을 공개하는 등의 소소한 이야기들에도 에뛰드 '미친'분들은 언제나 소중하고 사랑스러운 댓글을 남겨주셔서 항상 고마워요.

진 부회장이 대표적인 사례이고 표현명 KT 사장, 이찬진 드림위즈 대표, 허진호 네오위즈인터넷 대표, 조원규 구글코리아 대표 등 정보통신업계 CEO들도 유명하다. 기업의 이야기뿐 아니라 일상의 소소한 일까지 대화의 범위가 넓어 그 자체로 일반 이용자의 흥미를 이끌어 낸다. 이 사례들은 기업인이 기업경영뿐 아니라 이야기꾼이자 유명인으로서도 기능한다는 점에서 사회적으로 새로운 조류를 만들어 내고 있다. 특히 전통적으로 권위적이고 수직적인 소통문화에 젖어있던 우리나라에서는 새로운 현상으로 받아들여지고 있다. 기업가 개인에 대한 호감은 기업 전체에 대한 우호적 이미지를 낳을 수도 있다.

소셜미디어에서는 정보가 곧 오락이다

사람들은 소셜미디어에서 인간의 체온을 느낄 수 있는 대화를 하고 싶어한다. 그래서 엄숙하고 딱딱한 콘텐츠는 별로 인기가 없다. 더구나 어디서 퍼온 듯한 무미건조한 정보는 당장 거부감을 일으키기 쉽다. 물론 사람들은 소셜미디어 통해 정보를 주고받지만, 거기서 그치지 않는다. 대화를 하고 함께함을 느끼며 상대를 느끼고 나를 표현하고, 궁극적으로 관계를 구축하기를 원한다. 사람들은 소셜미디어를 통해 정보를 추구하면서 다른 이들과 재미있게 이야기를 나누게 되는가 하면, 노닥거리며 시간을 보내다보면서 어느덧 여러 가지 정보를 얻게 된다. 따라서 소셜미디어에서의 정보는 대화지향적 혹은 관계지향적이라고 볼 수 있다. 다시 말해, 사람들에게 말을 걸고 반응을 유도할 수 있는 흥미로움이나 화제성을 지니면서 서로 대화하고 상호작용할 수 있게 해주는 촉매제로서의 성격을 갖는다. 소셜미디어에서는 캐주얼하고 가벼운 대화가 물 흐르듯 이뤄져야 사람들을 붙들어둘 수 있다. 특히 한국의 온라인 문화는 재미성, 놀이성이 많이 가미돼야 한다는 점이 소셜미디어에서도 여전히 나타난다. 소셜미디어의 정보 공간이 커뮤니케이션 공간이자 참여와 놀이의 공간이기 때문에, 정보의 유통, 교류, 공유, 소비 등의 행위가 대화와 참여 그리고 놀이와 자연스럽게 겹쳐지게 된다.

소셜미디어가 등장하면서 친밀감이 느껴지는 소통 및 관계 형성을 통해 이용자에게 다가가려는 기업이나 조직들이 늘고 있음을 우리는 위에서 살펴보았다. 기업 정보나 상품 스펙 등은 홈페이지를 찾아서 볼 수 있지만, 소셜미디어는 이와는 다른 것을 제공할 때 이용자의 주의를 끌고 관계를 유지시킬 수 있다. 예를 들어, KT의 경우, 소셜미디어를 통해 이용자와의 직접적인 커뮤니케이션을 꾀하면서 이들의 요구를 듣거나 자사의 소식을 전하는가 하면, 무엇보다 기업에 대한 지속적인 관심을 유도하기 위해 누구나 쉽고 재미있게 참여할 수 있는 각종 이벤트를 연다. 광복절에 태극기 달기 이벤트, 끝말잇기 놀이, 올레 스무고개 등 각종 이벤트를 진행시키며 이용자들이 재미있게 참여할 수 있는 사이버 놀이 공간을 만들고자 했다.

온라인서점인 예스24도 트위터를 통해 매일 오후 2시 4분에 '책퀴'를 낸다. 책퀴란 '책 관련 버라이어티 퀴즈쇼'의 준말이다. 스무고개 형식으로 질문을 내면 사용자들이 답을 맞히고 상으로 해당도서를 받는다. 신간 정보도 퀴즈 형식으로 제공하여 참여를 유도하고 재미를 부여한다. 예스24는 정보 제공을 이용자의 참여, 나아가 즐거운 놀이와 연계하여 회사가 전하고자 하는 정보를 효과적으로 전달할 수 있었다.

이와 같은 사례는 소셜미디어 공간의 속성을 기업 홍보에 활용한 것이라고 할 수 있다. 이제 많은 기업들이 소셜미디어를 단순히 일방적인 정보 유포의 채널이 아닌 사람들이 찾아와 재미있게 놀다가는 '네트워크 놀이터'로 만들며 고객의 관심을 붙잡아 두고자 한다. 디지털 공간은 클릭 한 번으로 쉽게 접속할 수 있는 세계인 동시에 다시 클릭 한 번으로 언제든지 떠날 수 있는 공간이다.

잠시의 지루함이나 딱딱함을 견디기에는 클릭의 유혹은 너무나 강하다. 이렇게 이용자의 휘발성이 높은 공간에서는 가능하면 시간가는 줄 모르는 놀이터가 아니면 관심을 붙잡아 두기가 어렵다. 수다와 재미는 강력한 유인책이 된다.

한편 소셜미디어에서의 정보 소비 또한 수동적인 것에서 머물지 않고 능동적이고 참여적인 성격을 띤다. 소셜미디어는 정보의 확산뿐만 아니라 이에 관한 댓글을 생산하는 주요 채널이 되고 있다. 특히 정치적 의견이나 생각을 표현하고 공유할 수 있는 장을 제공해줌으로써 선거나 각종 정치사회적 이슈에 관련된 여론 형성에 큰 기여를 하고 있다. 대표적인 국내 사례로 2010년에 치러진 6.2 지방 선거에서 트위터와 같은 소셜미디어는 지방 선거 관련 정치적 정보와 이슈들이 전하는 주요 미디어로서, 무상급식, 세종시, 4대강, 일자리 등 선거공약 관련된 이슈, 천안함 사건, 대북 정책 등 외교 안보 이슈, 선거후보자와 관련된 정치 정보 등을 손쉽게 접할 수 있게 해주었다. 흥미로운 사실은 당시 트위터에서 가장 많이 접할 수 있는 정보나 이슈가 '선거 및 투표 참여를 독려하는 메시지'(31.8%)였다는 점이다. [6] 실제 선거 당일 많은 이들이 투표를 했다는 '투표 인증샷'을 소셜미디어에 올리면서 자신의 정치적 의사 표현을 하거나 다른 이들의 투표 참여를 독려하였다. 꼬리에 꼬리를 무는 인증샷의 공유는 일종의 놀이 형태로 이루어졌으며 선거에 대한 관심과 정치적 관여의 수준을 높이는 데 기여했다. 소셜미디어를 통한 정보의 생산, 공유, 확산 등이 정치적 현안에 관한 관심을 환기시키고, 더 나아가 재미있는 놀이와 참여의 형태로 전개되면서 새로운 선거 문화가 만들어지고 있다.

또한 소셜미디어를 통해 서로 연결된 이용자들이 정보에 대한 댓글이나 의견을 달면서 유희적인 의미 만들기(*meaning-making*)가 이루어지고 이것이 또 다른 정보의 생산과 공유로 이어지기도 한다. 사건에 대한 촌철 살인적 논평

---

6 이원태(2011), "트위터의 정치사회적 영향과 시사점", 〈KISDI Premium Report〉10(6), 정보통신정책연구원.

이나 해학적인 해석의 댓글을 달고 공유하면서 정보의 소비가 단순한 정보의 수신 차원을 넘어 재미있는 놀이 활동이 되고 더 나아가 집단적 감수성을 공유하는 참여적 활동이 된다.

예를 들어, 신라호텔 뷔페 식당에서 한복 손님을 받지 않는 사건이 트위터를 통해 알려지기 시작했고 수많은 리트윗과 인용을 통해 많은 사람들에게 알려지더니 마침내 대중 매체를 통해 온 국민에게 알려졌다. 이 사건에 관한 트윗이 리트윗되면서 자신의 의견이나 생각을 담은 댓글이나 관련 정보가 쏟아져 나오기 시작했다. "신라호텔, 한복 입은 손님 푸대접. 전라로 다니십시오, 라는 뜻인가요"라고 비꼰 이외수의 트윗부터, 기모노를 입고 신라호텔에 출입했던 일본인 사진, 추리닝을 입고 한국에 입국하는 워렌 버핏이나 국회에서 한복을 입고 몸싸움을 벌이는 강기갑 의원의 패러디 사진, 한복 입고 신라호텔을 가자는 농담조의 댓글, SNS 홍보를 강화하겠다는 삼성 측의 대응에 관한 뉴스 등 댓글, 패러디, 관련 뉴스가 이어졌다. 소셜미디어 이용자들이 펼치는 정보 '퍼나르기', 추천하기, 댓글 달기, 패러디물 만들기 등은 자신의 의견을 나타내고 네트워크 친구들과 공감을 나누는 행위이다. 여기에는 진지한 문제의식과 가볍고 재미있는 표현, 상호 작용의 즐거움과 사회적 이슈에의 관여, 자신의 개성적인 존재감의 표출과 집단적인 감수성의 교감 등이 한데 어우러져 유희적인 참여문화가 만들어진다.

소셜미디어는 동질적이지 않은 다양한 사람들이 모여서 정보를 나누며 관계를 유지하는 공간이다. 이러한 공간 안에서 정보의 가치와 영향력은 사회적 상호작용의 정도에 비례한다고 볼 수 있다. 다시 말해 정보가 얼마만큼 얼마나 많은 사람들의 입에 오르내리며 대화의 소재로 관심을 끄는지 일 것이다. 소셜미디어 이용에 있어 재미, '모여서 노는 것', 감성적 동조 등이 핵심적인 부분을 이룬다고 볼 때, 정보는 단순히 소비되어버리는 대상이 아니라 대화의 매질, 더 나아가 역동적이고 재미있는 참여 활동을 위한 원료가 된다.

생각의 흐름을 따라가는 정보 찾기, '소셜검색'

네이버나 구글 등 일반 포털에서 제공하는 검색 기능은 컴퓨터 프로그램의 일종인 알고리듬을 따라 징그러울 정도로 기계적으로 정보를 찾아낸다. 그래서 때때로 검색어는 포함하지만 내가 찾고자 하는 것과 전혀 상관이 없는 정보도 많이 뜨게 된다. 반면에 우리가 원하는 정보는 때로는 어떤 키워드로 정리하기 어려울 정도로 복잡한 것일 때가 종종 있다. 내가 원하는 정보에 적당한 키워드가 없을 수도 있고, 때로는 내가 원하는 게 정확하게 무엇인지 나도 가늠하기 어려울 때도 있다. '뭔가 궁금한 게 있는데, 정말 답답한데, 뭐라 표현할 방법이 없네.' 이런 고민을 풀어주는 정보검색 기능은 없을까?

'검색'이란 바로 내가 원하는 정보를 찾아주는 것이다. 그런데 내가 원하는 정보를 찾아내는 과정은 그리 순탄하지 않고, 시행착오가 필요하다. 인터넷에서 정보를 찾는 행위에 '서핑'이나 '내비게이션'이라는 은유적 표현을 붙인 것은 우연이 아닐 것이다. 서핑이나 내비게이션이란 단어는 바다에서 파도를 타고 부유하는 데에서 따온 것으로, 정보검색에는 원하는 곳으로 바로 가기 어렵고 어느 정도는 인터넷 공간에서 떠돌아다니는 탐색과정이 필요하다는 사실을 뜻한다. 파도는 때로 내가 의도하지 않은 곳으로 나를 이끌기도 하기 때문이다. 또한 사람은 항상 자신이 원하는 바를 잘 알고 있지는 않다. 검색을 하는 동안에 자신의 욕구가 오히려 더 명확해지거나 방향이 바뀌기도 한다. 즉 어떤 면에서는 뚜렷한 질문을 갖고 시작하는 게 아니라 오히려 검색과정에서 내가 지금 원하는 것이 무엇인지를 파악하게 되는 것이다. 브라우징을 하면서 내가 원하는 것이 무엇인지 구체적으로 알게 되는 것은 꼭 인터넷 검색에서만 경험하는 것은 아니다. 이는 정보의 선택에서는 늘 있는 일이다. 전통적인 미디어라 여겨지는 텔레비전도 위성이나 케이블에 연결되어 수백 개의 채널을 제공한다. 자신이 주로 가는 일종의 채널 레퍼토리를 활용하여 가능한 옵션의 수를 줄이기도 하지만 대개 채널을 돌려서 이것저것 들어보는 과정에서 내가 지금 원하는 것이 무엇인지를 알게 되어 결국 한 채널에 고정을 하게 된다.

검색어로 찾기 쉽지 않은 의문점이 생길 때에는, 그 주제에 관해 해박한 주변사람이 있으면 아마 가장 손쉽게 문제가 풀릴 것이다. 소셜미디어는 복잡한 관계망을 기반으로 하며, 필요할 때 이들을 동원할 수 있다는 점에서 수많은 전문가 친구들을 확보한 것도 비슷한 효과를 낳을 수 있다. 즉, 소셜미디어에서는 이러한 관계망을 활용해 이전의 인터넷 검색에 비해 획기적으로 진화된 검색 기능이 가능해 진다. '소셜 검색'이란 단지 소셜미디어에 올려져 있는 내용을 검색하는 데 그치지 않고 관계망 속에 있는 인맥의 추천과 공유 등으로 검색의 정확도를 조절한다는 뜻이다.

소셜미디어는 원래 검색사이트로 설계되지 않았지만 자연스럽게 검색장치와 비슷한 기능을 할 수 있다. 사람들이 실시간으로 질문을 하면 서로 답변을 하면서 정보를 공유하는 양상을 보인다. 예를 들어 어떤 사람이 일본에서 여행을 하다가 길모퉁이마다 서 있는 캐릭터를 보고 무엇인지 궁금해 미투데이에 질문과 사진을 함께 올렸다. 이에 대해 어떤 사람들이 교통사고를 예방하기 위한 간판이라는 답변을 해서 궁금증이 풀린 사례가 있었다.[7] 사람들은 급한 정보가 필요할 때도 미투데이를 활용하기도 한다. 예를 들어 막차 지하철 정보에 대해 물어보면 미투데이 친구들이 발 빠르게 답변해주는 경우다.[8]

소셜미디어는 이미 익숙한 사람들의 추천이나 그들의 선택에 관한 믿을 만한 정보를 기반으로 설득될 수 있다는 점에서 상품의 추천과 구매로 연결되기 쉽다. 예를 들어 미투데이를 사용하는 예비 엄마가 서울·경기권 내에서 아기 용품을 싸게 파는 할인매장이나 인터넷 쇼핑몰을 알려달라고 미투데이에 글을 올렸다고 해보자. 이 문의에 대해 출산을 기다리고 있거나 아기를 키우고 있는 사람들이 믿을 만한 사이트나 매장을 알려준다.[9] 어떤 이는 자신이 구매할 시계를 추천해달라고 미투데이에 글을 올린 사례가 있다. 자신이 내세운 조건에 맞는 시계를 추천해주면 보답을 한다는 내용을 올려 상당한 반응을 일으켰다.[10]

검색서비스인 빙(Bing)은 아예 페이스북 프로필 검색을 제공한다. 어떤 사람이 맺고 있는 페이스북 인맥 관계의 깊이와 거리에 따라 검색 결과의 순위가 정해지는 것이다. 여기서는 관계가 있는 사람들을 대상으로 할 뿐 아니라 관계의 속성까지도 고려해 검색 결과가 제공된다. 결국 '나'와의 거리가 정보에 반영되므로 '나'와 '나의 욕구'에 얼마나 가까운 결과인지 알아서 표시되는 셈이다. 이는 컴퓨터 알고리듬에 관계의 질적인 측면을 반영해, 검색자가 원하는 바를 찾기 쉽게 만든 것이다.

---

7 http://me2day.net/kudeki
8 http://me2day.net/yatohji
9 http://me2day.net/mo5
10 http://me2day.net/bluect33

소셜검색이 기존의 검색과 차별화되는 부분은 바로 정보찾기에서 질적인 측면을 강조한다는 점이다. 기존 검색의 목적이 관련성 높은 정보를 널리, 많이, 빨리 찾는 데 있다면, 소셜검색은 검색의 주관적 정확도에 좀더 초점을 둔다. 단순히 주변에서 기름을 가장 싸게 파는 주유소를 검색할 때는 이전 방식이 더 유리하다. 가격이라는 명확한 기준이 있으니 인근 주유소의 가격정보를 샅샅이 뒤져 비교해보면 정확한 결과를 얻을 수 있다. 그런데 요즘 볼 만한 영화가 뭘까 라든지, 친구들과 연말파티를 하기 좋은 장소는 어디일까 하는 검색이라면 기존의 검색 방식대로 무조건 가장 많은 사람의 평가를 평균 내는 방법은 미덥지가 않다. 대학생이 데이트하기 위해 갈 만한 식당을 고르는데 초등학생들의 평가가 평점 계산에 영향을 주거나, 전문직 직장인의 선택이 크게 작용하면 그 결과는 별 도움이 안 된다. 이런 문제는 검색 범위가 한정되는 것이 더 좋다. 되도록 나와 조건이 비슷하고 취향이 비슷한 사람들의 의견을 검색 대상으로 제한하면 나의 의도에 더 잘 맞는 검색 결과를 기대할 수 있다.

그러나 이러한 소셜검색이 갖는 단점은 새로운 정보를 발견하기가 상대적으로 어려울 수 있다는 것이다. 본래 끼리끼리는 유사한 정보를 갖게 마련이므로 상대가 아는 것을 내가 알고 있을 확률이 높기 때문이다. 사회적으로는 점차 취향의 고립, 집단의 고립을 심화시킬 수 있다는 점을 생각해 볼 수 있다. 가장 낙관적인 기대는 검색기술이 발달하면서 양자 사이에 어떤 균형점이 찾아지지 않겠는가 하는 것이다.

소셜미디어를 '소셜웹'이라고도 부르는 이유는 소셜미디어의 기능이 어느 한 영역에 제한되는 것이 아니라 포털이나 기존의 검색엔진을 대체해 웹에 있는 텍스트나 영상정보를 검색하고 접근하는 관문이 되어가고 있기 때문이다.[11] 이렇게 진화하고 나서 돌이켜 보니 구글이나 네이버를 통한 검색은 유일한 검색법이 아니라 여러 개의 가능한 검색 방법 중 하나에 불과했다는 것을 알 수 있게 됐다. 과거의 검색은 가능한 광범위의 자료를 검색해 빨리 또 기계적으로 결과를 제시해주는 데에만 주력했던 것이다. 소셜미디어의 진화는 앞으로 다양한 기준에서 검색을 할 수 있도록 검색에 있어서도 유연성을 증가시켜줄 것이라고 기대할 수 있다.

---

11 김태현(2010. 2. 25.), "실시간 소셜웹 주도권 경쟁", 〈Issue&Trend〉, KT경제경영연구소.

일상의 기록과 공유는 정보이자 오락

얼마전까지만 해도 개인 블로그는 어떤 사람이 일상의 흔적을 기록하는 일기장으로 널리 쓰였다. 그렇지만 최근에는 소셜미디어가 순간의 일상을 좀더 세밀하게 포착하여 쌓아두는 기록 공간으로 인기를 끌고 있다. 페이스북이나 미투데이를 들여다보면 내가 어디 가서 무엇을 먹었는지, 누구를 만났는지, 도서관이나 지하철에 앉아 있던 어떤 특정 순간에 어떤 느낌을 가졌는지에 관해 실시간으로 자세하고 생생한 기록이 남아 있다.

개인의 일상기록으로서 블로그와 소셜미디어 간에 큰 차이가 있다면, 블로그에 비해 소셜미디어의 내용이 훨씬 파급력을 가질 수 있다는 점이다. 블로그는 포털 사이트의 검색이나 관심사를 공유하는 블로거들의 연결을 통해서 접근할 수 있기에 내용의 노출이 상대적으로 제한적인 반면, 소셜미디어는 소셜미디어 '친구'의 네트워크를 통해 보다 효과적이고 광범위하게 기록을 유포시킬 수 있다. 소셜미디어에서는 쓰는 사람이 자신이 쓴 내용을 누가 접근할 것인지 가늠해보기가 쉽지 않다. 특히 트위터에서는 작성자의 의사와 무관하게 수많은 팔로어들이 나의 일상을 실시간으로 들여다보면서 반응을 남길 수 있게 되어 있다. 일상은 개인이 독점하는 사생활이 아니라 나누고 공유하는 사적이면서도 공적인 공간으로 바뀌어가고 있다. 소셜미디어에서는 오히려 사람들은 이처럼 공개와 공유에서 즐거움을 얻는다.

소셜미디어에서는 글쓰기의 즐거움 역시 이전과 성격이 많이 바뀌었다. 우리가 늘 신중하게 생각하면서 (먹고, 걷고, 주변을 둘러보고 하는 식의) 일상적 행동을 하지 않듯이, 소셜미디어에서 글쓰기는 거의 무의식적이고 자연스런 일상행동처럼 이루어지기도 한다. 이제는 생각하고 쓰는 것인지 쓰다 보니 생각하게 되는지 그 구분도 모호해진다. 생각을 정리해서 글을 쓴다기보다는 글을 쓰면서 생각을 정리하기도 한다. 자판을 치는 것이 바로 성찰이요, 사고다. 그만큼 즉각적이다. 즉흥적이기 때문에 오히려 더 기발한 아이디어가 나온다. 어떤 아이디어를 머릿속에서 정리하고 되짚을수록 오히려 기존에 가졌던 생각들과 섞여 그다지 새로울 것이 없는 평범한 내용으로 바뀔 수 있다. 정리되지 않아서 오히려 새롭다. 그리고 소셜미디어에서 새로운 글쓰기 방식은 새로운 놀이이자 재미를 만들어 낸다.

재미 혹은 놀이 요소는 오래 전부터 한국 인터넷 문화의 특성이었다. 말꼬리 잡기 놀이 등 인터넷에서 유행하던 사례가 많으며 문자 텍스트를 이용한 문화를 떠올려 볼 수도 있다. 유머는 본래 현실에 있는 것을 살짝 비틀거나 우리가 이해하는 것과 완전히 반대의 상황을 만들어버릴 때 발생한다. 난센스와 놀라움, 기이함, 과장, 아이러니, 풍자, 고정관념 뒤집기 등은 가장 고전적 유머 기술이다.

이러한 놀이 요소는 현실을 보는 시각을 바꿔놓기도 한다. 놀이를 통해 현실을 뒤집으면서 사람들은 오히려 현실의 모습을 확인하는 효과를 얻기도 한다. 유머는 이런 측면에서 오히려 가장 효율적으로 현실에 대한 이해와 평가를 공유하는 방법이 되기도 한다. 미투데이는 자신의 포스팅을 올린 후 또 한 줄의 짧은 포스팅을 함께 올리는 구조로 돼 있는데, 이는 본래 포스팅의 의미를 좀더 보충한다든지 재미를 추가할 수 있는 공간으로 기능한다. 단순한 구조라서 오히려 다양하게 사용할 수 있는 가능성이 열려 있다. 이는 한국적 인터넷 문화를 반영한 기능이라 할 수 있다.

예를 들어 미투데이의 한 이용자는 자신의 일상에 대한 진지한 이야기를 올리는 것 같지만 실제 태그는 언제나 '아나는또개꿈을꾸었구나'(아! 나는 또 개꿈을 꾸었구나!) 다. 이를 통해 미투데이의 이야기가 실제가 아니라 꿈이라는 반전과 재미를 느낄 수 있다.[12] 어떤 이용자는 미투데이를 개그나 유머를 업데이트하기 위해 사용하고 있다.[13] 짤막한 이야기지만 재미가 있어 구독하는 사람이 제법 많다.

위의 여러 사례에서처럼 소셜미디어에 올리는 글은, 우리가 일상적으로 쓰는 구어가 아니고 책에서 흔히 보는 문어식 표현도 아니다. 어떤 면에서는 인터넷에서 생겨나서 소셜미디어 환경에 맞추어 진화한 제3의 언어가 통용되고 있다. 여기서는 구어와 문어의 중간쯤에 위치하면서 재미와 관계를 추구하는 흥미로운 표현들이 올라온다. 축약어(예를 들어, '갑툭튀': 갑자기 툭 뛰어나옴, '열반': 열렬히 반응함)나 통신어는 이들 간의 공유된 정서와 문화적 코드를 보여주는 동시에 소통의 즐거움을 배가시킨다. 짤막하게 올라온 글은 산만한 것처럼 보이지만 상대방에 대한 관심과 반응을 보여주는 역할을 하며 관계의 '끈'을 유지 혹은 강화하기도 한다.

이렇게 소셜미디어를 통해 개인의 일상적 기록과 생각, 느낌, 대화를 폭넓게 나누기 시작하면서 사람들은 '공유의 문화'에 주목하게 됐다. 마누엘 카스텔은 그의 최신작 《커뮤니케이션 파워》에서 이제는 '문화를 공유하는 것'(*sharing of*

---

12 http://me2day.net/yatohji
13 http://me2day.net/subalter

culture)이 아니라 '공유한다는 것이 곧 문화'(culture of sharing)가 되는 시대라고 선언한다. 지금까지는 서양문화, 동양문화, 여성문화 하는 식으로 각 사회집단 간에 존재하는 문화의 내용 차이를 기준으로 구분된 문화 유형이 있고 이 문화들이 영향을 서로 주고받는 시대였다. 하지만 지금은 이러한 구분이 사라지고 오로지 지속적인 교류행위만이 공통의 문화를 구성하는 것이 정보사회의 시대적 특징이라는 것이다. 카스텔의 주장은 좀더 거슬러 올라가면 "미디어가 메시지"라는 마샬 매클루언(Marshall McLuhan)의 진술문과 맞닿아 있다.

카스텔의 주장은 현대사회에서 소셜미디어가 가져오고 있는 중요한 변화의 흐름을 잘 포착하고 있다. 그는 현대사회에서는 공유를 기반으로 하는 미디어 사용 그 자체가 가장 주목해야 할 문화의 요소라고 본다. 어떤 면에서 바로 이는 소셜미디어를 통한 소통문화에서 발견되는 가장 핵심적인 특징이기도 하다. 소셜미디어에서는 심각한 내용보다 일상의 공유가 광범위하게 확산되고 있다. 소셜미디어 이용에서 흔히 볼 수 있듯이 각자가 체험한 일상은 그 소재가 무궁무진하며 서로 공감할 수 있는 부분이 많기 때문에 공유가 훨씬 쉽고 재미있게 이루어진다. 만일 그렇다면 소셜미디어에서 볼 수 있는 관계와 소통의 '가벼움'과 '피상성'은 소셜미디어에만 해당하는 특징에 그치지 않고, 어떤 면에서는 현대사회의 큰 흐름을 읽어내는 중요한 키워드라고 할 수 있다.

6장

언론매체로서의 소셜미디어

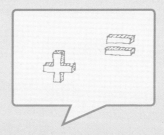

뉴스는 나만의 통신사로부터

2008년 인도 뭄바이 폭탄테러, 2009년 1월 아이티의 참혹한 지진 피해라는 대형 뉴스는 세계 유수의 언론사가 아니라 트위터가 가장 먼저 전했다. 국내에서도 2009년 10월 강남파이낸스타워 화재는 대피 중이던 트위터 사용자가 가장 먼저 소식을 타전했고, 2010년 일어난 부산 해운대 아파트 화재 사고에서도 기성 언론들은 현장에서 속속 올라오고 있는 트위터 사진을 받아 싣기에 바빴다. 부산의 화재는 오전 11시34분에 발생했는데 12시가 넘자 트위터에는 화재 속보와 함께 근처에 있던 이용자들이 직접 찍은 사진이 올라오기 시작했다. 이것은 동시에 리트윗을 통해 전파됐고 이는 더 많은 사람들이 정보를 올리게 만들었다. 소셜미디어는 전통 언론매체들이 도저히 따라잡을 수 없을 정도의 폭발적인 전파력을 보여주었다. 이처럼 소셜미디어형 특종은 이제 심심치 않게 접할 수 있는 일상적 현상이 됐다.

소셜미디어형 특종은 흔히 최초 보도를 통해 이뤄진다. 즉 기존의 언론사가 취재하기 전에 뉴스기사가 되는 경우로, '2008년 5월 중국 쓰촨성 지진', '2009년 1월 15일 허드슨강에 추락한 비행기 사고', '2009년 7월 중국 위구르 유혈 사태'는 소셜미디어를 통해 처음 세상에 알려졌다. 소셜미디어형 특종은 현장감을 바탕으로 한다. 사건 현장에서 직접 찍은 사진과 동영상을 실시간으로 전송하는 형태다. 예를 들어 '2007년 10월 LA 소방국의 캘리포니아 화재 관련 속보', '2008년 11월 인도 뭄바이 테러 사건의 희생자관련 보도', '2010년 1월 21일 아이티 지진 보도 및 구호 활동 보도' 기사 등이 높은 현장감을 바탕으로 한 소셜미디어형 특종이라고 할 수 있다. 수많은 익명의 소셜미디어 사용자들이 움직이는 통신사가 탄생한 셈이다.

소셜미디어의 보도가 언론매체를 앞서가는 이 시대에 '뉴스'란 과연 무엇인가? 뉴스는 한마디로 '세상 돌아가는 이야기'다. 그러나 과거의 미디어 환경에서 뉴스는 언론사가 전달하는 이야기였다. 언론사만이 많은 사람들에게 이야기를 전달할 수 있는 확성기를 가지고 있었다. 그래서 주로 언론사에서 전달하는 종류의 '세상 돌아가는 이야기'와 거기서 배제되는 이야기를 구분할 수 있었고 우리는 전자를 뉴스라고 생각해 왔다. 우리가 뉴스라고 여기고 접하던 것은 전문 언론인, 즉 기자들이 치고 있는 그물망에 걸려든 이야기들이었다. 아무리 중요한 소식이라도 기자들이 치고 있는 그물망에 걸리지 않은 이야기는 사람들에게 전달되지 않았다. 결국 이러한 환경에서 무엇이 뉴스인지는 사건이나 현상 자체가 가진 중요성이나 가치보다는 전문적인 언론조직에 의해 걸러지는지 아닌지에 따라 결정되는 경우가 많았다.

하지만 무엇은 뉴스고 무엇은 뉴스가 아닌가? 어떤 것이 세상 돌아가는 이야기가 아니라고 할 수 있는가? 이제는 누구나 이 확성기를 가질 수 있게 됐고 더 이상 '뉴스는 이런 것'이라고 정의하기 어렵게 됐다. 인터넷의 등장 이후 모든 사람들이 세상을 향해 이야기할 수 있게 됐고 그 진화는 현재 소셜미디어까지 와 있다. 이제는 나도 뉴스를 골라 세상을 향해 이야기할 수 있게 됐다. 그뿐만 아니라 기존 언론사처럼 멀리, 빨리 전파시키는 측면에서도 많은 진전이 있었다. 마치 파워 블로거들이 웬만한 신문이나 잡지만큼의 구독자들을 확보할 수 있는 것처럼, 연결된 지인이 많은 소셜미디어 이용자는 뉴스의 전파력에서 웬만한 뉴스매체만큼 위력을 발휘하고 있다.

소셜미디어는 언론매체인가

소셜미디어가 언론으로서 갖는 기능은 뉴스 생산자이자 배포자로서의 위치와 관련이 있다. 소셜미디어는 실시간으로 뉴스를 받아 전파하는 도구로서의 기능을 지닐 뿐 아니라 이용자가 스스로 뉴스를 발굴해 배포하는 도구로도 활용할 수 있다. 모바일 미디어의 확산으로 언제 어디서나 인터넷 접속이 가능해지면서 이러한 기능은 더욱 강화됐고 다른 뉴스의 링크를 쉽게 제공하거나 재전송할 수 있어 전파력 또한 대폭 커졌다. 기존 언론사 입장에서도 이것은 새롭게 뉴스가 전파될 수 있는 추가적인 유통수단을 갖게 된 것이다.

지금까지 우리가 정보를 접하는 통로는 크게 종이매체(신문, 잡지 등), 방송매체(TV, 라디오), 통신매체(인터넷)로 나눌 수 있었다. 상대적으로 가장 강력한 정보 유통은 여전히 방송매체인 TV다. 하지만 신문의 영향력이 급격히 낮아지고 있는 반면 인터넷의 영향력은 급증하고 있다. 인터넷은 주로 방송과 신문에서 생산된 뉴스의 유통을 담당하고 있는데도, 빠른 전파력 덕분에 영향력을 발휘한다. 사람들이 뉴스를 보기 위해 인터넷에 접속하고 포털 사이트를 방문하면서 어떤 뉴스를 생산하고 어떻게 메시지를 만들 것인지에 변화가 일어나기 시작했다. 눈에 잘 띄고 클릭을 유발할 수 있는 기사를 생산해야 하기 때문이다.

2010년 한국광고주협회가 전국 성인남녀 만 명을 대상으로 실시한 조사에 따르면 영향력이 가장 크고 신뢰도가 높은 매체는 KBS, MBC, 네이버 순이었다. 기존 대표적인 뉴스 매체였던 신문의 가구구독률은 2001년 51.3%에서 2006년 34.8%, 2009년 31.5%, 2010년 29.5%로 이제 세 가구 중 한 가구 정도만 신문을 구독하고 있다. 뉴스를 보기 위해 신문을 접하는 비율은 12%로, TV(69.0%)와 인터넷(16.8%)에 비해 크게 뒤진다. 이 같은 결과는 미국의 조사 결과와도 크게 다르지 않다. 퓨 리서치 센터의 2009년도 조사에 따르면, 미국인은 다양한 미디어를 통해 뉴스를 접하는데 주로 지역TV뉴스(78%), 전국TV뉴스(73%), 인터넷(61%), 라디오(54%), 지역신문(50%), 전국신문(17%) 등의 순이다.

뉴스 유통에서 인터넷의 역할이 커지는 가운데, 소셜미디어 또한 뉴스 유통과 소비의 지형을 바꿔놓고 있다. 소셜미디어가 또 다른 뉴스 유통채널로 부상하면 할수록 어떤 뉴스를 생산할 것인지에 영향을 줄 수밖에 없다. 뉴스 매체로서 소셜미디어의 특징은 다음과 같이 정리할 수 있다.

1. 훌륭한 초기 경보 시스템이다. 충분한 해설이나 보충 설명을 제공하지는 않지만 어떤 일이 일어났을 때 빨리 알릴 수 있다. 부산 해운대 화재사건처럼 주변에 있는 누구나 기자가 될 수 있다. 소셜미디어는 가장 빠른 통신사 역할을 할 수 있다.

2. 전파력이 빠르다. 기존의 미디어가 동시에 뉴스를 전파하는 것처럼 트위터는 몇 번의 재전송으로 뉴스를 넓게 퍼뜨린다. 물론 소식을 받은 사람이 읽거나

말거나를 통제할 수는 없다.

3. 뉴스의 거름망이 된다. 지인들이 올리거나 재전송하는 뉴스는 이미 어떤 차원에서건 나와 유사한 속성을 가진 사람 혹은 적어도 내가 어떤 판단을 하고 있는 사람이 올린 것이다. 이들이 올린 뉴스는 어떤 것인지 판단하기가 쉽다.

4. 언론사에서 선택하지 않은 의제도 접할 수 있게 된다. 혹자는 소셜미디어가 오마이뉴스에서 표방하던 시민저널리즘을 다시 부활시켰다고 평가한다. 기성 언론이 외면하거나 기피하는 의제를 생산한다는 의미로 '의제의 패자부활전'[1]이 가능해진 미디어라고 평가하기도 한다.

5. 소셜미디어를 통해 보도와 의견을 함께 파악할 수 있다. 소셜미디어를 통해 각 전문 분야에 있는 전문가들을 쉽게 접촉할 수 있다. 특히 트위터는 마치 전문분야별 특파원을 둔 거대한 네트워크 미디어처럼 작동하며 누구든지 마음만 먹으면 이들과 관계를 맺어 활용할 수 있다.

6. 이제 주요 단체나 미디어들은 각자의 소셜미디어 계정을 가지고 있어서 지속적으로 정보를 올린다. 소셜미디어는 간편한 RSS기로서 작동한다. 특히 트위터는 관계맺기의 개방성과 리트윗이라는 독특한 기능 때문에 뉴스의 전파성이 매우 높다. 트위터에서의 관계는 승인이 필요 없는 방식으로 이뤄지기 때문에 내가 원하는 사람의 목소리는 언제든지 관계를 맺고 들을 수가 있다. 또한 리트윗을 통해 소식의 재전송이 매우 간편하다. 이런 점을 고려할 때 트위터는 방송형 미디어에 가깝다.

이와 같이 소셜미디어가 뉴스 매체로서 역할을 하면서, 뉴스를 소비하는 방식도 매체에서 네트워크 중심으로, 찾아가서 보는 행위에서 받아보는 행위로 바뀌고 있다. 또한 뉴스 소비자도 뉴스의 수집, 전파, 발견 등에 영향력을

---

1 김종목(2010.10.5), "경향신문 64주년 창간특집: '의제의 패자부활전' 모바일 저널리즘으로 활짝", 〈경향신문〉.

행사하는 뉴스 매개자의 역할을 담당하게 된다. 일반 소셜미디어 이용자는 대개 자신이 흥미롭다고 생각하는 뉴스를 재전송하거나 자신의 의견을 붙여서 띄운다. 하지만 간혹 스스로 언론매체가 돼 소셜미디어를 통해 자기가 제작한 뉴스를 전달하기도 한다. 이런 뉴스 중 일부는 포털과 신문 혹은 방송에서 다시 기사화되기도 한다. 인터넷이 보급되면서 생기기 시작했던 이러한 현상은 소셜미디어가 가진 속성 때문에 앞으로 더욱더 많이 나타날 것이다. 따라서 우리는 기존의 언론매체를 통해 접하지 못한 뉴스를 소셜미디어에서 볼 수 있게 된다. 즉 사안이 개인적인 것이거나 객관성이 담보되지 않은 상태기 때문에 주요 언론사에서는 외면하는 뉴스, 또는 제도적·정치적인 이유로 전파할 수 없었던 뉴스를 소셜미디어를 통해 전달할 수 있다. 그렇다면 소셜미디어를 통한 저널리즘은 어떤 성격을 띠는가?

첫째, 개인적 관심이나 관련성이 있는 것을 채택해서 전송하기 때문에 언론사의 잣대로 선택된 뉴스보다 훨씬 '솔직한 저널리즘'이 구현된다. 소수의 게이트키퍼(gate-keeper)보다는 각자 나를 대신해 세상을 감시하는 여러 명의 필터 혹은 망보기하는 사람(gate-watcher)[2]을 가지고 있는 셈이 된다.

둘째, 그러나 개인이 전문 언론인처럼 어떤 윤리기준을 갖고 있지는 않으므로 확인되지 않은 정보가 걸러지지 않은 채 유통될 가능성이 크다. 하지만 동시에 잘못된 정보가 금방 수정되기도 한다. 물론 이는 오류를 명확히 판단할 수 있는 사항에 국한된 것이기는 하다. 정보의 확산과 루머의 확산은 종이 한 장 차이다. 루머는 본래 서로 아는 사람들끼리의 네트워크에서 더 쉽게 퍼진다. 내가 잘 아는 사람의 비리는 관심이 쏠리지만 똑같은 비리를 내가 모르는 아프리카의 누군가가 저질렀다면 관심을 쏟거나 화젯거리로 삼을 사람이 얼마나 되겠는가?

---

2 Bruns, A.(2005), *Gatewatching*, New York: Peter Lang.

셋째, 뉴스 전파가 소셜미디어형으로 더 많이 이뤄지게 된다면, 뉴스라서 관심이 집중되는 동시에 관심이 몰리게 돼 뉴스가 될 수도 있다. 물론 이에 따른 부작용도 있다. 일방적 선전이나 홍보를 위한 전략에 쉽게 휘둘릴 수 있다. 그러나 소셜미디어는 권위적으로 통제되기 어려운 구조를 갖고 있다.

넷째, 객관적 정보와 개인의 의견이 융합되고 이것이 전파력까지 갖게 되면 객관성의 기준이나 개념도 점차 변화를 피할 수 없다. 지금까지 객관성은 저널리즘의 가장 중요한 기본이었다. 하지만 이제는 저널리즘의 교과서를 다시 고쳐 써야할지도 모른다.

다섯째, 서로 관련이 있거나 동질성이 있는 사람들끼리 소식을 나누게 되므로 뉴스 가치나 신뢰성이 높을 수 있지만 다른 시각이나 해석을 접할 기회는 줄어들게 된다.

뉴스 확산과 전파

20세기 매스미디어가 지닌 파워는 전파력을 기반으로 하였다. 매스미디어, 특히 방송은 '동시에' '많은 사람에게' '동일한 메시지를' '정기적으로' 전파했다. 비록 눈에 보이지는 않지만 방송사와 각 가정 사이에는 거대한 파이프가 그물망처럼 설치돼 있었고, 그 파이프를 통해서 '정기적으로' 끊임없이 콘텐츠가 배달됐다. 비슷한 비유를 들어 설명하자면, 소셜미디어는 '동시에', '나와 기존에 관계에 있는 사람에게', '동일한 메시지를', '언제든지' 그리고 '장소에 상관없이' 전파한다.

매스미디어와 소셜미디어의 뉴스미디어 기능은 기본적으로 상당히 유사하다. 누가 뉴스를 만드는지에 차이가 날 뿐이다. 소셜미디어에서는 나와 이미 어떤 관계를 맺고 있거나 내가 흥미를 갖고 있는 사람을 통해 뉴스가 유통되므로 신뢰도가 이미 형성된 곳에서 전달받는 것이나 마찬가지다.

특히 트위터에서는 뉴스가 단문 형태로 확산되기 때문에 어떤 사건이나 주

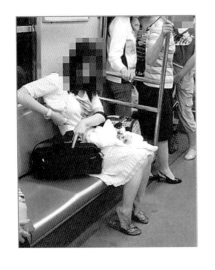
〈그림 26〉'개똥녀' 사건의 사진

제의 일정한 측면만이 선택돼 지속적으로 전파된다. 짧은 내용에 이야기를 담아야 하기 때문에 더 선택적으로 뉴스의 특정한 측면이 과도하게 부각될 수 있다. 소셜미디어를 통해 전파되는 뉴스는 주로 언론사가 생산한 뉴스 중에서 간결하게 특징지어 이름 붙이기가 쉽고 선명한 특징을 갖고 있는 것들이다. 또 공적, 사회적으로 중요한 것보다 개인적 연관성을 가질 수 있는 것들이 지속적으로 선택되기 마련이다.

소셜미디어에서 이러한 선택은 순전히 개인적 취향에 불과할 수도 있지만, 다른 이용자들이 어떤 메시지의 재전송을 선택할 때마다 그 전파성은 몇 배로 증가해 사회적 반향을 불러일으킬 수 있다. 2005년 이른바 '개똥녀' 사건이나 부실 도시락 사건 등은 인터넷에서 일반 대중들에 의해 퍼나르기가 이뤄지면서 사회적으로 큰 이슈를 만들었다. 소셜미디어에서의 뉴스 전파는 기본적으로 인터넷과 동일하지만 속도 면에서 더 빠를 수 있으며 그 과정에서 특정한 측면이 더욱 부각될 수 있다.

소셜미디어의 영향력이 커지면서 자연히 소셜미디어가 뉴스미디어로서 적합한지, 그 장단점은 무엇인지에 관해 많은 말들이 오가고 있다. 한 가지 기억할 점은 우리가 살고 있는 미디어 세상은 더 이상 하나의 방식이 제패하는 세상이 아니라는 것이다. 서로 다른 방식으로 소통하는 다양한 미디어가 공존하고 있기 때문에 매체 간 보완적인 상승효과가 발생할 수도 있다. 가령 신문기사의 의제가 소셜미디어 덕분에 널리 전파되기도 하고, 소셜미디어가 지닌 제한점을 블로그뉴스가 보완해 나름대로 균형 잡힌 보도가 이뤄지기도 한다. 이용자 입장에서 보면, 이들이 서로 보완적으로 작동할수록 전체적으로 훨씬 더 개선된 뉴스미디어 환경이 된다. 소셜미디어는 특히 기존 매체 기사에 '링크'를 시켜 뉴스의 확산을 돕고 이러한 뉴스의 빠른 공유와 개인의 의견을 표출시키는 과정을 통해 '여론을 들끓게' 할 수 있다.

사람들이 뉴스를 이용하는 큰 이유는 무엇보다 정보 습득에 있지만, 그것 못지않게 사람들과 함께 이야기하는 데 참여하고 대화에서 소외당하지 않으려는 심리도 작용한다. 소셜미디어를 통한 뉴스 이용은 정식 식사라기보다는 간식(*info-snacking*)에 비유되곤 한다. 그러나 사람들이 간식만 먹고 살지 않는 것처럼 오로지 소셜미디어를 통해서만 뉴스를 얻지는 않는다. 뉴스미디어로서 소셜미디어의 공과는 판단하기 쉽지 않다. 하지만 적어도 우리에게 선택의 폭을 넓혀주었다는 점만은 인정하고 싶다.

소셜미디어의 정치적 기능: 다가갈 수 있는 정치

전통 매스미디어인 신문과 방송이 뉴스를 취재하고 유통시켜 정치적·사회적 영향력을 행사하듯 소셜미디어도 뉴스나 정보를 유통시키는 과정에서 정치적·사회적 영향력을 발휘한다. 하지만 소셜미디어의 파급력은 신문과 방송의 정치적·사회적 위상에도 변화를 가져올 것이다. 물론 전통 매스미디어의 영향력 약화나 변화가 소셜미디어의 탄생으로 비로소 시작된 것은 아니다. 이미 인터넷을 통해 뉴스가 생산·유통·전달되면서 이런 징후는 나타나기 시작했다. 특히 포털 미디어의 등장은 전통 매스미디어 영향력의 크기와 형성 과정에 변화를 가져왔다. 이러한 변화가 소셜미디어의 등장으로 더욱 가속화될 것이라고 예상해 볼 수 있다. 어쩌면 이러한 영향력의 측면에서 소셜미디어가 신문과 방송을 압도하게 될 시기가 도래할지도 모른다.

최근에 볼 수 있는 소셜미디어의 정치적 영향력은 특히 공직자 선거에서 두드러진다. 소셜미디어가 선거에서 유독 두드러지는 것은 후보자에 대한 유권

자의 친밀감을 상승시키기도 하고 후보자의 공약이나 경력을 알리는 수단이 되기도 하기 때문이다. 조희정[3]은 소셜미디어가 영향력을 미친 선거로 2007년 프랑스 대선, 2008년 미국 대선, 그리고 2010년 영국 총선을 들고 있다.

같은 논문에서는 오바마의 사례도 소개하고 있다. 오바마 현 미국 대통령은 선거운동 기간 중에 홈페이지를 통한 정보제공방식에서 한 걸음 더 나아가 트위터 등의 소셜미디어를 정치적 자원으로 최대한 활용하고자 했다. 그는 여기서 특히 지지자'를' 조직하기보다는 지지자 '스스로' 조직하도록 하는 네트워크 방식을 사용해 성공을 거두었다. 선거운동 기간에 20여만 명이 오바마의 트위터 메시지를 읽었고, 오바마의 주요 연설이나 기사 등을 문서공유 사이트에서 퍼서 다른 사람들에게 날랐다. 즉 트위터의 팔로어를 단순히 자신의 지지자로서가 아니라 자신을 위해 실제로 활동하는 운동원으로 활용한 것이다. 그것도 강제나 고용의 형태가 아니라 자원 활동의 형태로 동원하는데 성공했다. 이러한 일이 가능했던 것은 오바마 자신이 다른 트위터 사용자의 글을 많이 구독했기 때문이다. 당시 대다수의 정치인들은 트위터 계정을

---

3 조희정, op. cit.

개설하고 자신의 선거운동 일정을 일반적으로 홍보하는 미니 홈페이지 정도로만 활용한데 반해, 오바마는 소셜미디어를 다양한 네트워크와 연결하고 소통할 수 있는 수단으로 사용했다. 이를 통해 오바마 트위터의 팔로어들은 오바마에게 설득된 것이 아니라 오바마와 대화했다는 느낌을 가지게 된 것이다.

오바마의 사례는 단지 소셜미디어를 사용하느냐 않느냐가 문제가 아니라 어떻게 활용하는지가 중요하다는 점을 다시 한 번 일깨위준다. 소셜미디어의 등장은 그동안 디지털 미디어의 확산과 함께 지속된 소통방식의 변화를 더욱 가속화했다고 할 수 있다. 사람들은 일방적인 정보의 수신에 거부감을 갖고 있으며 이를 의심하고 싫어한다. 유명인과 소셜미디어에서 관계를 맺고 있는 일반인들은 이 공간에서 어떤 정보를 얻고 발언의 기회를 얻었다는 사실보다는 짧게라도 이 공간을 통해 진정으로 대우받았다는 느낌, 가깝게 대화했다는 느낌과 경험을 가지기를 원한다. 이런 맥락에서 소셜미디어가 갖는 정치적 기능은 선거 상황보다는 그렇지 않은 일상 상황에서 더 두드러질 수 있다. 이는 정치인에게 갖는 의미와 일반 시민의 정치 참여에서의 의미로 나누어 생각해볼 수 있을 것이다.

우선 정치인들은 소셜미디어를 활용해서 시민들과 심리적 거리를 줄일 수 있다. 싸이월드가 유행할 당시 많은 정치인들이 계정을 열어놓고 그들의 사적인 모습들을 올리며 지지자들과 교류했다. 물론 본인이 모두 직접 응대한다고 생각하지는 않더라도 당시 특히 많은 젊은 유권자들에게는 정치 과정과 정치인에 대해 갖고 있던 무언지 불편하고 무거우며 자신과는 상관이 없을 것 같은 거리감을 줄일 수 있는 좋은 계기가 됐다. 칠레의 피네라 대통령은 전 각료에게 트위터를 사용하도록 명했을 뿐 아니라 칠레에서 가장 인기 있는 트위터 사용자이기도 하다.

한편 소셜미디어의 확산으로 정치인들의 일거수일투족이 일반인의 감시대상이 된다. 공상과학소설에 등장하는 것처럼 나를 감시하는 거대한 빅브라더

(big brother)가 문제가 아니라 주변에 퍼져있는 수많은 스몰브라더(small brother)들이 언제든지 정치인의 감시자나 고발자로 변신할 수 있다. 더욱이 전파력이 강한 소셜미디어를 통해 정치인들의 간단한 실수나 발언조차도 생중계되고 전파되고 있다. 공식적인 행사에서나 텔레비전 카메라 앞에서만 좋은 정치인의 모습을 보여주면 통하던 시대는 지나간 것 같다.

텔레비전은 정치인이 어떤 모습이어야 하는지에 대한 인식을 변화시켰다. 텔레비전을 시청했던 유권자들은 케네디와 닉슨의 토론에서 젊고 잘생겼으며 호감 가는 연설가인 케네디의 편을 들어주었다. 그리고 심야시간대 토크쇼에서 색소폰을 연주한 클린턴 후보와 광고에서 눈물을 보인 노무현 후보에게 투표했다. 이러한 사례들은 텔레비전을 통해 형성된 정치인의 이미지가 가진 영향력을 잘 보여준다.

소셜미디어 역시 계속 확산한다면 아마 또 한 번의 큰 정치적인 변화가 일어날 것이다. 아마도 외향적이고 다소 수다스러운 정치인들이 과묵한 정치인들에 비해 더 이점이 있지는 않을까? 부지런히 자신을 표현하지 않으면 소셜미디어에서의 존재감이 미미해질 수밖에 없다. 그러나 동시에 소셜미디어에서의 활동을 가볍게 여기고 신중하지 않은 코멘트를 날리게 되면 순간의 행동으로 지울 수 없는 타격을 입게 되기도 한다. 짧은 텍스트는 그 메시지의 맥락을 파악하기 어렵고 그만큼 오해의 소지도 커진다.

그럼 소셜미디어가 시민들에게는 어떠한 영향을 끼칠까. 우선 소셜미디어의 확산은 일반 시민이 정치인에게 질의하거나 요구할 수 있는 또 하나의 통로를 열어주었다. 물론 정치인 사무실 방문이나 전화로도 가능하며 이메일이나 홈페이지 게시판을 활용해도 비슷한 효과를 얻을 수는 있다. 그런데 이메일에 비해 소셜미디어에서 메시지는 훨씬 짧지만 '공개서한'의 역할을 한다는 점에서 큰 차이가 있다. 어떤 질의가 들어갔는지 공개되고 여기에 사람들이 어떤 반응을 보이는지도 많은 사람들에게 공개된다.

그렇다면 대통령과 시민이 직접 대화하는 일이 가능해진 세상에서는 사람들이 실제로 훨씬 좋은 시민이 될까? 이에 대해 아직 속단은 금물이다. 하지만 적어도 정치인이 '멀리 있는 사람이 아니구나' 혹은 '내가 언제라도 이야기할 수 있는 존재구나' 하는 인식의 변화가 예상되면 이는 더 근본적인 변화의 단초가 될 것이다. 이와 같은 시민들의 자기 인식의 변화는 결국 '나도 정치 참여를 할 수 있구나' 또는 '나도 말할 수 있고 내 의견도 중요하게 취급받을 수 있구나' 하는 생각을 갖게 해 정치참여에 활력을 불어넣을 수 있기 때문이다.

미디어의 활용이 일상으로 스며들수록 우리의 다양한 활동은 미디어에 의해 매개되고 미디어 이용자와 시민은 별도의 존재가 아니라는 인식이 퍼질 것이다. 미디어상에서의 참여자와 활동가들은 정치를 포함한 다양한 영역에서 참여자와 활동가가 될 수 있고 이를 통해 사람들은 '나도 할 수 있다'는 자신감을 갖게 될 것이다. 결국 거대담론이나 조직으로 움직이던 과거의 정치를 생활 속 정치로 변화시키는 데 소셜미디어가 조금은 힘이 될 수 있을 것이다.

소셜미디어는 매우 개방적이다. 누구든지 계정을 만들고 활동할 수 있다는 점은 장점도 되지만 독이 되기도 한다. 조직적인 정치 캠페인이나 이해집단에 의해 악용될 가능성이 얼마든지 있다. 실제로 미국 인디애나 대학 연구팀의 분석에 따르면 정치조직이나 이해집단들이 자신들이 만들고 싶은 여론을 형성하기 위해 다수의 계정을 만들어 자신들의 정체성을 드러내지 않은 채 일반인들의 의견인 것처럼 메시지를 날리고 재전송하고 있다는 것을 밝혀낸 바 있다.[4] 그러나 이러한 우려가 소셜미디어를 통해 얻게 될 정치 참여 기회의 확대가 주는 사회적 이익을 넘어설 정도로 심각한 것인지는 의문이다.

---

4 Kleiner, K.(2010.11.2), "Bogus grass-root politics on twitter", *Technology Review.*

7장

일상문화로서의 소셜미디어

소셜미디어를 이용하는 사람이 늘어나면서 일상 문화에도 변화가 일고 있다. 앞 장에서 살펴보았듯 소셜미디어는 사람들의 정보전달 방식이나 관계를 맺는 방식을 바꾸어놓고 있는데, 사람들이 소셜미디어를 일상생활의 의례처럼 자연스럽게 사용하게 되면서 수다를 떨거나 놀거나 사람을 만나는 행위가 다른 의미를 갖기 시작한다. 소셜미디어를 통해 정보와 관계, 콘텐츠 소비와 생산, 놀이와 일, 공적과 사적 영역 등의 구분이 없어지고, 이와 함께 그동안 비생산적이고 소비적인 활동으로만 여겨지던 일상적 소통이나 실천들이 새로운 문화적 의미를 갖기 시작한다. 이 장에서는 소셜미디어의 이용이 일상적 경험과 문화의 의미를 어떻게 변화시키고 있는지를 알아보고자 한다.

수다가 콘텐츠

소셜미디어의 확산은 이용자들을 좀더 수다스럽게 만들고 있다. 그리고 소셜미디어가 활성화되기 위해서는, 또 우리가 소셜미디어를 더 즐기기 위해서는 우리 모두 수다쟁이가 돼야 한다. 포털이 디지털 미디어 생활의 중심일 때는 포털이 열심히 콘텐츠를 만들거나 중개하는 역할을 해왔다. 하지만 소셜미디어 영역에서는 우리가 콘텐츠를 만들고 우리가 만든 콘텐츠를 우리가 소비한다.

소셜미디어에 담긴 메시지들은 대개 사람들이 열심히 수다를 떤 결과다. 수다를 많이 떨수록 소셜미디어의 메시지는 풍부해진다. 앞에서 언급했듯이 미디어 진화의 역사를 볼 때 소셜미디어 등장은 전혀 별개 서비스의 탄생이라기보다는 기존의 다양한 미디어 서비스들을 블랙홀처럼 빨아들여 모두 소셜 '형' 미디어로 만들어버렸다는 데 의미가 있다. 소셜미디어는 많은 사람들의 참여와 공유를 통해 생산된 수다가 다시 소비되는 구조를 갖는다. 수다는 누구에게나 즐거운 일이 아닌가? 사람들에게 가장 즐거운 대화는 특별한 목적

〈그림 28〉 '버스남 찾아요' 공개구애에 네티즌 "찾을 때까지 고고!"[1]

'버스남을 찾아요'라는 글이 찍힌 사진이 네티즌들 사이에서 화제를 모으고 있다. 2010년 10월 28일 트위터 및 각종 소셜네트워킹 서비스에는 버스에서 만난 한 남자를 찾는 여성의 글이 공개돼 네티즌들의 관심을 끌었다.

이 여성은 글에서 "2000번 버스 맨 뒷자리 바로 앞 창가자리에 앉아 있던 파란색 후드티 남자분"이라며 "창문도 열어주고 어깨도 빌려준 남자분, 요즘 너땜에 잠이 안 와"하며 당당하게 마음을 고백했다. 여성의 당당한 공개글에 네티즌들은 "꼭 만나야겠다", "이런 글은 추천! 버스남이 볼 때까지 힘을 모읍시다", "여자분 용기 진짜 짱!" "찾을때까지 고고!"라며 호응하고 있다.

이 여성의 글은 버스정류장에 붙어 있는 것을 한 트위터러가 찍어 트위터에 올리면서 28일 급속히 확산됐으며, 각종 포털 사이트 검색어 1위에 등극하는 등 웹상 최대 화제로 떠올랐다.

없이 함께 참여하는 대화다. 내용에 상관없이 함께 대화한다는 그 자체가 즐거움을 주는 것이다. 별 가치 없어 보이는 연예인 신변잡기나 텔레비전 드라마가 자주 대화꺼리로 등장하는 것도 이러한 이유다. 누구든지 참여할 수 있고 특별한 목적이 없이 지속할 수 있는 대화의 소재이기 때문이다. 물론 대화 참여자들끼리 서로 잘 알고 마음이 맞을 때 수다는 즐겁다.

위의 '버스남' 사례처럼 특별한 중요성이 없는 듯 보이는 일상의 에피소드가 여러 사람의 관심을 받으면서 모두에게 '핫'한 뉴스로 등극하기도 한다. 이러

---

1 송지현(2010.10.28), "'버스남 찾아요' 공개구애에 네티즌 '찾을 때까지 고고!'", 〈아시아투데이〉.

한 과정을 거쳐 정보와 오락, 뉴스와 수다의 경계가 허물어지고 있다.

　이러한 연장선상에서 소셜미디어가 검색과 결합한 소셜 웹검색에서는 사람들의 집단적 관심과 의견 자체가 하나의 정보가 된다. 소셜웹 검색은 소셜미디어의 게시물을 실시간으로 찾아 보여주는 서비스다. '게시물을 남기는 순간' 검색엔진에 수집돼 검색결과로 바로 노출된다. 실시간 검색은 지금 이슈가 되고 있는 화제에 대한 여러 사람들의 '생생한' 의견을 확인할 수 있고, 자동으로 푸시(push)되는 기능이 탑재돼 있어 자동으로 사람들의 관심이나 의견의 흐름을 알 수 있다.

　수다의 소재로 또 자주 등장하는 것은 가십이다. 가십(gossip)은 본래 잡담 혹은 가벼운 이야깃거리로 주로 사람에 대한 흥미위주의 이야기를 뜻한다. 긍정적인 일보다는 비정상적인 일이나 부정적인 일이 주로 흥밋거리가 된다. 그런데 한 인물에게 일어나는 비정상적이거나 부정적인 사건이라고 해서 무조건 가십이 되지는 않는다. 가십의 가치는 근접성에 있다. 즉 주변에서 친한 사이끼리 서로 잘 아는 사이일 때 가십은 그 가치를 가진다. 아무리 기이한 사건이라도 내가 전혀 모르는 사람의 이야기는 흔한 '해외 토픽' 이상의 가치를 갖지 않는다. 그러나 아는 사람의 이야기는, 그리고 아는 사람들끼리 서로 전달하는 이야기는 전파되기 쉬운 콘텐츠가 된다.

보며, 수다 떨며, 놀며: 미디어 소비 경험의 변화

2010년 2월 〈뉴욕타임즈〉는 "워터쿨러 효과로 인터넷이 TV의 친구가 될 수 있다"는 기사를 낸 바 있다. 2 '워터쿨러 효과'(*Water-Cooler Effect*)란 정수기 근처에 사람들이 모여 편안하게 대화를 하면서 사내 의사소통이 활발해지는 효과를 의미한다. 텔레비전 시청률과 인터넷 통신량을 측정하는 닐슨사에 따르면, 슈퍼볼 게임이나 밴쿠버 동계 올림픽 개막식이 그 어느 때보다 높은 시청률을 기록하고 있고 이를 시청한 일곱 사람 중 한 명은 웹 서핑을 동시에 이용하고 있었다고 한다. 점차 많은 사람들이 인터넷과 TV를 동시에 사용하게 되고, 인터넷을 통해 TV 프로그램에 관한 이야기를 함께 나누는 습관을 가지게 되면서 텔레비전과 인터넷이 친구가 되는 현상이 일어나고 있다. 소셜네트워크 사이트는 텔레비전 화면과 컴퓨터 화면을 오가며 프로그램에 대해 대화해 나갈 수 있는

---

2 Stelter, B.(2010.2.23), "Water-cooler effect: Internet can be TV's friend", *The New York Times*.

'온라인 워터쿨러 공간'이라고 할 수 있다. 뉴미디어는 올드미디어의 경쟁상대나 적이 아니며 올드미디어는 뉴미디어에 의해 대체되지 않는다. 이들 미디어는 서로 연계하고, 연계를 통해 오히려 확장하고 있는 것이다.

그동안 텔레비전은 가족이 함께 모여 시청하는 안방극장이었고 올림픽이나 월드컵과 같은 큰 스포츠 경기가 있을 때면 사람들이 공공장소나 맥줏집에 같이 모여 응원하는 재미를 주곤 했다. 이제 소셜네트워크의 발달로 굳이 같은 공간에 있지 않더라도 서로 다른 공간의 사람들이 동시에 같은 프로그램을 보면서 실시간으로 대화를 할 수 있게 된다. 이러한 의미에서 호프집의 경쟁상대가 소셜미디어인 것이다. NBC 유니버설의 리서치 담당 대표 앨런 우첼은 "사람들은 무언가를 공유하길 원한다"며 온라인 대화의 효과가 "모든 대형 이벤트 프로그램에 중요해졌고 앞으로 모든 TV 프로그램에서도 그럴 것"이라고 말한다.[3] 소셜네트워크를 통한 워터쿨러 효과는 텔레비전 시청에서 나타날 뿐만 아니라 개봉 영화, 정치의 지지도 등 대중의 관심을 끄는 모든 분야에서 일어날 수 있다.

인터넷의 등장은 그동안 일방적으로 메시지를 전달했던 방송 프로그램에 대해 일반인들이 피드백을 할 수 있게 했다. 각종 인터넷 게시판을 통해 사람들은 방송 프로그램을 평가했고, 방송 프로그램을 홍보하기 위해 만들었던 프로그램 홈페이지에 시청자 게시판은 어느 덧 중요한 요소가 됐다. 이러한 인터넷 게시판에는 자기가 좋아하는 TV 프로그램에 관한 시청 소감과 평가가 올라오고 팬들이 만든 패러디물이나 팬픽(팬들이 만든 소설)이 올라오기도 한다. 게시판의 댓글 수는 해당 프로그램이 얼마나 인기 있는지 보여주는 일종의 인기 척도가 됐다. 그런데 이러한 게시판 글쓰기는 주로 TV 프로그램이 방송된 후 이뤄지는 것으로, 시청자들이 자신들의 반응을 올리는 순서대로 게시판에 쌓

---

3 Stelter(2010.2.23)의 기사 중 Alan Wurtzel과의 인터뷰.

이게 된다. 간혹 상대방의 의견에 대해 공감이나 이견을 나타내는 댓글이 달리기는 하지만, 대부분 시청자들 간의 대화보다는 시청자들이 TV 프로그램에 대한 느낌을 게시판에 올려 함께 공유한다는 의미가 컸다.

그런데 소셜미디어의 이용이 늘어나면서, 시청자들은 TV 프로그램을 보면서 실시간으로 대화를 나눌 수 있게 된다. 네트워크 친구와 현재 진행되고 있는 TV 프로그램에 대해 정보나 소감을 나누며 시간과 경험을 공유할 수 있게 된다. 이제는 같은 공간에서 함께 TV 프로그램을 시청하더라도 서로 다른 시청 경험을 가질 수 있게 된다. 함께 야구 중계를 시청하더라도 서로 다른 팀을 응원하는 옆 사람보다 같은 팀을 응원하는 온라인 친구들과 시청의 즐거움을 함께 나눌 수 있고, 시사 토론 프로그램을 보면서 정치적 시각이 다른 가족 구성원과 이야기하기보다는 생각을 공유하고 공감할 수 있는 온라인 친구를 찾을 수 있다.

온라인 워터쿨러 효과는 뉴스의 소비 방식에서도 나타나고 있다. 2010년 퓨 리서치 센터의 보고서에 따르면, 점점 더 많은 미국인들이 자신의 소셜미디어를 통해 뉴스를 걸러 내고, 평가하고, 반응한다고 한다.[4] 미국인의 92%가 하나의 미디어보다는 텔레비전, 인터넷, 신문, 라디오 등 여러 미디어를 통해 그날의 뉴스를 알게 되고, 특히 소셜미디어의 등장으로 뉴스 이용이 사교적 경험(social experience)으로 바뀌고 있다. 다시 말해, 뉴스 이용자가 미디어 정보를 수동적으로 소비하는 개인이 아니라 사람들과 뉴스를 공유하고 함께 이야기를 나누는 '참여적 뉴스 이용자'가 된 것이다.

또한 이 보고서는 미국인 뉴스 이용자 가운데 72%가 세상에 일어나고 있는 일을 다른 사람들과 같이 이야기하기 위해 뉴스를 보고, 뉴스 이용자 중 50%는 자신에게 필요한 뉴스를 말해주는 주변 사람에게 어느 정도 의존하고 있다

---

4 Purcell, K., Rainie, L., Mitchell, A., Rosenstiel, T. & Olmstead, K.(2010, March 1), *Understanding the participatory news consumer*, Pew Research Center.

고 전한다. 뉴스를 보는 이유가 정보 습득 자체보다 남들과 대화하기 위해서이고 남들이 자신에게 전해주는 정보에 더 귀를 기울인다는 것이다. 특히 인터넷이 필요한 뉴스를 전해 듣는 중요한 뉴스 유통 채널이 되면서, 온라인 뉴스 소비자 가운데 75%가 이메일이나 소셜미디어에서 뉴스를 전달받고, 페이스북과 같은 소셜미디어 이용자 가운데 51%가 자신이 따르는 사람들에게서 뉴스를 얻게 된다. 이와 같은 결과는 사람들이 뉴스를 얻는 경로가 다양해졌을 뿐만 아니라 혼성화되고 있음을 시사한다. 다시 말해, 뉴스 습득이 미디어를 통해 직접 얻기에서 점차 소셜네트워크를 통한 대인적 관계망을 통해 이뤄지면서, 미디어 소비 경험과 대인 커뮤니케이션의 경험이 결합되고 있고 정보 습득과 소비가 사람들과 대화하며 공유하는 사회적 행위로 바뀌고 있다.

과거에는 가족이 식탁에 둘러앉거나 사람들이 자판기 앞에 모여서 대화를 나누었지만, 이제는 소셜미디어를 통해 온라인상에서 할 수 있다. 이와 함께 대중적인 관심을 끄는 정보, 뉴스, 오락 등을 실시간으로 공유할 수 있다. 실제 이러한 정보 습득 및 소비와 사교적 대화 간의 경계가 허물어지는 경향은 앞장에서 언급했던 방송통신위원회와 한국인터넷진흥원에서 실시한 마이크로블로그 이용 실태 조사에서도 잘 드러난다.[5] 우리나라 마이크로블로그 이용자들은 마이크로블로그 이용 계기로 '정보 습득을 위해서'(81.2%)를 첫 손에 꼽았고, 그 다음으로 '새로운 사람과 관계를 맺기 위해서'(66.1%), '재미와 즐거움을 얻기 위해서'(35.4%), '시사, 현안 문제 등에 대한 사람들의 생각을 알고 싶어서'(26.4%) 등을 들었다. 인터넷 이전의 미디어 체계에서는 정보 습득, 사회적 관계맺기, 오락적 재미 등이 각각 서로 다른 미디어 형식으로 매개됐다. 다시 말해, 정보 습득은 TV나 신문 혹은 출판물을 통해서 이뤄졌고, 사회적 관계맺기나 유지는 면대면 상황이나 서로 대화를 주고받을

---

5 방송통신위원회·한국인터넷 진흥원(2010), "마이크로블로그 이용실태조사".

수 있는 전화나 편지 등을 통해 이뤄졌으며, 오락적 재미는 대중매체의 수동적 소비에 의해 이뤄지는 경향이 있었다. 그런데 인터넷으로 각종 미디어 경험이 매개되고, 특히 소셜미디어가 활용 되면서 정보 습득과 사교 혹은 오락 경험 사이의 경계가 점차 흐려지고 있다.

《영 월드 라이징》(Young World Rising) 이란 책의 저자인 로브 샐코위츠는 소셜미디어가 현안을 논의하는 방식에 '즉시성과 비공식성'을 불어넣고 있다고 지적한다.6 다시 말해, 기존 미디어에 의해 공식적으로 전달되던 뉴스가 사람들의 비공식적인 대화 과정 속에 전해지고 뉴스 소비가 즉각적으로 이뤄지게 된다. 정보를 자신이 신뢰하는 사람들에게서 듣거나 사람들과 이야기를 나누는 과정 속에 얻게 되고 이 과정에서 개인적인 의견, 느낌, 선호도 등이 섞여 유통된다. 오락의 소비도 마찬가지 변화를 겪는다. 오락 콘텐츠의 수용이 대화나 정서적 교류 과정 속에 이뤄지고 사람들의 반응자체가 호기심과 흥미의 대상이 될 수 있다. 정보나 오락 콘텐츠를 실시간 '라이브'의 형태로 공유하고 함께 이야기를 나눌 수 있게 되면서, 새로운 형태의 역동적인 공동 감각(communal sense)을 경험할 수 있게 된다. 이러한 집단 경험은 기존 미디어 소비에 새로운 즐거움과 재미를 안겨주게 된다. 소셜미디어가 미디어 이용을 콘텐츠 중심에서 대화와 관계 중심으로 바꿔놓으면서, 미디어 소비가 좀더 능동적이고 참여적으로 이뤄지게 됐다. 소비 경험에서도 '수다 떨기'와 '함께 놀기'가 더 중요해졌다.

---

6 Our Blook(2010), "Rob Salkowitz on social media and society" from http://www.ourblook.com/Social-Media.

'인간적인 나를 보여줄게': 셀레브러티의 자기표현

소셜미디어의 등장은 유명인들이 일반인과 소통하는 방식을 바꿔놓고 있다. 연예인들은 마이크로블로그형 소셜미디어를 통해 자신들의 새로운 드라마나 앨범에 관한 소식뿐만 아니라 소소한 일상의 이야기나 느낌을 실시간으로 표현한다. 예를 들어 빅뱅의 리더 지드래곤은 솔로 앨범 발매를 앞두고 뮤직비디오의 의상이나 새 앨범 콘셉트를 조금씩 미투데이에 공개했다. 2NE1의 산다라박은 다양한 표정을 담은 자신의 이미지나 그룹 멤버의 이미지를 재치 있는 글과 함께 올려 팬들의 시선을 사로잡았다. 드라마 '내 여자 친구는 구미호'의 여주인공을 맡았던 신민아는 좀더 적극적인 전략을 구사했는데 극중 자기 이름을 본 딴 '레알 미호'라는 이름의 미투데이 계정을 만들어 많은 팬들과 친구 관계를 맺었다. 팬들은 자신이 좋아하는 연예인 스타들이 전하는 사진이나 짧막한 글에 열광하며 이들의 이야기에 직접적인 반응을 보이게 된다.

소셜미디어의 세계에서는 연예인들만 셀레브러티의 지위를 누리는 것은 아

〈그림 29〉 신민아의 미투데이

니다. 인지도가 조금 있는 사람이면 누구든 소셜미디어를 열심히 활용해 인지도를 높일 수 있다. 스포츠 스타(김연아)나 소설가(이외수), 유명 기업인(박용만, 정용진, 이찬진) 혹은 정치인(노회찬, 박근혜) 등 다양한 직업군의 인물들이 트위터를 통해 자신들의 활동이나 생각을 실시간으로 전하고 있다. 이것이 전파돼 이들의 유명세가 더해지고 유명세는 더 많은 추종자들을 낳는다.

　그동안 유명인들의 활동에 관한 소식이나 일반인들과의 접촉은 매니저나 대변인 혹은 팬클럽에 의해 체계적으로 관리돼 왔다. 다시 말해 일반인들과의 소통 방향은 일방적이었고, 상호작용의 방식도 매니저나 팬클럽을 통한 간접적인 것이었으며, 소통 내용도 격식을 갖춘 공식적인 데 그쳤다. 기획사나 기업 혹은 정당 조직의 홍보 차원에서 유명인 개개인의 소식이 전해졌고 소식은 기존 언론을 통해 전달됐으며 내용은 인기 관리를 위해 철저히 다듬어진 것뿐이었다. 물론 그동안 미니홈피나 홈페이지, 블로그 등이 개인 차원에서 운영되기도 했지만 이들 역시 자신의 이미지 관리 차원에서 어떤 메시지가 게시되고 이에 대한 반응들이 달리는 정도의 양식으로 이뤄졌다고 볼 수 있다. 그런데 짧은 단문이나 실시간 이미지를 통해 유명인들의 일거수일투족이 즉각적으로 일반인들에게 전달되는 마이크로블로그의 등장으로 일반인들과의 접촉 혹은 상호작용의 방식에 큰 변화가 일어났다.

우선 마이크로블로그가 유명인들의 새로운 자기 홍보 수단이 되고 있다. 그동안 유명인들에 관한 소식은 기획사나 기업 및 정당 홍보실에 의해 관리돼 왔다. 하지만 이렇게 제한된 채널을 통해 간헐적으로 전달되는 유명인에 관한 소식은 이들에게 열광하는 현대 대중의 욕구를 충족시킬 만큼 충분하지 못했다. 따라서 이를 간파한 대중매체는 연예 정보 프로그램이나 각종 기사를 통해 연예인들의 모습을 엿볼 수 있는 기회를 제공해 왔다. 각종 스포츠 신문이나 잡지에서부터 '연예가 중계', '섹션 TV 연예통신', '생방송 TV 연예' 등 각종 연예정보 프로그램에 이르기까지 여러 매체가 이들의 소식을 전했다. 그런데 이렇게 대중매체가 전하는 소식은 시청률이나 구독률을 신경 쓰는 매체 자체의 편집 방침에 따라 재단된 것이다. 대부분 인기를 관리하는 기획사의 요구를 충실히 반영하며 서로 이익을 도모하지만, 때에 따라선 스타 마케팅의 범위를 넘어서 연예인들의 무대 뒷모습을 선정적으로 보여주며 대중의 시선을 사로잡기도 한다.

한편 연예인들에 비해 기업인이나 정치인의 개인적 활동은 그다지 대중매체의 주목을 받지 못했다. 이들의 공적 활동만이 경제나 정치 섹션의 뉴스를 통해 가끔씩 전달될 뿐 사적인 소식은 대중매체의 시선을 피해왔다. 그런데 미투데이나 트위터는 유명 기업인이나 정치인들이 자신의 근황을 전하고 자신의 활동을 직접적으로 마케팅할 수 있는 새로운 수단을 제공한다.

마이크로블로그는 단문이기에 작성하는 데 큰 부담이 없고 스마트폰과 같은 개인 모바일 기기와 연동돼 언제 어디서나 손쉽게 이용이 가능하다. 이러한 사용의 용이함과 강력한 전파력 덕분에 유명인들은 자신과 네트워크로 연결된 일반인들과 거의 실시간으로 소통할 수 있게 됐다. 연예인들은 촬영장이나 공연장에서 틈틈이 글이나 사진을 올리며 자신을 홍보할 수 있고 팬들과 직접 안부 인사를 주고받을 수 있다. 연예인들이 '직접' 나를 알아 메시지를 보내는 것은 아니지만 내가 트위터나 미투데이에 접속하면 '나의' 페이지에서 이들의 근황이나 인사말을 접할 수 있기에 마치 '나에게' 메시지를 보낸 듯한 직접성이 느껴지게 된다.

기업인이나 정치인들은 그동안 감춰졌던 개인의 사적인 일상이나 감정을 드러내며 일반인들과의 심리적 거리를 좁힐 수 있다. 예를 들어 연습생 시절 마이스페이스에 한국인 비하발언을 했던 일이 알려져 2PM을 탈퇴했던 박재범은 미국을 떠난 뒤에도 트위터를 통해 꾸준히 팬들과 소통하며 안부를 주고받았다. 또한 연기자 소유진은 자신의 미투데이에서 자신이 출연한 연극 〈애자〉를 보고 뒤풀이를 하자는 글을 남겼고 이에 호응하는 팬들과 일명 '번개'(즉석 만남)를 가지면서 팬들과 끈끈한 관계를 만들어갔다. 또 박근혜 전 한나라당 대표는 자신의 트위터에 선풍기와 수박을 벗 삼아 집에서 피서를 보내는 자신의 사진을 올리는가 하면, 노회찬 전 진보신당 대표는 트위터로 점심 '번개' 모임을 주최하며 일반인들과의 소통에 적극적으로 나섰다. 소셜네트워크를 통해 온라인으로 실시간 대화를 나누거나 오프라인에서 직접적인 만남을 제안하는 등 직간접적인 소통을 꾀하면서 유명인은 이전과는 다른 다양한 소통을 꾀할 수 있다.

어빙 고프만은 사람들이 공동체 안에서 일상적으로 갖는 다른 사람들과의 상호작용의 특성을 무대에 비유해 설명한 바 있다.[7] 그에 따르면, 무대 전면은 '퍼포먼스가 이뤄진 장소'로서 연기자는 그동안 갈고 닦아온 인상관리의 기

---

7 Goffman, E.(1959), *The Presentation of self in everyday life*, Garden City, NY: Doubleday Anchor.

〈그림 30〉 소유진이 올린 미투데이 친구와의 '번개' 장면

법에 따라 연기를 하게 된다. 반면 무대 뒤는 연기자가 자신의 무대 위 역할에서 벗어나 '휴식을 취하는 곳'이다. 연기자가 무대 위에서 관객을 마주할 때는 관객들이 예상하는 공식적인 모습을 보여주게 되지만, 무대 뒤에서는 관객의 공적인 시선을 의식하지 않는 다양한 모습을 보여줄 수 있다. 물론 이러한 무대 위 모습과 무대 뒤 모습은 공간의 공적 혹은 사적 기능에 따라 결정되기도 하지만, 개인이 어떠한 행위를 취하는지에 따라 공간의 성격을 변화시키기도 한다. 유명인들은 마이크로블로그를 통해 그동안 대중매체에서 보여주지 못한 무대 뒤 개인의 모습을 드러낸다. 대중에게 개방된 직접적이고 전파력이 강한 소통의 채널을 통해 유명인들은 자신의 사적인 모습을 보여주며 실시간 상호작용을 하게 된 것이다. 물론 사적인 모습조차 보여줄 것인지 아닌지는 어느 정도 본인이 통제할 수 있다. 그러나 이것을 바라보는 사람은 상대의 사

적인 모습까지도 보게 된 것을 매우 특별하게 여긴다.

예를 들어 많은 팔로어를 가진 두산그룹의 박용만 회장은 오늘 아침에 무엇을 먹었는지, 어떤 음식점에 들렀는지에서부터 새로 산 아이패드의 인증샷이나 휴일에 등산을 했다는 인증샷에 이르기까지 자신의 일상을 그대로 보여준다. 때에 따라서는 두산이라는 이름의 사람은 무조건 두산그룹에 합격시키겠다는 엉뚱한 트윗을 날려 팔로어들에게 재밌다는 반응을 이끌기도 했다. 이렇게 대기업 회장이 마이크로블로그를 통해 자신의 평소 모습이나 생각을 자유롭게 보여주면서, 즉 무대 뒤의 인간적 모습을 드러내면서, 일반인에게 더 친근하게 다가가 거리낌 없는 대화를 나눌 수 있게 된다. 한 사람의 개인적인 일상을 나누면서 일반인들이 심리적인 거리감을 줄이고, 더 가깝게 다가갈 수 있게 된다.

그런데 이러한 무대 뒤의 모습을 드러내는 소통의 채널을 통해 간혹 본인이 예기치 않았던 무대 뒤의 모습이 노출되기도 한다. 예를 들어 정용진 신세계 그룹 부회장은 트위터를 통해 자사의 경영 현안뿐만 아니라 정보 기기, 음악, 미술, 스포츠 등에 관한 자신의 경험 등을 이야기하며 친근한 이미지를 쌓아왔다. 한번은 신세계 임직원 복지혜택 확대 관련 기사를 이야기하며 "직원들이 사랑하는 회사가 될 수 있도록 앞으로도 계속 전진"이라는 메시지를 올렸다가 뜻하지 않게 문용식 나우컴 대표와 설전을 벌이게 된다. 문 대표가 "슈퍼 개점해서 구멍가게 울리는 짓이나 하지말기를. 그게 대기업이 할 일이니?" 하고 반말로 답변 메시지를 올렸고, 정 부회장이 바로 "나우콤 문용식 대표님이 저에게 보내신 트윗입니다. 마지막 반말하신 건 오타겠죠?" 하고 응수했다. 정 부회장이 문 대표의 과거 구속 이력을 끄집어내면서 설전은 더욱 가열됐다. 쌍방의 응수가 팽팽하게 이어지는 가운데 설전은 그쳤지만, 그동안 쿨하고 친절했던 대기업 부회장의 이미지에 균열이 생기게 된다.

트위터를 통해 끊임없이 수다를 떨던 박용만 회장도 '시골 의사'로 유명한

<図>〈그림 31〉 정용진 부회장과 문용식 대표의 트위터 설전

> 나우콤 문용식 대표님이 저에게 보내신 트윗입니다 마지막 반말하신건 오타겠죠? RT @green_mun: 수퍼개점해서 구멍가게 울리는 짓이나 하지말기를..그게 대기업이 할일이니?"@yjchung68: 지난 19일... http://dw.am/LBtbB
>
> 1:05 AM Oct 29th via twtkr
> Retweeted by 17 people

> 이분 분노가 참 많으시네요 반말도 의도적으로 하셨다네요 네이버에 이분 검색해보니 그럴만도 하세요RT @green_mun @yjchung68 오타는 아니구여.중소기업 입장에서 순간 화가나서 한말이지여. 피자팔... http://tl.gd/6muner
>
> 7:46 AM Oct 29th via Twittelator
> Retweeted by 9 people

박경철 씨가 중앙대 퇴학생의 사찰 건에 대해 단도직입적인 질문을 던지자 잠시 침묵한다. 그러다가 "중앙대 일은 박범훈 총장께서 발표를 하셨더군요. 그것이 fact입니다"라는 평소 때와 다른 다소 건조한 답변을 올렸다. 트위터를 통해 자신의 일상을 드러내며 일반인에게 좀더 가까이 갈 수 있지만, 메시지를 일방적으로 제공하는 입장에서 주고받는 입장으로 바뀌다보니 기업 경영에 문제를 제기하는 사람들의 글을 직접 맞닥뜨리게 된다.

트위터를 통해 과거 무대 위에서 드러나지 않았던 개인의 인간적 매력, 유

〈그림 32〉 이하늘의 트위터 글

그지같은 인기가요!!!누구를 위한 무대인가??강심장을 안하면 자기네 방송에 출연 http://tl.gd/2s29dm

7:05 PM Aug 1st via TwitBird
Retweeted by 100+ people

2DOSA
이하늘

머 감각, 혹은 친절함을 보여줄 수 있지만, 또한 예상치 못한 질문이나 답변을 받으면서 난처해지기도 한다. 기업인들의 마이크로블로그 사용이 개인적 면모를 드러내며 자사 이미지를 좋게 하고 기업에 대한 친밀감을 북돋는 홍보 효과를 가질 수 있지만, 기업의 어두운 측면에 대해 문제를 제기하는 사람들에게 입을 닫거나 회피하는 모습 또한 여과 없이 드러난다. 원하지 않는 대화 상황에 맞닥뜨리면서 나오는 반응 혹은 침묵 자체가 가십거리가 돼 사람들의 입에 오르내릴 수도 있다.

한편 연예인들은 자신의 트위터를 통해 방송사의 불합리한 방송 관행을 폭로하기도 한다. 방송인 김미화 씨는 KBS에 '블랙리스트'가 있다고 의혹을 제기해 파장을 일으켰고, DJ DOC의 이하늘 씨는 연예 오락 프로그램의 출연을 강요하는 방송사의 패키지 출연 강요나 음악 방송 PD의 권위의식을 강도 높게 비판했다. 뜨거운 감자의 김 C 역시 음악 프로그램에 노래 잘 하는 가수보다는 스타와 이슈 중심으로 흘러가는 것에 불편한 속내를 드러냈다. 자신만의 방송 채널을 갖게 되면서 방송 프로그램이나 기획사에 의해 만들어진 이미지가 아니라 자신의 생각이나 느낌을 그때그때 피력하게 되고, 때에 따라선 방송사와 연예인 간의 불균등한 역학 관계에 대한 불편한 심정을 그대로 드러

222

내기도 한다. 대중매체를 통해 알려진 연예인의 이미지와는 사뭇 다른 진지한 의견이나 문제의식이 팬들에게 직접 전달되고 파장을 일으키기도 한다.

그레이엄 터너는 연예인과 같은 유명인을 미디어 산업이 만들어 낸 '재현의 장르이고 담론적 효과'라고 본다.[8] 다시 말해 미디어를 통해 사람들이 특정한 이미지로 비쳐지고 이야기된다는 점에서 이들의 유명세는 미디어와 밀접한 관계를 갖는다는 것이다. 스타들은 대중들의 꿈과 욕구를 형상화해왔고, 대중들의 기대에 부응하는 이미지를 유지하려 한다.[9] 미디어 산업 혹은 대중매체는 산업적 논리에 따라 이러한 스타들을 만들어 냈고, 또한 이들을 소비하면서 산업을 유지한다. 그동안 스타들의 이미지가 만들어지는 데에는 대중매체라는 제도적 중개자가 중요한 역할을 했다.

하지만 소셜미디어가 등장하면서 스타들이 이러한 제도적 중개자를 건너뛰어 자신의 이미지나 의견을 직접 알리고, 또한 자기들끼리의 관계망을 과시할 수 있게 된다. 일종의 자아표현을 위한 미디어 수단을 스스로 보유할 수 있게 된 것이다. 일반인과 유명인 모두 개별적인 미디어 수단을 가졌을 때 누가 더 영향력을 끼칠 수 있을 것인가? 아마 영향력의 불균형은 1인 미디어 시대에도 그대로 지속되거나 더 증폭될 가능성이 크다.

소셜미디어를 통해 유명인은 일반인과 직접적인 소통을 꾀할 수 있게 되고, 일반인은 유명인의 일거수일투족에 관한 소식을 실시간으로 전해 들으며 유명인과 일 대 일 커뮤니케이션까지 나눌 수 있다. 과거 방송 미디어를 통해 이뤄졌던 스타와 일반인의 관계가 '파라소셜'(*parasocial*) 한 대인관계의 환상이었다면, 소셜미디어를 통해서는 실제 상호작용을 하고 오프라인 만남까지도 가질 수 있다. 유명인은 제도적 중개자를 건너뛰어 자기를 표현하고 일반인들과 직접 접촉하면서 좀더 솔직하고 사실적인 모습을 보여줄 수 있다. 유명인

8 Turner, G.(2004), *Understanding celebrity*, London: Sage.
9 Dyer, R.(1979), *Stars*, London: BFI.

이 대 언론 공식 발표를 위해 자신을 홍보하는 것이 아니라, 개인의 진짜 모습이나 속내를 드러내고 자신의 재미있는 경험을 공유하며 팬들의 질문에 직접 대답하게 된다.

이렇게 유명인이 방송사나 기획사 혹은 홍보팀의 여과 과정 없이 직접적인 자아표현이나 대화를 시도하게 되면서, 이들의 이야기는 '얼마나 잘 꾸미고 있는가?' 보다는 '얼마나 진정성을 가지고 있는가?'로 무게 중심이 옮겨진다. 유명인들은 소셜미디어를 통해 좀더 자연스럽고 인간적인 모습을 보여주고, 그럼으로써 자신의 유명세를 유지하거나 확장하게 된다. 물론 앞서 언급했듯 소셜미디어에서 드러나는 이미지도 본인이 얼마든지 만들어 낼 수 있다. 하지만 일상적으로 시시각각 메시지를 교환하는 만큼 자신과는 동떨어진 어떤 이미지를 만들어서 유지하기는 훨씬 더 힘들다.

결국 소셜미디어의 등장이 유명인과 일반인의 상호작용 방식을 변화시킬 뿐만 아니라 이러한 양식으로 자신을 드러낼 수밖에 없게 된 유명인들은 자신을 표현하는 방식이나 행위까지 변화시키고 있다. 앞으로는 아마 자신의 감정이나 상황을 부지런히 말하고 답하는 떠버리 기질이야말로 유명인의 조건이 되지 않을까? 더불어 '범생이' 기질보다는 독특한 캐릭터를 가진 사람이 대접받게 되지 않을까?

> ## '내가 반응을 얻는다, 고로 존재한다'

"나는 생각한다, 고로 존재한다"는 말은 사이버 공간에 정말 맞지 않는 문구다. "나는 말한다, 고로 존재한다"란 문구도 충분하지 않다. 사이버 공간에서는 "내가 인지된다, 고로 존재한다"는 말이 좀더 적절하다. 이 말에는 다음과 같은 사실이 함축돼 있다. 온라인상에서 다른 사람의 관심은 명시적인 반응을 통해서만 인지된다는 점이다. 그래서 여기에 다음과 같은 문구를 덧붙일 수 있다. "내가 반응을 얻는다, 고로 존재한다."

— 아네트 마크햄(Annette Markham, 2005)[10]

자아표현은 자신의 필요성에 의해 혹은 남들의 기대에 부응하기 위해 나를 세상에 보여주는 과정이다. 면 대 면 커뮤니케이션이 이뤄지는 상황에서 자아표현은 말과 같은 언어적 행위뿐 아니라 표정, 제스처, 옷, 화장 등 다양한

---

10 Markham, A. N.(2005), "The methods, politics, and ethics of representation in online ethnography", In Denzin, N. & Lincoln, Y. Eds., *The Sage Handbook of Qualitative Research*, London: Sage, pp. 793~820.

비언어적 요소에 의해 이뤄진다. 우리는 상대방이 받아들이고 인정할 수 있는 자신을 표현하기 위해 전략적인 자기 재현 즉 '인상관리'(impression management)를 하게 된다.

어빙 고프만은 우리의 의도가 잘 전달되기 위해 자신이 처한 커뮤니케이션 상황을 잘 이해하고 거기에 맞게 자신의 행동을 조정하는 것을 인상관리라고 말한다.[11] 사람들은 인상관리를 통해 자신의 이미지를 구축하며 자신에 관한 상대방의 인식에 영향을 미치려 한다. 면 대 면 상황에서 인상관리는 언어적, 비언어적 요소 즉 몸의 표현을 의식적 혹은 무의식적으로 통제하면서 이뤄진다. 그러나 몸이 물리적으로 함께 할 수 없는 탈육화된 인터넷 공간에서는 커뮤니케이션 상황을 이해하며 인상을 관리하는 방식이 다르게 이뤄질 수밖에 없다. 글, 영상, 오디오 등 다양한 미디어 텍스트로 자기 인상을 관리하고 커뮤니케이션 상황을 이해해야 한다. 따라서 면 대 면 상황보다 자아표현의 관리가 훨씬 자의식적인 통제 하에 이뤄진다.

소셜미디어를 통해 자신을 표현하고 자신이 누구인지를 알리는 방식은 크게 세 가지로 살펴볼 수 있다.

우선 소셜미디어 계정을 열면서 만드는 개인의 프로파일이다. 이러한 프로파일에는 성별, 학력, 지역, 직업 등 현실 사회에서 개인을 규정하는 정체성 정보뿐만 아니라 개인의 취향이나 관심사 그리고 연락처 정보 등을 담을 수 있다. 예를 들어 페이스북에 가입할 때 지역, 성별, 생일, 혈액형, 학력, 직업, 프로필 사진 등의 개인에 관한 일반 정보, 그리고 좋아하는 것 및 관심사(취미 활동, 관심사, 음악, 책, 영화, TV쇼), 세계관(정치적 성향, 종교관, 약력, 좋아하는 인용구), 찾고자 하는 관계, 연락처 정보(이메일, 메신저, 메일주소, 웹사이트, 휴대폰 번호) 등을 선택적으로 기입할 수 있다. 나에 관한 다양한 정

---

11 Goffman, op. cit.

보를 의식적으로 선택하여 나를 소셜네트워크 상에 드러내는데, 이러한 정보는 내가 누구인지를 알려주는 동시에 어떠한 인간관계를 맺고 싶다는 개인의 의지를 담고 있다. 다시 말해 자신의 첫인상을 만드는 동시에 타인과 연결고리를 만들 수 있는 자기 정보를 게시하는 것이다.

둘째, 소셜미디어에서 개인의 프로파일은 사회적 관계나 상호작용의 단서를 제공할 수 있을지 모르나, 자아표현이나 이를 통한 정체성 구축은 이러한 정적인 개인 정보보다는 주로 역동적인 언어 행위를 통해 이뤄진다. 글이나

〈그림 34〉 산다라박이 '미투'에 올린 댓글

영상 혹은 오디오물을 올리며 다른 사람들과 상호작용하는 과정을 통해 자신을 표현한다. 그런데 이렇게 글을 올리는 행위는 단순히 자기를 재현하는 표현 행위라기보다는 자신과 연결된 사람들과 상호작용을 원활하게 유지하거나 사회적 유대관계를 확대하기 위한 행위라고 볼 수 있다. 따라서 사람들은 네트워크로 연결된 친구들과의 대화를 염두에 두며 이러한 상호작용에 적합한 정보나 메시지를 선택적으로 올리게 된다.

셋째, 소셜미디어에서 사회적 정보, 즉 내가 누구와 네트워크 관계를 맺고 이들과 어떠한 상호작용을 하는지에 관한 정보 역시 나를 표현하는 요소다. 소셜미디어는 자신의 인맥을 공적으로 전시하게 된다. 트위터의 경우 개인의 페이지에 어떤 사람을 팔로잉하고 어떤 사람을 팔로어로 두고 있는지 등의 인맥 정보가 실려 있다. 이러한 인맥 정보와 더불어 이러한 연결망을 통해 어떠한 사회적 상호작용이 이뤄지느냐가 그 사람의 면모를 보여주는 중요한 정보가 된다. 팔로어의 수 혹은 멘션, 리트윗, 댓글, 답변 등 메시지 교류의 정도

* 오른쪽에 팔로잉하는 사람의 프로필 사진을 볼 수 있다.

가 그 사람의 네트워크 정체성 구축에 중요한 역할을 한다. 소셜네트워크 상에서의 공적 상호작용은 그 사람의 사회자본을 드러내는 중요한 지표가 된다.

소셜미디어에서의 자아표현은 결국 네트워크와 연결된 사람들과의 친밀감 혹은 사회적 유대감을 갖기 위해 이뤄진다고 볼 수 있다. 과거 홈페이지에서는 나를 표현하고 전시하기 위해 홈페이지를 꾸미고 각종 콘텐츠를 선별해 올리는 데 정성을 쏟았다. 하지만 소셜미디어에서는 타인을 의식하며 올린 콘텐츠뿐만 아니라 이를 통해 어떠한 관계망을 형성하고 어떻게 사회적 상호작용을 하고 있는지가 중요해졌다. 어떤 사람과 연결돼 있고 이들이 개인을 어떻게 인식하는지, 어떠한 반응을 보이는지가 그 사람의 정체성을 표시하게 된다.

자아표현은 커뮤니케이션 맥락과 그 사람의 성격에 의존한다고 고프만은 말한다. 어떠한 커뮤니케이션 상황에서 나를 표현하는지에 따라 그 표현 내용이 달라질 수 있다는 것이다. 소셜미디어에서 사람들은 오프라인에서 아는 친구, 가족, 지인의 범위를 훨씬 뛰어넘어 더 많은 사람들에게 말을 건다. 네트워크 상의 모든 사람을 대상으로 하는 것은 아니지만, 자신의 말에 귀를 기울이며 관심을 보일 수 있는 잠재적인 독자를 대상으로 자아표현을 한다.

한국마이크로소프트가 최근 아·태지역 11개 나라 윈도우 라이브 이용자 3,000명을 대상으로 실시한 '이메일 및 소셜네트워크 서비스 이용실태' 조사 결과에서 응답자의 74%가 친구 목록 가운데 진짜 친밀한 친구는 4분의 1이라고 대답했다. 나머지 4분의 3은 친밀한 친구는 아니지만 소셜네트워크로 연결돼 언제든지 나에게 관심을 가져줄 수 있는 사람이다.

다나 보이드는 소셜미디어의 친구가 일상적으로 통용되는 친구의 의미와 다르다고 말한다.12 그보다 소셜미디어의 친구는 '상상 속의 청중'(imaginary audience)으로서, 내가 무엇을 어떠한 태도로 이야기할지에 직접 영향을 미치는 커뮤니케이션의 맥락이 된다. 이러한 상상의 수용자는 자신이 오프라인에서 알게 된 또래나 아는 사람에서부터 자신이 게시하는 표현물에 관심을 공유할 수 있는 사람 그리고 소셜네트워크를 통해 연결의 연결을 통해 들어온 낯선 이들에 이르기까지 다양한 사람을 포함한다. 소셜미디어에서는 이렇게 하나로 정의될 수 없는 다양한 성격의 사람들을 상상 속의 청중으로 가정하며 이들을 대상으로 나를 표현하게 된다.

따라서 자아표현은 다층적인 이들에게 개방적이면서도 이들을 아우르며 친

---

12 Boyd, D.(2007), "Why youth (Heart) social network sites: The role of networked publics in teenage social life," In D. Buckingham, (Ed.), *Youth, identity, and digital media*, Cambridge, MA: MIT Press, pp. 119~142.

밀감을 높일 수 있는 방식으로 전개된다. 가까운 지인의 반응을 이끌어내면서도 더 넓은 범주의 '상상 속의 청중'과도 함께 공유할 수 있는, 이른바 '최소공통분모'의 내용을 선택하는 경향이 있다. '남이 보아도 상관이 없을 만큼' 타인과 갈등의 소지를 최소화하면서도 공감과 반응을 얻을 수 있는 내용을 올리게된다. 또한 표현을 전달하는 방식도 독백체, 방백체, 대화체가 유연하게 섞여사용된다. 예를 들어 "지금 기분이 왠지 ○○하다" 혹은 "오늘 점심은 맛있는○○"라는 메시지는 자신의 현재 상황을 기록하는 독백체의 글이면서도 상상의 수용자에게 자신의 상태를 알리는 방백체의 글이며 또한 사람들의 반응이이어지면서 대화의 일부가 될 수 있다. '상상 속의 청중'은 반응을 통해서 가시화된다. 개인이 혼잣말을 하듯 혹은 어떤 것을 알리기 위해 글을 올리지만, 언제나 '상상 속의 청중'의 반응을 기대하며 대화 가능성을 열어놓는다.

이렇게 소셜미디어를 통해 나를 표현하고 사회적 상호작용을 하게 되면서, 소셜미디어는 '라이프스트림'(*lifestream*)의 도구가 되고 있다. 라이프스트림이라는 용어는 1990년대 중반 예일대학교의 에릭 프리드만과 데이비드 겔런터가 사용하기 시작했다.13 이들은 "전자적 삶의 일기 기능을 하며 시간 순으로 이어지는 기록"을 라이프스트림이라고 일컫는다. 자신이 만들거나 다른사람이 보내 준 디지털 기록이 지속적으로 쌓이는 것으로서, 디지털 공간에차곡차곡 쌓이는 나의 디지털 흔적이라고 할 수 있다.

사람들은 소셜미디어를 통해 안부인사를 나누고, 자신이 무엇을 하고 어디서 밥을 먹고 있는지 등 일상적 삶의 모습을 알리기도 하며, 관심 있는 정보를나누기도 한다. 내가 카페에 들어가 포스퀘어를 통해 체크인 한 내용도, 음식점에 가서 찍은 음식 사진도, 인상 깊게 읽은 책의 한 구절도 소셜미디어에 쌓이게 된다. 친구들이 올린 답변이나 댓글 혹은 '좋아요' 버튼의 클릭까지 누가

---

13 Eric Freeman과 David Gelernter의 라이프스트림 홈페이지(http://cs-www.cs.yale.edu) 참조.

언제 어떤 반응을 보였는지에 대한 기록이 시간 순으로 축적된다. 자신이 상상의 수용자와 공유하기 위해 올린 개인의 일상생활에 관한 정보, 느낌이나 생각 그리고 사람들과 주고받은 대화가 소셜미디어에 쌓이면서 나의 라이프스트림을 만들어 간다. 내가 시간을 어떻게 보내고 있는지를 실시간으로 올리면서 형성된 나의 라이프스트림은 나의 디지털 초상화를 만들어 낸다.

'나도 스타': 마이크로 셀레브러티의 등장

유명해진다는 것은 미디어와 밀접하게 관련돼 있다. 유명인이 많은 사람들에게 명성을 떨치기 위해서는 그의 이미지나 활동이 주변 사람들을 넘어 널리 알려져야 한다. 따라서 새로운 미디어의 등장은 새로운 유형의 유명인 혹은 영웅을 낳는다. 랜스 스트레이트(Lance Strate)는 "우리는 커뮤니케이션을 통해 우리의 영웅에 관해 알게 된다. 따라서 서로 다른 커뮤니케이션은 서로 다른 유형의 영웅을 낳는다"고 말하면서, 유명인이나 영웅의 개념이 커뮤니케이션 미디어와 연관돼 있음을 강조한다.14

구술 문화의 영웅은 범상치 않은 행위로 유명해진다. 구술 문화의 정보가 말하는 순간 사라져 버리는 소리로 전달되고 인간 기억을 통해서만 전수될 수 있기 때문에 기억에 남을 만한 초인성과 초자연적인 힘을 가져야 했다. 반면,

---

14 Strate, L.(1994), "Heroes: a communication perspective", In S. Ducker & R. Cathcart. (Eds.), *American heroes in a media age*, Cresskill, NJ: Hampton Press, pp. 15~23.

인쇄술이 정보를 활자에 고정시키고 똑같이 복제 가능하게 해주면서, 인간은 기억의 한계에서 자유로워지고 더 많은 지식을 전수할 수 있게 됐다. 이러한 커뮤니케이션 미디어의 변화에 따라 문자 문화의 영웅은 일반인들이 숭배하는 초인적인 대상이 아니라 특정 분야에서 지적이고 창의적인 활동을 전개하며 업적을 남긴 개인이 차지하게 됐다. 나아가 전자 매체가 등장한 후에는 각 매체가 자주 재현하는 영화 스타, 라디오 스타, 텔레비전 스타가 유명인의 반열에 오르게 됐다.

그런데 다매체 다채널 시대가 도래하고 인터넷 커뮤니케이션 기술이 발달하면서, 유명인의 개념도 변하고 있다. 우선 영화나 방송 미디어에 큰 인기를 끌었던 스타뿐만 아니라 정치인, 기업인, 전문가 등 다양한 사회 영역의 인물들도 대중매체의 조명을 받아 유명인이 되면서 그 범주가 넓어졌다. 대중매체를 통해 비춰진 이들의 이미지는 자신의 전문 영역을 넘어 많은 사람들에게 이름을 알리는 새로운 형태의 유명세를 가능케 해준다.

또한 '슈퍼스타 K'처럼 이름 모를 가수 지망생이나 일반인을 등장시키고 노래 경쟁을 통해 최후의 1인을 뽑는 리얼리티 방송 프로그램을 통해서도 유명인이 만들어진다. 연예 기획사가 아니라 공모와 경쟁 과정을 통해 재능 있는 가수 지망생이 스타로 커가는 과정을 시청자들이 직접 지켜보게 되고, 이 과정을 거쳐 무명인은 스타로 다시 태어나는 급격한 신분상승의 변화를 겪게 된다. 이밖에 다양한 분야를 전문적으로 다루는 케이블 채널의 등장으로 주류 미디어가 간과했던 하위문화의 영웅이 조명을 받게 된다. 예를 들어 프로 게이머나 이종 격투기 선수가 이 채널들을 통해 더 많은 사람들의 이목을 끌게 된다.

그렇지만 현재 가장 획기적인 방식으로 유명인이 만들어지는 공간은 바로 인터넷이라고 할 수 있다. 특히 일반인들이 자신이 만든 UCC를 온라인에 올려 다른 사람들과 손쉽게 공유할 수 있게 되면서 재능과 실력을 갖춘 음악인이나 춤꾼이 유명해질 수 있다. 2005년에 만들어진 유투브처럼 UCC를 유통시키는 미디어는 일반인이 주류 미디어를 거치지 않고 이름을 널리 알릴 수 있는 새로운 수단이 되고 있다. 과거에는 주류 미디어에 접근할 수 있는 일부 집단만이 유명인이 될 수 있는 기회를 부여받았다면, 지금은 유명인이 되기를 꿈꾸는 일반인들도 대중에게 자신을 알릴 수 있는 채널을 갖게 된 것이다.

디지털 커뮤니케이션 네트워크는 스타를 꿈꾸는 일반인에게 자신의 가능성을 실험하는 매력적인 창구뿐만 아니라, 나아가 유명인처럼 자신을 알릴 수 있는 자기PR 채널을 제공해 준다. 다시 말해 일반인이 자신의 지인이나 친구뿐만 아니라 더 광범위한 많은 사람들 혹은 세상과의 대화를 위해 자신의 글이나 이미지를 전시할 수 있게 되고 이에 따라 더 많은 사람들에게 자신을 알릴 수 있는 기회가 늘어났다. 테리 센프트는 《캠소녀, 소셜네트워크 시대의 유명인과 공동체》라는 책에서 자신의 인기를 높이기 위해 웹캠, 비디오, 오디오, 블로그, 소셜네트워크 사이트를 통해 새로운 온라인 퍼포먼스의 스타일을 보여주는 사람을 '마이크로 셀레브러티'라고 부르고 있다.[15]

몇 명 이상의 사람들로부터 주목을 받기 위해 자아표현물을 올린다면 마이크로 셀레브러티의 입장을 취하는 것이라고 볼 수 있다.[16] 마이크로 셀레브러티는 자신의 이미지나 글을 보는 사람을 일종의 시청자나 독자로 생각하며 자신에 대한 관심이나 인기를 유지하기 위해 이들을 마치 팬처럼 관리한다. 이러한 마이크로 셀레브러티의 등장은 미디어 소비패턴을 바꾼 새로운 미디어 기술의 발달과 함께 이뤄졌다고 볼 수 있다. 과거의 미디어 소비자가 미디어 생산에 참여하는 콘텐츠 제작자가 되면서 자신을 표현하고 전시할 수 있는 다

---

15 Senft, T.(2008), *Camgirls: Celebrity and community in the age of social net-works*, New York: Peter Lang.

16 Thompson, C.(2007 November 7), "Clive Thompson on the age of micro-celebrity: Why everyone is a little bit Brad Pitt", *Wired Magazine*.

양한 수단을 갖게 되고 또한 더 많은 사람들의 주목을 받을 수 있게 된다. 헨리 젠킨스는 이렇게 미디어 이용자가 미디어 콘텐츠를 모으고, 편집하고, 개조하고, 재 유통하는 과정에 개입할 수 있게 되면서 이른바 '참여문화'(convergence culture)가 형성됐다고 본다.17 이러한 '참여문화' 속에서 일반인은 마이크로 셀레브러티가 되거나 될 수 있는 문화적 실천에 참여하게 된다.

소셜미디어 이용자는 마이크로 셀레브러티로서의 태도를 갖게 된다. 세인의 관심을 먹고 사는 유명인처럼, 네트워크로 연결된 사람들의 주목을 받고 관심을 끌기 위해 끊임없이 콘텐츠를 생산하고 자신의 생각과 느낌을 널리 알린다. 과거에는 개인의 이미지나 생각 혹은 느낌은 가족이나 친구처럼 가까운 사람들끼리만 공유될 수 있었다. 그러나 이제는 소셜네트워크를 통해 훨씬 많은 사람들과 자신의 표현물을 나누어 볼 수 있게 되고 이들에게서 직접적인 답변이나 호불호의 반응을 얻을 수 있다. 소셜네트워크를 통해 가까운 지인뿐만 아니라 낯선 이들과도 연결되고 이를 통해 자신을 표현할 수 있게 되면서, 과거보다 많은 사람들이 나를 알아보게 된다.

개인의 유명세는 네트워크 상에서의 가시성, 다시 말해 자신의 표현물을 얼마나 많은 사람들에게 보여주는지에 따라 가늠할 수 있다. 앞에서도 언급했듯이 사람들은 무언가 할 말이 있거나 공유하고 싶은 경험이 있을 때 소셜미디어를 이용하지만 미디어 공간에서 자신의 존재감을 계속 유지하기 위해 이용하기도 한다. 트위터상에서 개인 이용자의 인기도나 영향력은 그 사람이 가진 팔로어 수, 메시지가 리트윗 되는 정도, 메시지에 달린 댓글 수 등으로 가시화될 수 있다. 특히 팔로어 수는 트위터상에서 개인의 가시성이나 인기도를 숫자로 명시하기 때문에 많은 사람들이 팔로어 수를 늘리려고 애쓴다.

트위터상에서 '미르몽의 원더풀 트위터 라이프'라는 책을 펴낸 이영균 씨나

17 Jenkins, H.(2006), *Convergence culture: Where old and new media collide*, New York: New York University Press.

mirmong0

Name 미르몽(이영균)
Location 강서구
Web http://www.mirmon...
Bio 온미디어 홍보팀장. (온미디어는 CJ계열사로 OCN.온스타일.온게임넷 등을 운영하는 방송사) 트위터.아이폰.골프.독서.'빵터짐'사진. [미르몽의 원더풀 트위터 라이프]저자 #밤늦게커피 마셔도잠잘자는당 당주 #onstyleclub 룰장 #위트족 기독교인

▤ Lists ⚙▾
Followed by @intothe_wild, @mctigerdw, @aladinbook, and 10+ others

80,758　80,071　1,881
following　followers　listed

증권정보를 실시간으로 전달하며 많은 이들과 소통하는 박창희 씨, 그리고 〈시사IN〉의 고재열 기자는 연예인이나 정치인, 유명 소설가 정도는 돼야 넘을 수 있다는 만 명의 팔로어 수를 훌쩍 넘기고 있다. 일반 이용자들에게 이렇게 팔로어가 많다는 것은 '꿈'이고 남들에게 가시적으로 보여줄 수 있는 성과이기도 하다. 그래서 트위터 초보자들은 팔로어 수를 빨리 늘리는 비법에 귀가 솔깃하고, 일반 이용자는 팔로어의 수 자체가 그 사람의 영향력을 직접적으로 나타내는 것이 아님을 경험적으로 알면서도 팔로어 수 증감에 민감하게 반응한다. 이들은 팔로어의 관심을 끌려고 트윗을 계속해서 날리고 다른 이들의 메시지에 자주 답변하거나 댓글을 달아 리트윗 하기도 한다.

　소셜네트워크를 통해 좀더 다양한 범주의 많은 사람들과 상호작용을 하게 되면 일반 소셜미디어 이용자들의 관계가 점차 유명인과 팬들의 관계와 비슷해지게 된다. 머레이 밀너는 현대 사회에서 유명인이 중심적 위치를 차지하게 되면서, 일반인들이 유명인을 흉내 내며 사적 자아와 공적 자아를 분리시키고 다양한 공적인 얼굴을 준비하게 됐다고 말한다.[18] 일반인들이 확대된 소셜네트워크 속에서 자신을 가시적으로 보여주는 것을 중요하게 여기게 되고 유명

18　Milner, M.(2005), "Celebrity culture as a status system", *Hedgehog Review* 7(1), pp. 66~77.

인처럼 일시적인 사회적 관계를 점차 더 많이 가지게 됐다. 소셜네트워크는 바로 이러한 일반인의 '유명인화'(celebrification)를 더욱 가속화하고 있다.

소셜미디어 이용이 확산되면서 일부 일반인이 유명인의 반열에 오르기도 하지만, 더 나아가 모든 이용자가 마이크로 셀레브러티의 지위를 가질 수 있다. 소셜미디어를 통해 개인의 소셜네트워크가 확장되면서 자신이 물리적으로 아는 사람의 범위를 넘어 더 많은 사람과 사회적 관계를 맺을 수 있게 되고 이에 따라 다양한 공적 얼굴을 가질 수 있게 된다. 그뿐만 아니라 자신의 정체성을 네트워크 상에서의 가시성, 다시 말해 어떤 프로필로 얼마나 많은 사람과 인맥을 맺고 있는지를 표현하게 된다. 일반인이 소셜미디어를 통해 유명인처럼 자신의 '상상 속의 청중'에게 말을 걸고 그들의 반응에서 명성을 얻으며 관계를 확장하기 위해 관리하는 것에 익숙해진다. 소셜미디어는 모든 이가 '유명인화'되는 '마이크로 셀레브러티'의 시대를 열고 있다.

온라인 평판과 자기관리

사람들이 소셜미디어와 함께 보내는 시간이 많아지면서 온라인 공간에 이른바 '디지털 발자국'이 남게 된다. 이러한 디지털 발자국은 소셜미디어를 통해 자신에 관한 정보를 공개하고 남들과 공유하면서 본인이 자발적으로 남기거나 남들이 나와 관련한 메시지를 올리면서 생겨난 것들이다. 생활에서의 소소한 느낌에서부터 친구들과 나눈 대화나 유머 그리고 일상의 기억을 담은 사진에 이르기까지 개인이 남긴 디지털 발자국은 인터넷 공간 어딘가에 저장되고 구글과 같은 검색 엔진을 통해 쉽게 찾아볼 수 있다. 요즘에는 전문가에 관한 정보뿐만 아니라 일반인에 대한 정보를 구하기 위해서도 온라인을 검색하곤 한다. 지인의 근황을 알아보기 위해서나 처음 데이트할 사람이 어떤 사람인지 파악하기 위해서도 키보드를 두드려본다. 사람들이 검색 엔진을 통해 개인의 행적이나 신상을 쉽게 알아볼 수 있게 되면서 자신의 온라인 평판에 신경을 쓰는 사람이 많아졌다.

특히 온라인 평판이 개인의 사회생활이나 취업과 같은 외부 활동에 직접적인 영향을 미치면서 사람들은 더욱 이를 의식하게 된다. 국내 취업포털사이트인 인크루트가 국내 기업의 인사 담당자를 대상으로 실시한 설문조사에 따르면, 입사 지원서에 블로그, 미니홈피, 트위터와 같은 소셜미디어의 주소를 기재하도록 하는지에 대한 질문에 인사 담당자 열 명 중 두 명이 그렇다고 답했다. 이들이 소셜미디어를 기재하게 하는 이유는 '실제 생활모습이나 인맥, 사회성 등을 파악하기 위해서'(68.1%)나 '지원자의 신상을 자세히 확인해 보기 위해서'(40.5%) 등으로, 지원자 개인에 대한 더 상세한 정보를 알아보기 위해서라는 이유를 많이 꼽고 있다. 소셜미디어와 검색엔진의 발달로 온라인 공간은 인물에 대한 다양한 정보를 알아볼 수 있는 정보원으로 기능하고 있고, 온라인 평판은 개인이 평소에 신경 쓰고 관리해야 할 또 하나의 대상이 되고 있다.

미국 퓨 리서치 센터에서 발표한 '평판 관리와 소셜미디어'(2010)라는 보고서에 따르면, 미국 성인 인터넷 이용자 가운데 검색 엔진을 통해 온라인 평판을 감독하는 사례가 2006년 47%였는데 2010년에는 57%로 늘어났다고 한다.[19] 이와 같은 온라인 평판 관리는 소셜미디어의 사용 증가와 밀접한 관련이 있다. 2006년 미국 성인 인터넷 이용자 중 소셜미디어에 개인의 프로파일을 올린 비율은 20% 정도에 그친 데 반해 2010년에는 46%로 크게 증가했다.

소셜미디어를 통해 개인의 행적에 관한 정보가 온라인 공간에 축적되면서 자신이 올리는 정보를 관리 감독해야겠다는 의식이 높아지고 있다. 특히 다른 연령층에 비해 소셜미디어를 활발하게 이용하는 미국 젊은이들(18~29세)이 평판 관리에 민감한 태도를 보인다. 이들 가운데 71%는 소셜미디어에 게시하는 개인 정보의 공유를 제한하는 프라이버시 설정을 통해 평판 관리를 하고 있다. 50~64세 중장년층의 55%가 사이트에서 제공한 프라이버시 설정

---

19 Madden, M. & Smith, A.(2010, May 26), *Reputation management and social media*, Pew Research Center from http://www.pewinternet.org

을 그대로 사용하는 데 비해 젊은 층은 자신의 개인 정보 노출에 더 신경을 쓰는 것으로 나타났다. 또한 이들은 자신의 프로파일에 대한 부정적인 댓글이나 사진에 태그된 자신의 이름을 지우는 등 개인 정보가 공유되는 방식에도 적극적으로 개입하고 있다.

소셜미디어를 일상적으로 이용하게 될수록 한편으로는 소셜미디어를 통해 자신에 관한 정보를 자발적으로 올리고 다른 한편으로는 온라인 공간에서 공유하는 자신에 관한 정보를 관리 감독하는 데 더 많은 노력을 기울이게 된다. 소셜미디어의 활용도가 높아질수록 온라인 평판 관리의 중요성을 더 인식하게 됐다고 볼 수 있다. 개인정보 노출과 평판 관리에 관한 인식의 변화는 온라인 평판이 온라인 세계뿐만 아니라 오프라인의 세계에서도 중요한 가치를 갖기 때문일 수 있다. 점차 많은 사람들이 오프라인에서 만나는 이들의 정보를 온라인 공간에서 구하고 있다.

앞서 언급한 퓨 리서치 센터의 보고서에 따르면, 미국 성인 인터넷 이용자들 가운데 자신이 알고 지내던 사람들의 정보를 찾으려고 온라인을 검색하는 비율이 2006년 36%에서 2010년 46%로 늘어났다. 또 자기 친구에 관해 정보를 구하는 비율도 2006년 26%에서 2010년 38%로 증가했다. 온라인 공간이 개인에 관한 정보를 찾아볼 수 있는 직접적인 정보원이 되면서 온라인에 축적된 개인의 디지털 발자국은 오프라인 세계의 개인의 명성과 평판에 직접적인 영향을 미치기 시작한 것이다.

때에 따라서는 소셜미디어에 남겨진 개인의 과거 행적이 예상치 않게 현재의 맥락에서 문제가 되기도 한다. 예를 들어 2009년 가을 인기 아이돌그룹 2PM 리더였던 박재범은 2005년 연습생 시절 자신의 마이스페이스에 남겼던 글 때문에 구설수에 오르더니 결국 팀을 탈퇴했다. 미국에서 자라 한국 생활에 익숙하지 않았던 그가 당시의 힘든 상황을 투덜거리듯 친구에게 글을 남겼는데, 이 글 가운데 한국인을 비아냥거리는 듯한 표현이 포함돼 있었다. 친한 친구에게 사적으로 남긴 푸념 몇 마디가 몇 년 뒤 네티즌들에 의해 발견돼 일파만파 퍼져나갔다. 결국 박재범은 한국인을 비하했다는 비난을 들으며 팀을 떠나야 했다. 이는 친구와 나누었던 과거의 대화가 검색 엔진을 통해 당시의 사적인 커뮤니케이션 맥락과 전혀 다른 맥락에서 읽히면서 문제가 된 사례라고 할 수 있다. 이처럼 소셜미디어에 남겨진 개인의 생각이나 느낌 혹은 행적은 검색 엔진을 통해 노출되고 재해석되면서 현재의 평판에 영향을 미칠 수 있다.

소셜미디어 공간에서는 얼마나 많은 사람 혹은 어떤 배경의 사람과 친구 관계를 맺고 있는지, 그리고 이들과 어떠한 상호작용을 하는지가 개인의 명성이나 평판을 나타내는 지표가 될 수 있다. 친구 수나 팔로어 수에서부터 사람들로부터의 댓글, 답변, 공감 등에 이르기까지 친구 관계의 폭이나 상호작용의 정도는 온라인상에서의 개인의 명성과 평판을 가시적으로 보여준다. 이렇게 자신의 명성이나 평판이 타인의 반응에 의해 형성되기 때문에, 소셜미디어에서의 평판 관리는 친구를 관리하는 문제인 동시에 남들의 시선으로 나를 되돌아보는 일종의 '타인 시선의 내면화' 과정으로 볼 수 있다.

소셜미디어는 자기중심적 플랫폼이기 때문에 관계맺기가 거북한 상대나 소원한 상대를 거부할 수 있고 서로 피곤할 수 있는 커뮤니케이션 상황을 피해갈 수 있다. 친구들과의 커뮤니케이션 상황을 불편하지 않게 제어하면서 다른 한편으로는 네트워크 친구들의 성향을 고려해 메시지를 올리거나 이들의 댓글, 반향, 평가 등에 따라 자신이 올리는 메시지 내용을 수정할 수 있다. 네트워크 친구의 평가와 반응이 개인의 평판을 구성하기 때문에 이것에 민감하게 대응하고 또한 친구가 만든 콘텐츠를 열심히 들여다보며 댓글도 올린다.

개인의 소셜미디어에는 자신이 올린 메시지뿐만 아니라 이 메시지에 대한 친구의 반응, 친구가 보낸 메시지, 자신이 친구의 메시지에 보인 반응 등이 함께 올라온다. 이에 따라 자신과 타자(친구)에 대한 모니터가 동시에 진행되고 타자의 시선을 염두에 두며 메시지를 생산하는 것이 자연스럽게 몸에 배게 된다. 소셜미디어는 자아표현의 도구이자 자신을 널리 알리는 자기PR 도구로서 남들에게 보여주고 싶은 이상적인 자아(*idealized self*)의 모습을 표출하는 장이 될 수 있다. 하지만 동시에 자아표현에 대한 남들의 반응을 의식하며 평판 관리를 해야 하는 곳이기도 하다. 자기만족적 이미지를 만들어가는 과정이 타인의 시선을 의식하며 인정투쟁하는 과정과 맞물리게 된다. 그런 면에서 소셜미디어는 자발적으로 타인의 시선을 내재화하며 자신의 평판에 신경 쓰는 '자기관리의 시대'를 이끈다고 볼 수 있다. 결국 사람들은 소셜미디어 때문에 더 피곤한 삶을 살게 되는 것일까? 다음 사례를 보면 꼭 그렇지만도 않다.

떠들면서 돕는다: 사회활동의 놀이화

2010년 1월 30일 트위터에 19개월 된 아이의 수술을 위해 Rh-O형 혈액이 급하게 필요하다는 글이 올라왔다. 아이의 혈소판 수혈을 위해 희귀 혈액을 급히 구한다는 글은 곧 '리트윗'이라는 트위터의 전달 기능을 통해 수많은 사람들에게 알려졌다. 팔로어수가 많은 김주하 아나운서나 타이거JK와 같은 유명인들도 이 글을 리트윗하면서 널리 알리는 데 동참했다. 트위터에 글이 올라온 지 하루 만에 수혈을 하겠다는 사람이 나타났고 아이 부모는 트위터 이용자에게 "너무 고맙다"는 감사의 뜻을 전했다.

이처럼 소셜미디어가 남을 돕는 훈훈한 선행의 도구로 활용되는 사례는 종종 볼 수 있다. 어떻게 개인의 인맥을 이어주는 소셜미디어가 이렇게 이타주의적 활동을 위해 사용될 수 있을까? 소셜미디어는 다음 두 가지 면에서 비영리적 가치를 지향하는 선행의 도구로 활용될 수 있다.

첫째, 소셜미디어의 정보 전달력에서 찾아볼 수 있다. 사람들은 소셜미디

RT @kimjuha: RT @kimseongjoo: RT @bluefish69: 서울삼성병원에서 RH- O형의 피를 급히 구하고 있다고 하네요. 19개월된 아기 수술에 필요하다고 해요. RT 부탁드려요~ 연락처 ○○○ : 010-　　-

1:30 AM Feb 1st via 파랑새　　　　　　　　　　Reply　Retweet

어를 통해 실시간으로 메시지를 올리고 자기와 연결된 '친구'들에게 이를 신속하게 전달할 수 있다. 개인이 지리적 한계를 넘어 자신의 친구나 친구의 친구에게 메시지를 전달하면서 마치 대중매체의 방송인처럼 자신이 관심을 갖는 메시지를 널리 전파할 수 있다. 따라서 희귀 혈액을 구한다는 안타까운 소식이나 도움이 필요하다는 절박한 소식이 거미줄처럼 연결된 소셜네트워크를 타고 빠르게 전파되고, 이에 따라 도움에 동참해야겠다는 분위기가 빠르게 조성될 수 있다.

둘째, 소셜미디어는 정보를 빠르게 전달하는 정보망일 뿐만 아니라 정보를 공유하고 이야기하면서 함께한다는 느낌을 갖는 관계망이기도 하다. 아는 사람의 아는 사람의 아는 사람의 아는 사람 …. 이런 식으로 여러 다리를 건너 정보가 전달되고 이러한 정보가 전달되는 과정에 관여함으로써 현재의 사안에 대해 공유된 정서를 느끼며 동참하는 경험을 할 수 있다. 더구나 비공식적이고 사적으로 다가오는 메시지에서는 정서적 공감을 더 크게 느끼게 된다.

예를 들어 트위터의 리트윗은 다른 사람이 올린 정보를 나의 팔로어에게 전달해주는 기능으로서 단순히 복사와 재방송 기능에 불과할 수 있다. 하지만 리트윗을 함으로써 해당 사안에 공감과 지지를 보낼 수 있고 자신의 의견이나 느낌을 공적으로 전할 수도 있다. 그래서 단순한 메시지 전파가 아니라 다른 사람의 관심사나 생각에 동조하고 정보를 함께 나누며 이들과의 대화에 참여하는 것이다. 따라서 리트윗은 그 자체로 관계를 돈독하게 하는 '사회적 참여 행동'이 될 수 있다. 리트윗을 통해 남을 도울 수 있는 메시지를 널리 전파시키면서 선행에 동참할 수 있고 메시지를 올린 친구와 함께 한다는 의사를 표명하면서 친구에 대한 관심과 지지를 드러낼 수 있다. 또한 이러한 선행 메시지는 개인의 이미지에 긍정적이기 때문에 더욱 큰 파급력을 가질 수 있다. 따라서 급한 도움을 청하는 메시지를 리트윗하는 행위는 메시지를 올린 사람에게 상호 연결성을 확인하며 '너와 뜻을 함께 한다'는 동조의 메시지를 보내는 동시에 이러한 선행 행위에 동참하는 사람들의 일원으로 자신을 보여주는 것이다.

소셜미디어의 연결망은 사람들이 가상적으로 함께 모여 떠들 수 있게 해준다. 일상적으로 정보를 교류하고 상대방의 신상에 대해 이야기를 주고받으면서 상호간에 인격적 신뢰가 쌓인다. 이러한 연결망의 구조상 메시지를 올리는 행위만큼이나 메시지를 듣는 행위가 중요하다. 듣는 행위는 상호 대화나 신뢰 그리고 관계 유지의 기본이 되기 때문이다. 이렇게 서로 '귀'가 열려있는 네트워크 연결망을 통해 어려운 사정을 전해 듣기도 쉽지만 이러한 사정을 주변에 전하며 도움을 주는 데 동참하기도 쉽다. 인격적으로 신뢰가 쌓였기에 네트워크 친구에게 전해들은 메시지를 전하며 친구의 뜻에 함께하기 쉽고, 나와 연결된 친구들도 내가 전한 메시지를 전하며 나에게 동조할 수 있다. 서로 전하는 메시지에 대한 반응이 실시간으로 빠르게 이뤄지기 때문에 동조자를 쉽게 구할 수 있고 상황을 공유하며 동참하는 분위기를 형성하기도 쉽다. 그리고 이러한 반응과 동조를 통해 관계가 형성되거나 강화되고 대화가 더 활성화될 수 있다.

〈그림 38〉 트윗나눔 기부 캠페인

　예를 들어 '트윗 나눔 #1원의 행복'이란 캠페인은 한 개인의 아주 단순한 트 윗에서 시작됐다. 2009년 9월 'goodmorninghope'란 아이디의 트위터 이용자 가 "1000팔로 나눔 후 트윗분들의 선한 마음을 분출할 방법을 고민하다가 제안 드림. 12월 12일(매월 12일 나눔의 날)까지의 자신의 트윗수 곱하기 1원을 기 부합시다. 어떠세요 무한 RT 필수"라는 트윗을 올렸다. 개인이 올린 하나의 트윗당 1원을 기부해보자는 제안은 곧 네트워크를 타고 전파됐고 수많은 트위 터 이용자들이 이 캠페인에 참여하게 된다. '1원의 행복 캠페인'이라 불린 나 눔 캠페인에 총 1,428명의 트위터 이용자가 자발적으로 참여했고 약 1억 5천 만 원 정도의 성금이 모였다. 이 행사는 이듬해인 2010년에도 이어졌다.

　또 다른 기부 캠페인 사례로는 2010년 9월 정재승 카이스트 교수의 제안으 로 이뤄진 '10월의 하늘'이라는 이름의 강연 기부 프로젝트다. 정 교수는 "인 구 20만 이하 작은 도시의 시립도서관에서 과학자들이 청소년들을 위한 '과학 강연기부'를 하려 한다"는 글을 트위터에 올리며 상대적으로 과학 교육에서 소외된 소도시 청소년을 위한 재능 기부 형태의 이벤트를 추진한다는 계획을 밝힌다. 그의 아이디어는 순식간에 그의 트위터 팔로어들에게 전달되고 다시

〈그림 39〉 가수 호란과 '미친 돼지'

리트윗을 통해 많은 사람들에게 전달되면서 수백 명의 사람이 강연을 하거나 물품을 기부하겠다는 의사를 트위터를 통해 밝혔다.

조직적 기관이나 제도에 의해 캠페인이 이뤄지고 사람들이 동원되는 것이 아니라 개인이 제안하고 개인의 네트워크를 통해 기부의 내용과 방식이 빠르게 전달되면서 기부 행위에 함께하는 정서가 확산된다. "참여합니다" 혹은 "○○○을 기부하겠습니다"와 같은 동조의 메시지는 네트워크를 타고 기부와 나눔의 분위기를 확산하고 사람들은 자신이 아는(신뢰하는) 사람들의 참여 행위를 보면서 잇따라 동참하게 된다. 즉 소셜미디어는 기부 캠페인이 제안되고 전개되는 방식에 큰 변화를 가져왔다.

소셜미디어를 통한 선행이나 기부는 진지하고 경건한 행위라기보다는 쉽고

248

재미있는 놀이행위다. 놀이 개념이 강한 미디어이기 때문에 더 친숙하다. 예를 들어 가수 호란은 자신의 미투데이를 통해 돼지 저금통에 500원을 넣고 친구에게 전달하는 '돼지 저금통 릴레이 캠페인'을 벌였다. 친구의 손을 거치면서 돼지 저금통에 쌓인 돈을 나중에 유니세프에 전달해 좋은 일에 쓰자는 것이다. 소위 '미친 돼지'(미투데이 친구 돼지)를 전달받은 온라인 혹은 오프라인 친구들은 미투데이에 돼지 저금통의 행적을 알리는 사진을 올리게 돼 있는데, 이들이 올린 사진은 자전거 바구니에서부터 여행용 트렁크 혹은 긴자에 있는 식당을 전전하는 돼지 저금통 등 재미있는 모습을 보여준다. 돼지 저금통이 온라인과 오프라인 친구의 인맥을 따라 여러 현장을 옮겨 다닐 때마다 재기발랄한 모습이 공개되고 이야깃거리가 만들어진다. 이처럼 소셜미디어에서는 자선 행위가 친구들과 즐겁게 이야기의 소재이자 이야기를 지속시키는 동력이 될 수도 있다.

소셜미디어는 전통적인 공동체가 아니면서도 전통적 공동체의 특징인 신뢰와 호혜적인 관계를 가능하게 해준다. 사람들은 공동체의 규범에 따른 의무감이나 소속감 때문에 남을 도와주거나 선행을 베풀기보다는 자발적으로 이타적인 행위에 참여하게 된다. 평소 소셜미디어를 통해 받았던 다양한 정보나 심리적 지지를 네트워크 친구들에게 되돌려주면서 희귀 혈액형 헌혈자를 구하고 각종 기부와 나눔 행위에 참여하는 등 서로 돕는 공동체의 미덕을 어느 정도 복원하는 데 기여한다. 빠르고 광범위한 전파력을 가진 소셜미디어를 통해 도움을 구하는 메시지가 전해지면서, 특히 매일 안부 인사를 주고받으며 친밀감과 신뢰감을 쌓은 사람들을 통해 이러한 메시지가 전파되면서, 메시지에 대한 동조와 협력이 훨씬 더 수월하게 이뤄진다. 사람들은 친구로부터 메시지를 전해 듣고 이 메시지를 다른 이들에게 전해주는데, 이렇게 소문내기에 참여하는 순간 이 일은 '나'의 일 혹은 '우리'의 일이 되고 또 다른 사람들의 참여를 독려하게 된다. 소셜미디어를 통해 상호 연결성이 유지되는 한, 선행에 참여하는 행위는 일회성으로 끝나지 않고 지속적으로 이뤄질 가능성이 높다. 왜냐하면 이러한 이타적 행위는 네트워크로 연결된 친구와의 관계를 기반으로 이뤄지기 때문이다.

8장

비판적 논의
인간관계의 다크사이드

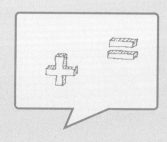

소셜미디어 세계를 지배하는 '소수의 법칙'

말콤 글래드웰(Malcom Gladwell)은 《티핑 포인트》(*The Tipping Point*)라는 책에서 세상을 움직이는 소수의 법칙이라는 것을 제안한다. 세상에는 많은 사람이 살지만, 실제로 이를 움직이는 사람은 소수에 불과하다는 것이다. 그리고 이 소수는 세 유형으로 나눌 수 있는데, 바로 전문가(*maven*), 커넥터(*connector*), 세일즈맨(*salesman*) 등이 여기에 해당한다.[1] 여기서 전문가는 많은 정보와 지식을 갖춰 사람들의 의문에 해답을 제공해줄 수 있는 사람들이다. 커넥터는 외부 세계와 연결되는 폭넓은 네트워크를 갖고 있어, 정보를 외부에 빠르게 확산시키는 재주가 있다. 마지막으로 세일즈맨은 남들에게 자신의 생각에 공감하도록 잘 설득하는 능력을 갖춘 사람들이다. 이 중에서 커넥터는 수많은 사람들을 연결하는 인맥이라는 고리의 중심을 차지하고 있어 사회적 영향력 차원에서는 가장 중심적이고 중요한 사람이라 할 수 있다.

---

1 송인혁 · 이유진 외(2010), 《모두가 광장에 모이다》, 서울: 아이앤유, 80~83쪽.

〈그림 40〉 트위터 세계에서 참여 유형별 비율

David McCandless//www.visualizedthebook.com
출처 : sysomos.com/insidetwitter/via rohitbhargava.typepad.com

글래드웰은 원래 미래에 대한 낙관적인 견해를 표현하기 위해 소수의 법칙을 도입한 것 같다. 하지만 그가 제시한 통찰력은 이와 좀 다른 맥락에서도 흥미로운 시사점을 던져준다. 많은 이들은 소셜미디어가 평등과 협력의 모델에 근거한 공동체를 만들 수 있는 잠재력에 주목하며, 낙관적인 미래관을 피력한다. 그렇지만 소셜미디어 세계에서도 주도적인 사람들이 소수에 불과하다면, 이들의 특성과 성향에 따라 미래사회의 모습은 크게 달라질 수도 있지 않을까 하는 우려가 생긴다.

소셜미디어 세계에서는 외관상 수직적인 권력관계 대신에 수평적 권력이 작용하고 있는데, 트래픽은 이 수평적 권력에 해당한다고들 말한다. 하지만 이 두 권력 형태를 구분하면서 수평적 권력의 부상을 낙관적으로 평가하는 근거는 어디에 있는가? 권력은 결국 권력일 뿐이며, 수평적 형태라는 새로운 권력 역시 새로운 문제점을 낳을 우려가 있지 않은가?

소셜미디어 세계에서 활동하는 사람들이 어떤 사회적 지위나 속성을 지니고 있는지도 흥미롭다. 우선 소셜미디어 이용층의 연령대 분포를 살펴보면 일반적 통념에서 상당히 벗어난 양상을 하고 있다. 대체로 인터넷은 10대나 20대의 젊은 층이 주도해 왔으며, 인터넷에서 진화해온 소셜미디어 역시 비슷한 양상일 것이라고 생각하기 쉽다. 하지만 미국의 디지털 마켓 조사기관인 컴스코어(ComScore)의 조사내용에 따르면, 뜻밖에 중년층의 비율이 압도적으로 높다. 즉 트위터 사용자들 간의 트래픽을 분석해보니, 가장 주된 소통층은 45∼54세 연령층이었고, 그 다음으로 25∼34세, 35∼44세 순으로 나타났다. 국내의 조사에서도 비슷한 결과가 나왔다. 트위터 사용자 중 53% 이상이 30대였고, 그 다음으로 20대와 40대 순이었다.[2] 이러한 현상이 발생하는 것은 아직 소셜미디어가 초창기에 있기 때문에 상대적으로 여론주도층에 해당하는 사람들이 주류를 이루는 것으로 해석할 여지는 있다. 하지만 평등과 조화, 이타적인 협력의 공동체를 지향하는 것처럼 보이는 소셜미디어 세계에서도, 특정한 사회적 속성을 지닌 계층의 비율이 높으며, 여론형성과정에서 이들이 다른 집단에 비해 과도할 정도로 큰 영향력을 발휘할 수 있다는 점은 분명하다. 소셜미디어 세계에서 소수에게 소통이 집중되는 현상은 검증되지 않은 새로운 권력층과 여론왜곡을 낳을 우려가 있다.

이상의 특징이 시사하는 점은 분명하다. 과거 사회 현실에서 권력이나 자원의 불균등한 분포가 소수의 지배를 비롯한 많은 문제점을 낳았듯, 소셜미디어 세계에서도 비슷한 문제가 발생할 수 있다는 것이다. 여기서도 말 없는 다수는 스스로 인지하지 못하는 상태에서 소수에게 이용당하기만 하는 위치에 있다는 사실을 어느 날 깨닫게 될지도 모른다. 이 점에서 소셜미디어가 가

---

2 송인혁 · 이유진 외, ibid., 234∼235쪽.

져오는 사회상에 대한 지나치게 낙관적인 전망들은 이러한 잠재적 문제점에 대한 우리의 경각심을 둔화시킬 수 있다는 점에서 경계할 필요가 있다.

소셜미디어가 확산되면서 소셜미디어로 하루를 시작하고 마감하는 이가 적지 않다. 일과와 함께 소셜미디어를 사용하면서 새로운 일상의 의식 (*ritual*) 으로 등장한 것이다. 아침에 일어나 소셜미디어부터 체크하고, 아침 인사를 남기거나 밤새 읽지 못한 글에 답변을 달기도 한다. 이동하면서 포스퀘어에 자신이 어디 있는지 위치를 찍어 소셜미디어에 올리고 또 밥 먹기 전에도 마치 기도를 하듯이 사진을 찍어 소셜미디어 친구들과 공유한다. 소셜미디어가 스마트폰과 연동되면서 사람들은 소셜미디어의 사회적 세계에 더 얽매이게 된다. 셰리 터클은 2006년 우리가 휴대전화와 같이 '항상 당신과 연결돼 있는 도구'(*always/always-on-you*) 에 '묶인 자아'(*tethered self*) 라고 말했다. 3 휴대전화

---

3 Turkle, S.(2008), "Always-on/always-on-you: The tethered self," In Katz, J.(Ed.), *Handbook of mobile communications and social change*, Cambridge, MA: MIT Press, pp. 121~137.

가 항상 몸에 지니고 다닐 수 있는 모바일 기기이기 때문에 우리는 언제 어디서나 접촉이 가능한 대상이 됐다는 것이다. 그런데 소셜미디어가 스마트폰과 연동이 되면서 이처럼 묶인 자아 현상은 더욱 심화된다. 더군다나 수많은 '상상의 수용자'와 관계하는 하이퍼커넥션의 상태를 유지하면서 엄청난 피로감을 느낄 수 있다.

모든 사람에게 똑같이 주어진 삶의 조건은 '하루는 24시간'이라는 것이다. 잠을 줄이고, 화장실 갈 때 뛰어다녀도 24시간의 제한은 누구한테나 부과된다. 무엇이 되었건 한 가지 활동을 더 하면 그만큼 다른 행동을 할 시간과 정신적 여유가 줄어든다. 싸이월드 광풍이 몰아닥쳤을 때에도 비슷한 현상이 있었다. 주변의 권유로 자의 반 타의 반 '싸이질'을 했던 많은 사람들 가운데 결국 시간과 정신적 여유의 부족으로 그만 둔 사람이 적지 않았다. 소셜미디어에 추가로 쏟는 시간은 다른 일상적 행위의 불가피한 조정을 수반할 수밖에 없다.

예를 들어 트위터에 많은 사람을 팔로잉하거나 팔로어로 두는 경우 이들이 올리는 메시지의 내용을 일일이 살펴보기 어렵다. 시시각각 새로 올라오는 메시지를 라디오 음악을 듣듯 흘려보내고 가끔씩 눈에 띄는 메시지나 자신에게 직접 온 메시지에 주의를 기울일 수 있을 뿐이다. 네트워크 친구와 관계를 유지하고 자신의 평판을 관리하기 위해 이들이 올린 메시지를 무시하기는 어렵다. 적당하게 관심을 배분하며 적절한 순간에 반응을 보여줘야 한다. 문제는 한 사람이 온라인상에서 사회적 교류를 위해 하나의 소셜미디어만 쓰지는 않는다는 점이다. 각종 네트워크 채널을 통해 연결된 친구를 관리하기 위해 끊임없이 사이트를 들여다보고 메시지를 올리거나 댓글을 달아야 한다.

앞서 언급했듯 '던바(Dunbar)의 수'에 따르면, 우리가 진정으로 사회적 관계를 유지할 수 있는 사람의 수는 150명을 넘기기가 쉽지 않다. 그런데 소셜미디어는 많은 사람들과 관계를 맺게 해준다. 개인이 소셜미디어를 통해 대인 관계를 확대시켜 가고 있지만 우리의 '관계맺기 수용 능력'을 넘어선 것은 아닌가? 각종 소셜미디어를 비롯해 다양한 커뮤니케이션 채널을 통해 많은 사람들에게 다가갈 수 있지만 이들과 진지한 관계를 유지하기란 쉽지 않다. 언제 어디서나 온라인 상태를 유지하는 '지속적인 주의 분산'(*continuous partial attention*)이 일어난다. 언제나 소셜미디어와 연결 상태를 유지한 채 새 소식을 올리거나 전해 듣는 소셜미디어식 생활방식은 우리의 주의를 분산시킬 수밖에 없다. 4 정보의 과부하처럼 '관계의 과부하'가 일상화할 수도 있다. 이러한 과부하를 유지하기 위해 끊임없이 소셜미디어를 체크하고 하루 24시간이 부족한 지경에 이를 수 있다.

존 피터스는 이렇게 수많은 가상적 수용자를 염두에 두는 태도를 '정신분열' 혹은 '자폐'로 설명한다. 5 그는 앞서 말한 마이크로 셀레브러티들이 다중적인 상상의 독자를 동시다발적으로 상대해야 하는 분열적 상태에 있다고 규정한다. 상상의 청중과 친구, 동료 직장인, 친척 등이 공존하면서 '맥락의 붕괴'(Marwick & Boyd, 2010)가 일어난다. 6 이용자 기반이 확대된 소셜미디어에서는 맥락의 붕괴, 즉 서로 다른 사회적 맥락에 놓여있는 독자가 공존한다. 이들이 다중적인 커뮤니케이션 맥락에 놓이게 되면서 주의 분산이 심화될 가능성이 있다.

---

4 Carr, N.(2010), *The Shallows: What the Internet is doing to our brains*, New York: W.W. Norton.

5 Peters, J. D.(2010), "Broadcasting and schizophrenia", *Media, Culture&Society* 32(1), pp. 123~140.

6 Marwick, A. & Boyd, D.(2010), "I tweet honestly, I tweet passionately: Twitter users, context collapse, and the imagined audience", *New Media and Society* 13(1), pp. 114~133

프라이버시는 없다?

프라이버시라는 용어가 법적·정치적 권리로서 논의되기 시작한 것은 1890년 새뮤엘 워렌과 루이스 브랜다이스가 프라이버시 권리를 주장하면서부터다.[7] 이들은 개인이 국가나 대중 언론으로부터 감시받지 않고 자유로울 수 있는 '혼자 있을 수 있는 권리'(right to be let alone)로서의 프라이버시를 주장했다. 사생활에 대한 권리는 일반적으로 다른 사람이나 권력기관의 감시나 간섭을 받지 않고 생활을 자유롭게 할 수 있는 권리를 말하며, 이때 프라이버시 개념은 사상의 자유, 표현의 자유, 감시로부터의 자유, 개인주의, 인간의 존엄성, 정체성, 익명성, 비밀 보장 등과 같은 다양한 권리나 가치와 연관된다. 프라이버시에 대한 권리가 기본적으로 사적으로 인식되는 영역에 대한 자기 권리를 주장하는 것으로 볼 수 있는데, 문제는 인터넷의 발달로 사적이라는

---

7 Warren, S. & Brandeis, L.(1890), "The right to privacy", *Harvard Law Review* 4, pp. 193~220.

것의 경계가 모호해지고 있다는 점이다.

소셜미디어의 온라인 활동에 참여하기 위해서는 자기 정보의 노출이 자발적으로 이뤄진다. 보이드와 엘리슨은 소셜네트워크 사이트(이하 소셜미디어)를 통해 개인의 프로필이 만들어지는 과정이나 '연결 목록'을 옮겨 다니는 방식이 공사의 구분을 모호하게 만들며 개인 정보에 대한 스스로의 통제력에 문제가 생긴다고 말한다. 8 네트워크의 연결성을 통해 개인은 검색과 선택, 수용, 제작, 유통 등의 과정에 참여할 수 있게 됐지만 이러한 과정에 관한 개인의 결정력이나 제어력은 느슨해졌다는 것이다. 리빙스톤은 청소년들이 소셜미디어를 통해 친구들과 사적인 경험을 공유하고 친밀감의 공간을 창조하며 자아실현을 해나가지만, 한편으론 자기 노출의 위험 부담을 감수하고 있다고 말한다. 9 청소년들은 자신이 친하다고 생각하는 사람들에 대한 이해와 판단을 신뢰하고 또래그룹에 '왕따' 당하고 싶지 않아 한다.

사람들은 프라이버시의 중요성을 인식하지만 실제에서는 프라이버시의 희생을 감수한다. 프라이버시를 신경 쓰는 정도와 자신이 온라인에 올리는 정보의 양은 상관이 없다. 다시 말해 소셜미디어에서의 정보 노출이 프라이버시에 대한 관심이 부족하다는 것을 의미하지는 않는다. 사람들은 특정 정보를 주지 않는다든지, 자기 친구의 소셜미디어를 감시한다든지, 프라이버시 설정을 바꾼다든지, 자신의 라이프스트림 자체를 편집하는 방식으로 자신이 편안하게 느끼는 프라이버시 수준을 유지한다. 하지만 개인적인 수준에서 아무리 프라이버시 수준을 통제한다 하더라도 소셜미디어를 통해 대화하고 자신의 행적을 끊임없이 이야기하는 한 개인 정보는 온라인 공간 안에 축적되기

---

8 Boyd, D. & Ellison, N.(2008), "Social network sites: Definition, history, and scholarship", *Journal of Computer-Mediated Communication* 13, pp. 210~230.
9 Livingstone, S.(2008), "Taking risky opportunities in youthful content creation: Teenagers' use of social networking sites for intimacy, privacy and self-expression", *New Media & Society* 10(3), pp. 393~411.

마련이다.

　네트워크로 연결된 사람들은 자신에 관한 기록뿐만 아니라 상대방과의 관계에 대한 데이터를 흔적으로 남기게 된다. 앞서 언급한 '디지털 발자국'이다. 이러한 기록이나 데이터에 대한 모니터와 감시를 친밀감이라고 편안하게 느끼고 개인의 유대나 연결을 활성화하기 위해 당연히 필요한 과정이라고 받아들일 수 있지만, 한편으로는 가십과 상대방에 대한 의심 혹은 관계의 불안정성을 만들기도 한다. 예를 들어 나는 비밀로 하고 싶은 사실을 상대가 온라인에 올린다든지, 사회적 관계에 대한 세세한 정보를 갖게 되면서 남편을 의심한다든지, 자신의 전 남자친구나 라이벌, 파트너를 모니터하려는 욕구를 떨치기 어렵다든지 하는 현상이 여기에 해당한다. 어디를 갔느냐, 누구와 있었느냐 등 개인 정보에 대한 접근성과 지속성 때문에 관계의 자료가 만들어지는데, 이것은 사적 혹은 공적이라는 이분법으로 쉽게 설명될 수 없다. 개인의 라이프스트림을 상상의 수용자에게 개방하는 소셜미디어는 기존에 스쳐 지나갔던 휘발성의 사회적 정보를 기록으로 남게 한다. 개인의 디지털 흔적은 복사될 수 있고 다른 정보와 함께 유통될 수 있다. 자신뿐만 아니라 자신과 관련된 타인의 정보가 알려질 수 있고, 이에 따라 알리고 싶지 않은 정보에 대한 통제력을 잃을 수도 있다.

　구글의 최고경영자(CEO) 에릭 슈미츠는 〈월스트리트저널〉과의 인터뷰에서 "인터넷에서 프라이버시를 지키고 싶다면 이름을 바꿔야 할 것"이라고 말한 바 있다.[10] 개인의 아이디만으로 온라인상에서 이뤄진 개인의 모든 활동들이 고스란히 검색될 수 있다. 더구나 최근 실시간 검색 기능이 강화되면서 개인이 글을 올리자마자 만인에게 공개될 수 있다. 개인의 아이디로 검색해

---

10 *The Huffington Post*(August 17, 2010), "Google CEO Eric Schmidt advises you change your name to escape online shame", from http://www.huffington post com/2010.

서 그 사람이 올린 글을 현재부터 과거까지 모두 찾아볼 수 있고, 또 특정 주제어에 대해 사람들이 올리고 있는 글을 실시간으로 펼쳐볼 수 있다. 현재 무엇을 하고 무엇을 느끼며 어떤 생각을 하고 있는지가 그대로 공개되면서, 개인이 자신에 관한 정보를 통제하기가 더욱 어려워졌다.

헬렌 니센바움은 페이스북이나 마이스페이스와 같은 소셜미디어에 프라이버시에 관한 세 가지 문제가 있다고 본다.[11] 첫째, 자신의 정보나 속내를 드러내는 글을 자발적으로 올리면서 문제가 생길 수 있다. 예를 들어 지난해 2월 영국의 한 10대 소녀가 페이스북에 "새로 맡은 일이 무척 지루하고 재미가 없다"는 식의 푸념을 계속해서 털어놓다가 그녀의 상사가 우연히 보게 돼 해고당했다. 소녀가 직장 상사에게 불만을 털어놓은 것도 아니고 직장 상사가 자신의 글을 보리라 예상한 것도 아니지만, 페이스북에 남아있던 그녀의 사적인 글이 해고의 원인을 제공하게 된 것이다. 둘째, 사람들은 자신의 메시지에 친구에 관한 정보를 흘릴 수 있다. 내가 개인 정보를 올리지 않더라도 친구가 자신에 관한 정보를 올릴 수도 있고 이러한 정보를 통해 개인의 사적인 면이 노출될 수 있다. 셋째, 소셜미디어 어플리케이션을 통해 이용자에 관한 일체의 디지털 기록이 상업적 목적으로 수집, 축적, 판매될 수 있다. 많은 양의 개인 데이터가 개인의 라이프스트림으로 축적될 수 있고, 이렇게 모인 디지털 정보의 조합은 부분의 합보다 훨씬 큰 사회적 정보가 된다. 즉 무심코 흘린 사소한 개인정보가 이른바 상업적인 '데이터마이닝'(data mining)의 대상이 될 수 있다.

페이스북의 CEO 마크 주커버그(Mark Zuckerberg)는 전 지구적 네트워크를 형성하기 위해 모든 정보의 투명한 노출을 지향한다. 프라이버시보다는 개인 정보 공유를 통한 관계의 확장을 지향하고 이러한 관계에 기반을 둔 오

---

11 Nissenbaum, H.(2009), *Privacy in context: Technology, policy, and the integrity of social life*, Palo Alto, CA: Stanford University Press.

픈 플랫폼 구축에 심혈을 기울이고 있다. 2009년 말 새롭게 개편된 개인정보 설정화면은 프라이버시 설정 방식을 간편하게 만들어 이용자들의 편의를 도모하면서 이름과 거주지, 프로파일 사진, 성별, 인맥 등 개인 정보를 무조건 공개하도록 했다. 2010년 4월에는 외부사이트의 정보나 서비스를 페이스북 친구와 손쉽게 공유할 수 있는 오픈 그래프를 제공하겠다고 밝혔다. 이러한 방침들이 프라이버시 침해 논란을 일으키자 개인이 정보 공개의 범위를 설정할 수 있도록 방침을 수정했지만, 그의 기본 방향은 '프라이버시 제로'의 '투명' 사회를 향해 끊임없이 새로운 서비스를 내놓는 것이다.

소셜미디어를 통해 직업과 거주지, 학력, 연락처 등 협의의 개인 정보에서부터 개인의 소셜미디어 인맥, 관심사, 취향, 즐겨 찾는 인터넷 사이트 등 광의의 개인정보까지 데이터베이스화되고 있고, 이러한 데이터는 언제든지 유출 가능하며 광고업체나 제휴 협력사에도 제공되고 있다. 소셜미디어 시대에는 관계의 확장이 개인 정보 노출과 개방에 기반을 두고 있기 때문에 일단 온라인에 올라온 개인 정보를 스스로 통제하기란 쉽지 않다. 또한 이렇게 노출된 개인 정보는 데이터마이닝의 대상이 돼 상업적으로 활용되고 있다. 개인의 정보가 더욱 투명하게 노출되는 시대가 도래하는 데 반해, 개인 정보에 관한 상업적 이용과정은 불투명하고 일반인이 이러한 과정을 인지해 대비하기는 더욱 어려워졌다.

사회적 감시와 자기검열: 감시하고 감시당한다

소셜네트워킹 서비스를 이용하면서 우리는 일반적으로 보통 때보다는 자기 언행에 신중을 기한다. 누군가 나를 지켜보고 있다는 사실이 우리를 조심스럽게 만들지만 디지털 환경의 '망각하지 않는' 특성도 자기검열을 강화시킨다. 바이코 매이어 쉔버거는 《삭제: 디지털 시대의 망각의 미덕》이라는 책에서 자신의 온라인에 오른 모든 것은 영원히 남아 지울 수 없는 한 개인의 과거가 되고 있다고 우려한다.12 온라인에서 공개된 정보는 사라지지 않기 때문에 오히려 전보다 더 큰 책임이 부과된다. 한순간의 '실수'가 그 개인에게 지울 수 없는 낙인이 될 수 있고 삭제되지 않는 디지털 주홍글씨가 될 수 있다. 소셜미디어 사이트에 올라간 글을 보는 네티즌은 무한하다. 게다가 일단 올라간 글은 거의 영구적으로 인터넷 어딘가에 남아 있을 수 있다.

---

12 Mayer-Schönberger, V.(2009), *Delete: The virtue of forgetting in the digital age*, New Jersey: Princeton University Press.

예를 들어 스테이시 스나이더라는 여성은 마이스페이스에 술잔을 들고 '술 취한 해적'이라는 부제로 사진을 올렸다가 교육학 학위 수여를 거부당했다. 스나이더의 과거 사진이 교육자로서 부적절한 이미지를 보여준다고 학위 수여자가 판단했기 때문이다. 또한 내가 감추고 싶은 민감한 정보를 타인이 공개하는 바람에 문제가 생기는 사례도 있다. 미국 럿거스 대학의 클레멘티라는 학생은 자신의 룸메이트가 트위터를 통해 자신의 동성애 현장을 중계하자 사흘 뒤 "조지 다리에서 뛰어내릴 것"이라는 글을 자신의 페이스북에 남긴 채 자살한다. 친구가 재미로 올린 "나는 룸메이트가 남자와 (성관계) 하는 것을 보았다. 야호"라는 메시지가 해당 학생에게 지울 수 없는 수치감을 안겨주었다. 자살한 학생은 동성애자라는 낙인이 주는 부담감을 이기지 못해 극단적인 선택을 한 것으로 보인다.

또한 요즘에는 검색을 통해 개인 정보를 낱낱이 드러내는 이른바 '신상털기'가 종종 논란이 되기도 한다. 과거에는 신문 사회면의 한구석을 채우며 '세상에 이런 사람도 있네' 하는 정도로 대수롭지 않게 지나쳤을 인물도 지금은 신상털기를 통해 '○○녀, ○○남' 식으로 세간의 주목을 받는다. 어머니뻘 미화원에게 폭언을 해서 세간에 알려진 일명 '여대생 패륜녀'에서부터 그동안 사귄 여자를 버리고 몰래 다른 여성과 결혼하려던 '배신남'에 이르기까지 개인의 신상 정보가 적나라하게 공개된다. 중학생 제자와 성관계를 맺어 물의를 빚었던 여교사의 경우, 개인의 사진부터 남편과 아이에 관한 정보까지 무차별적으로 공개됐다. 인터넷 검색을 통해 개인에 관한 인구학적 정보뿐만 아니라 과거의 행적까지 추적할 수 있고 그 개인이 누구인지 가시화할 수 있게 되면서, 세인의 호기심을 충족시키는 흥미성 신상털기가 손쉽게 이뤄지고 이는 다시 해당 개인의 삶에 치명적인 파급효과를 낳고 있다.

개인 정보가 자신이 원하지 않는 방식으로 유출되고 더 나아가 지울 수 없는 디지털 낙인이 찍히는 사례들은 일종의 학습 효과를 낳는다. 내가 인지하지 못하는 상태에서 다른 사람이 나에 관해 많이 알거나 이야기할 수 있고 누구나 인터넷 신상털기의 대상이 될 수 있다는 사실은 막연한 불안감을 불러일으킨다. 실제로 필자가 가르치던 한 여학생은 지하철 막차를 타고 오다가 중심을 잃고 넘어졌는데, 혹시 '누가 지하철 털썩녀라고 사진을 찍어 올리지 않았나' 하고 걱정이 돼 집에 돌아가자마자 인터넷 검색을 했다고 한다. 한 개인이 재미로 올린 사진이 다른 개인에게 사회적 오명을 안겨줄 수 있고, 한 개인이 호기심으로 파헤친 개인 정보가 해당 개인에게 큰 고통을 안겨줄 수도 있다.

많은 사람들이 소셜미디어를 활용하게 되면서 오프라인의 관계망이 소셜미디어 망과 겹치고, 온라인 세계와 오프라인 세계를 오가며 서로 일상을 지켜볼 수 있게 된다. 상사는 부하직원의 오프라인과 온라인 일거수일투족을 관찰할 수 있고, 부하직원도 상사의 모든 것을 살펴볼 수 있다. 자신을 지켜볼지도 모르는 상대의 시선을 의식하기 시작하면서 글을 올릴 때마다 자기검열이 작동하게 된다. 자신의 글이 상사나 부하직원의 심기를 건드리지는 않는지 혹은 불필요한 오해나 갈등을 불러일으키지는 않는지 일일이 신경 쓰게 된다. 오프라인과 온라인 세계 관계망 간의 경계가 허물어지면서 소셜미디어의 독자는 공적으로 만난 사람에서부터 사적인 친구와 가족에 이르기까지 서로 성격이 다른 다양한 집단의 사람들을 포괄하게 된다. 이들과 갈등과 오해를 최소화하며 호감을 유지하기 위해 자아표현에 더욱 신경을 쓰게 되고 따라서 자기검열도 점차 심화되고 있다.

이러한 자기검열은 양가성을 갖는다. 사람들이 좀더 의식적인 자아표현을 하게 되면서 일반 게시판에 비해 소셜미디어에서는 악의적인 글이나 악플이 현저히 줄어드는 현상을 볼 수 있다. 개인이 올리는 글이 표현 자체보다는 타인과의 사회적 교류를 지향하는 데 목적이 있기 때문에 상대방에게 피해를 주는 글이 줄어들 수밖에 없다. 정부는 악플 방지를 위해 실명과 주민등록번호의 확인과정을 의무화한 인터넷 실명제를 도입했으나 악성 댓글이나 스팸이 사라지지는 않았다. 그런데 최근 주요 언론사들이 개인의 소셜미디어 계정을 통해 의사를 표현하는 소셜 댓글 시스템을 도입하면서 악성 댓글이 오히려 사라지고 있다. 소셜미디어는 글을 통해 자신의 온라인 존재감을 드러내고 이를 매개로 관계를 형성하거나 유지하는 곳이다. 이러한 관계 지향적 연결망에서 악의적인 글을 남긴다면 개인의 평판이 나빠질 것이고 사회적 교류에도 부정적인 효과를 미칠 것이다. 따라서 소셜 댓글은 악플이나 스팸이 자취를 감추는 데 긍정적인 영향을 미칠 수 있다.

하지만 이러한 '착한' 글쓰기가 자신의 평판이나 사회적 관계 유지에만 신경 쓰는 자기검열을 통해 이뤄지기 때문에 자칫 표현의 자유가 위축될 수 있다. 타인의 시선으로 자신의 메시지를 모니터해 보고 이를 통해 타인에게 용인될 수 있는 이미지를 만들기 위해 노력할 때, 사람들은 가능하면 남과 잠재적인 갈등의 소지를 최소화하려 노력하기 마련이다. 이런 분위기에서 의사 표명이나 토론이 과연 어느 정도 자유롭게 이뤄질 수 있을지 의문이다. 정치적 혹은 종교적 주제는 타인과 갈등을 빚거나 외부의 불만, 반발을 초래할 가능성이 있기 때문에, 이에 관한 자유로운 의견 표현행위가 어려워질 수도 있다.

인간 소외와 고독, 상실의 시대

2009년 퓨 리서치 센터의 '사회적 소외와 새로운 기술' 보고서에 따르면 휴대전화와 인터넷의 사용으로 자신의 문제를 논의할 수 있는 사회적 네트워크가 더욱 다양해졌다고 한다.[13] 이 보고서는 미국인들이 자신의 신상을 논의하는 핵심 네트워크의 평균 사이즈나 다양성이 전반적으로 줄고 있다는 사실을 재확인하면서도 휴대전화나 다양한 인터넷 활동에 참여하는 이용자는 더 많고 다양한 논의 네트워크를 갖고 있다는 조사 결과를 내놓는다. 여기서 흥미로운 사실은 인터넷 이용자가 인터넷을 별로 이용하지 않는 사람들에 비해 자신의 문제를 가족이 아닌 다른 이들과 논의하는 비율이 높다는 점이다. 또한 소셜미디어 이용자가 더 다양해진 소셜네트워크를 갖게 됐다고 밝힌다. 이 조

---

13 Hampton, K., Sessions, L., Her, E. & Rainie, L.(November 2009), *Social isolation and new technology*, Pew Research Center from http://www.pew internet.org

사는 인터넷의 연결성을 통해 개인이 조언을 얻거나 도움을 받을 수 있는 소셜네트워크가 확장될 수 있다는 측면을 보여주는 동시에, 이러한 소셜네트워크가 그동안 전통적으로 가치 있게 여겼던 가족이나 친구와의 관계를 대신하기 시작했다는 점을 시사한다.

소셜미디어는 커뮤니케이션 기술을 통해 자기편의적 유대 관계를 형성해주는 개인화된 네트워크라고 할 수 있다. 오랜 시간 물리적으로 함께 하면서 고운 정, 미운 정을 쌓아가는 과정을 생략한 채 몇 번의 클릭만으로 손쉽게 관계를 맺고 자신이 원할 때 대화 상대를 만나거나 이야기를 나눌 수 있다. 개인 중심의 효율적인 교류를 할 수 있다는 점은 전통적 공동체가 해체되면서 불안해진 현대인에게 충분히 매력적으로 다가갈 수 있다. 소셜미디어는 가상적으로 함께하며 느슨한 공동체감을 느낄 수 있게 해주는 관계의 매개체지만, 동시에 물리적으로 같이 있으면서도 실제로는 함께 하지 않는 모순된 상황을 심화시킨다.

케네스 거겐은 휴대전화 때문에 공적 공간에 물리적으로 같이 있으면서도 기술적으로 매개된 다른 세계에 빠지는 '부재의 현존'(*absent presence*) 현상이 일어난다고 말한다. [14] 이는 물질적으로 함께하면서 의미를 갖는 공동체적 삶을 붕괴하고, 면 대 면 공동체, 중심 잡힌 자아관, 도덕적 태도, 관계의 깊이 등에 부정적인 영향을 미친다고 보았다. 스마트폰과 연동된 소셜미디어는 가상적 공존 상태를 유지할 수 있게 해주고 지속적인 친밀한 우정에 대한 요구 없이 함께한다는 느낌을 제공할 수 있다. 그러나 이러한 '연결된 상태'의 유지가 현실 세계의 가족이나 주변 동료들과 맺던 공동체적 삶에서 이탈을 심화시킬 수 있다. 선택적 관계맺기, 선호하지 않는 관계의 회피, 같이 있으면서도

---

14 Gergen, K.(2002), "The challenge of the absent presence", In J. Katz & M. Aakhus(Eds.), *Perpetual contact: Mobile communication, private talk, public performance*, Cambridge University Press, pp. 227~241.

따로 있는 것 등이 습관화하면서 자칫 인간관계가 더욱 피상적으로 흐를 수 있다.

현재는 타인과의 관계가 극대화되고 연결되지 않음에 대해 강박증을 갖는 '고독이 사라진 시대'라고 윌리엄 데레시위츠는 말한다.[15] 소셜미디어와 같은 커뮤니케이션 미디어는 우리의 사생활과 주의집중뿐만 아니라 '혼자 있을 수 있는 능력'까지도 빼앗을 수 있다고 한다. 소셜미디어를 통해 라이프스트리밍을 하면서 인정투쟁을 하고 수많은 메시지에 반응하면서 자신의 온라인 존재감을 느낄 수 있다. 하지만 혼자 있는 것, 연결되지 않는 것 혹은 익명으로 남아있는 것에 대해 사람들은 불안해 한다. 18세기의 낭만적 고독은 당시 근대도시 출현에 대한 반동으로서, 개인이 익명의 대중으로부터 자신을 고립시킴으로써 자신의 온전성과 진정성을 유지할 수 있다는 생각에서 출현했다. 그런데 현대에는 혼자 있거나 연결을 차단하기 어려워졌다. 외로움이 두려워온라인에 접속하는 시대가 왔다.

데레시위츠는 이러한 가상적 접속을 통해 우리가 많은 것을 잃게 됐다고 지적한다. 예를 들어 읽기가 더 이상 글의 뜻을 살피며 곱씹어보는 과정이 아니라 건너뛰고 훑어보는 것을 의미하게 됐다고 한다. 또 사회적으로 연결된 네트워크에 정신적인 공간이 부재하다고 말한다. 다시 말해 사람들이 자신을 드러내는 데에는 익숙하지만 인간 고유의 깊이와 가치를 간직하는 데에는 미흡하다는 것이다. 고독을 통해 우리는 감정에 치우치지 않고 인생을 관조할 수 있다. 따라서 이러한 고독은 맞장구치는 데 익숙한 주변인들을 불편하게 만들 수 있고, 고독이 갖는 성찰성은 시대적인 조류에 아무 생각 없이 편승해서 사는 우리의 삶을 되돌아보게 한다. 고독은 사유와 반성을 할 수 있는 정신적 여유를 통해 자기 교정을 할 수 있는 기회를 주기 때문에 사회적 가치를 갖

---

15 Deresiewicz, D.(2009, January 30), "The end of solitude", *The Chronicle of Higher Education* from http://chronicle.com

는다고 볼 수 있다. 하지만 소셜미디어의 시대에 고독은 그다지 중요해 보이지 않는다. 성공적인 삶을 살기 위해 소셜미디어의 이용이 필수적이고 네트워킹이 중요하다고 강조하는 시대에 혼자 있음은 시대에 뒤처지는 행위고 더 나아가 '반사회적' 행동으로 비춰질 수 있는 게 현실이다.

온라인에서 친구 숫자가 많다고 해서 그만큼 인간적인 교류가 활발하게 일어나지는 않는다. 심리적 외로움을 달래거나 사회적 자본을 쌓기 위한 도구적 수단으로 소셜미디어를 이용할 때, 소셜미디어의 '소셜'은 피상적인 소셜에 불과할 수도 있다. 성찰을 위한 고독과 개인의 프라이버시 그리고 이를 위해 잠시 '소셜'을 내려놓을 수 있는 능력이 과연 우리에게 있을까? 이는 '소셜'이 넘쳐나면서도 '소셜'이 사라진 시대에 던져보는 대답하기 어려운 질문이다.

9장

소셜미디어의 변화와 미래

소셜미디어의 전성기는 계속될까?

그렇다

자동차나 냉장고와 마찬가지로 소셜미디어는, 눈부신 기술발전이 우리의 일상생활에 가져다준 혜택이다. 그렇지만 이제 소셜미디어는 우리의 삶 자체를 바꿔놓았고, 이러한 추세는 이미 돌이킬 수 없는 방향으로 흘러가고 있다. 아마 소셜미디어의 기반을 이루는 기술적 장치는 계속 진화하겠지만, 소셜미디어를 통해 형성된 소통 문화는 소멸하지 않고 갈수록 더 확대될 것이다.

소셜미디어가 트위터나 페이스북처럼 특정한 서비스의 종류를 지칭하는 것이라면 당연히 부침이 있겠지만, 지금까지 존재해온 많은 미디어 서비스나 콘텐츠 유형들이 소셜미디어'형'으로 전환하고 있는 추세는 거스르기 힘들다. 소셜미디어가 지닌 장점을 다른 미디어 서비스도 잘 인지하고 새로운 환경에 맞게 진화하고 있기 때문이다. 콘텐츠를 공유하고 타인의 취향이나 의견을 전달하며 지인들에게 내가 생각하는 것과 원하는 것을 표현하는 등 온라인에서 수평적이고 교류적인 상호작용을 하는 것은 소셜미디어가 가져온 변화라고는 볼 수 없다. 이는 인터넷이 다양한 일상 속으로 확산되면서 이미 꾸준히 진행돼온 변화의 연장선에 있기 때문이다. 싸이월드 광풍이나 블로그, 카페를 통한 자발적인 콘텐츠 생산과 교류를 이미 체험한 한국인에게 페이스북이나 트위터가 주목할 정도로 새로운 현상은 아니다. 이미 오랫동안 진행돼 오던 인터넷 이용방식이 사람들의 구미에 좀더 맞게 개량돼 나타난 것이 트위터나 미투데이라고 보아야 하지 않을까? 이미 우리에게 익숙하기 때문에 채택과 확산이 빨랐던 것이다.

소셜미디어는 계속 진화해왔고, 이러한 변화의 흐름을 되돌릴 수는 없을 것이다. 트위터나 페이스북, 싸이월드처럼 특정한 브랜드는 나타났다 사라지기를 거듭할 것이며, 이러한 서비스를 제공하는 기업 역시 부침할 수도 있다. 그러나 소셜미디어 환경에서는 지금 같은 급속한 세대교체가 어려워질 수도 있다. 포털 영역에서는 사람들의 취향에 좀더 맞는 콘텐츠와 서비스를 제공하는 자가 살아남으며, 오늘의 승자가 내일도 포털의 세계를 지배한다는 보장은 없다. 그러나 소셜미디어는 별다른 콘텐츠를 제공하지 않지만 바로 거기에 모여든 사람들을 자산으로 삼는다. 어떤 브랜드의 소셜미디어가 많은 사람들을 확보하고 있다면, 다른 경쟁자가 그 자리를 차지하기란 쉽지 않다.

인기 있는 특정 소셜미디어 서비스에 사람들이 집중적으로 몰려드는 쏠림 현상이 두드러지게 나타날수록 그것의 유용성이나 영향력은 커진다. 내가 아는 친구나 지인이 이용하는데 모르는 척 할 수 없고, 최대한 많은 인맥을 효율적으로 맺게 해준다는데 이를 무시할 수는 없다. 또한 내가 옮기고 싶다고 내 친구들과 지인들을 모두 옮길 수 없기 때문에 한 번 터를 잡은 후 소속된 소셜미디어를 바꾸기는 쉽지 않을 것이다. 토종 소셜미디어의 경쟁력은 초기에 어떤 이용자 집단을 잡는지에 따라 달라질 것이며, 후발주자에게는 선발주자와 연계하기가 얼마나 용이한지가 경쟁력을 좌우하는 중요한 요소로 작용할 것이다.

소셜미디어의 확산은 모바일 기기의 진화와 밀접한 관련이 있다. 인간의 입은 늘 사람과 함께 있을 수밖에 없다. 모바일 기기는 끊임없는 수다를 계속 전송하고 기록한다. 미디어는 '인간 감각기관의 확장'이라는 마샬 매클루언 (Marshall McLuhan) 의 말처럼 모바일 기기는 우리의 귀와 입이 돼 언제 어디서나 그리고 이동 중에도 사람들의 이야기를 듣고 나눌 수 있는 '24시간 접속 상태'를 유지시켜줄 수 있다. 스마트 폰과 같은 모바일 기기의 등장은 소셜미디어의 활용을 확대하는 데서 더 나아가 소셜미디어의 일상생활화에 일조한다.

다른 시각에서 본다면…

하지만 현재 잘 나가고 있는 소수의 특정 소셜미디어 서비스가 계속 승승장구하리라는 보장은 없다. 싸이월드의 사례처럼 대세가 뒤집힐 수 있는 여지는 늘 있다. 중장년층 중에는 관계에 대한 피로감이 누적되거나 피상적인 관계가 식상해 싸이월드를 빠져나간 사람이 적지 않다. 이렇듯 연령에 따라 혹은 어떤 다른 집단의 속성에 따라 관계의 수요는 매우 다른 모습을 띨 수 있다. 이미 현실 속에서 관계 자본이 많이 있는 사람과 그렇지 않은 사람이 소셜미디어 이용을 통해서 누릴 수 있는 혜택은 매우 다를 것이다.

이러한 맥락에서 소셜미디어는 모든 사람에게 균질한 효용을 제공하지는 않는다. 2010년 11월 15일 미국에서 이른바 '개인 네트워크'(personal network) 를 추구하는 '패스'(Path) 라는 사이트가 문을 열었다. 이 사이트는 '우리가 신뢰하는 사람들, 우리가 신뢰를 쌓고 있는 사람들, 혹은 우리의 삶에 가장 중요하고 가치 있는 사람들' 등 우리가 알고 지내는 50명 이내의 사람들하고만 깊은 관계를 유지하게 해주는 소셜미디어 서비스다. 인간 뇌가 감당할 수 있는 사회적 관계의 최대치가 150명 내외라는 '던바의 수'에 기초해 관계맺기의 대상을 50명 이내로 제한했고, 사생활이 담긴 사진이나 메시지를 집단 내에서 자유롭게 공유하되 외부에 퍼져나가는 것을 차단했다. 인맥 확장이나 자기 홍보보다는 아는 사람끼리의 인간관계를 강화하거나 사생활 보호에 초점을 맞춘 일종의 '안티 소셜' 사이트라고 볼 수 있다. 이러한 사이트가 사람들에게 얼마만큼의 호응을 얻을지는 두고 봐야하지만, 모든 것이 연결되고 공개될 수 있는 현재의 소셜미디어 서비스에 불만을 표출한 사례로 볼 수 있다. 현재의 소셜미디어 서비스가 가진 문제가 축적되면서 또 다른 서비스에 대한 욕구와 욕망을 낳을 수 있다. 이러한 욕구가 반영된 '소셜미디어'는 현재 우리가 아는 소셜미디어와 상당히 다른 형태와 기능을 갖게 될 것임에 틀림없다.

그렇다면 소셜미디어는 어떤 방향으로 진화할까? 관계 형성에 중점을 두는 서비스이니만큼 얼마나 다양한 관계망을 지원하는지에 따라 조금씩 다른 집단에게 어필할 것이고 이용자들이 관계의 유형이나 깊이에 따라 조정해 쓸 수 있는 수정 옵션을 주는 방향으로 진화하지 않을까? 군이 비유하자면 현재의 소셜미디어는 각자 방에서만 놀던 사람들에게 문을 터주고 벽을 허물어 더 넓은 곳에서 더 많은 사람들과 놀 수 있게 했다. 하지만 여전히 벽이 필요한 공간들이 있기 때문에 앞으로는 원하는 곳에 이동식 벽을 설치할 수 있는 가변형 구조의 서비스가 등장할지 모른다. 모든 사람이 서로 관찰할 수 있고 내 이야기를 모든 사람이 듣는 것은 이전에 체험하지 못한 새로운 현상이지만 그다지 자연스러운 현상은 아니다. 이를 고려하면 앞으로는 관계의 유형이나 깊이에 따라 개조해 쓸 수 있는 맞춤형 서비스가 등장하게 될 것이라고 기대해볼 수 있다.

하지만 기업형 소셜미디어 서비스는 가능하면 많은 사람들이 들어와야 경제성이 달성된다. 광고를 기반으로 하면 모여 있는 사람들의 머릿수가 더욱 중요하다. 맞춤형 서비스를 제공하고 타깃 이용층을 세분화할수록 사람의 숫자는 줄어들고 경제성은 떨어진다. 결국 맞춤형을 원하는 수요와 서비스 대상자의 범위를 넓히려는 사업자의 동기 사이의 어느 선에서 적정선이 결정되지 않을까?

그렇다면 이러한 요구에 적응한 미디어를 여전히 소셜미디어라고 부를 수 있을까? 이런 점에서 소셜미디어가 구현해 가는 변화의 방향은 지속될지라도 이러한 변화를 이끄는 소셜미디어라는 용어의 생명은 한계를 지닌다고 볼 수도 있다. 지금과 유사한 기능을 더 효율적으로 수행하는 미디어로 끊임없이 변화해 가다보면 누군가가 "이제는 더 이상 소셜미디어라는 용어가 적합하지 않다"고 선언할 것이다. 그렇다면 최소한 용어에 초점을 맞출 때 소셜미디어의 생명은 생각보다 일찍 끝날 수도 있다.

한편 '과연 한국형 소셜미디어의 미래가 있을까' 하는 질문도 던져볼 수 있다. 현재 전 세계적으로 트위터와 페이스북이 높은 성장세를 기록하는 가운데, 미투데이와 같은 토종 소셜미디어는 다소 주춤하는 현상을 보이고 있다. 코리안클릭의 2010년 11월 자료에 따르면 미투데이 사용자수는 약 300만 명으로 200만 명을 넘어선 트위터나 페이스북에 비해 많지만, 순방문자수, 페이지뷰, 평균 체류시간에서는 미투데이가 트위터나 페이스북보다 못하다. 그동안 국내 포털사이트는 세계적인 구글이나 야후의 공세가 무색할 만큼 국내 검색시장을 장악해왔다. 국내 이용자들이 요구하는 정보 욕구를 충실히 반영하며 우위를 점해왔다고 볼 수 있다. 하지만 왜 소셜미디어에서는 역전 현상이 일어나고 있을까? 소셜미디어에서는 전 지구적 사이트가 대세인가?

전 지구적 소셜미디어인 트위터나 페이스북은 정보 네트워크나 인맥을 손쉽게 확장할 수 있게 해준다. 또한 개방과 공유를 앞세워 다른 서비스와 연결하기 쉽게 해주고 개인의 필요에 따라 맞춤화된 서비스 이용도 가능하게 해준다. 인적 교류나 정보 교환을 전 지구적 차원에서 이뤄질 수 있게 해주면서도 지역에서의 인맥을 강화하거나 넓힐 수 있게 해주기에 우리나라 사람들에게도 큰 매력으로 다가온다. 이처럼 전 지구적 소셜미디어는 다양한 인적 교류의 물꼬를 원활하게 뚫으며 사람들을 집중시키고 있다. 하지만 이러한 전 지구적 소셜미디어의 승승장구가 토종 소셜미디어의 몰락과 직결되리라고 보이지는 않는다. '토종'이라는 꼬리표가 우리들끼리의 '폐쇄형' 소통 방식을 지칭한다면 현재의 소셜미디어 트렌드에서 많이 벗어난 것이다. 그러나 이것이 지역 이용자들이 원하는 다양한 관계의 차원이나 정보관계망을 지원해간다면 나름대로 틈새 미디어 환경을 만들 수 있지 않을까?

언어가 주는 환경의 제약도 중요하게 고려해야 할 요소다. 미국 한복판 뉴욕에는 중국인, 한국인, 이탈리아인, 그리고 베트남인 등 수많은 민족들이 그들만의 커뮤니티를 유지하고 있다. 이 커뮤니티에 속하는 사람들 중에 일부는 영어를 거의 구사하지 못한다. 이러한 이들은 뉴욕이라는 거대 커뮤니티에 속한 사람들이라고 할 수 있을까? 만약 그렇더라도 다른 뉴욕 사람들과는 구별될 수밖에 없다. 오프라인에서도 언어와 역사를 기반으로 한 독자적인 커뮤니티가 존재하는 이러한 모습은 온라인에서도 반복될 수밖에 없다. 오프라인이든 온라인이든 커뮤니티를 구성하는 것은 결국 인간의 자연적 욕망의 결과이기 때문이다. 이런 이유에서 트위터나 페이스북, 아니면 새로운 제3의 소셜미디어가 전 세계를 아우르는 때가 올지라도 각 지역별로 동일한 언어와 역사를 바탕으로 한 자체적 소셜미디어는 지속적으로 생존할 것이라고 예상할 수 있다.

소셜미디어로도 진지한 관계나 대화가 가능할까?

아니다

인간관계는 유지의 노력이 들어가지 않으면 와해된다. 서로 모르는 사람이 만나면 아주 피상적인 것만 알 수 있다. 상대가 이렇게 생긴 사람이군, 혹은 여성이군 하는 정도는 관계가 친밀하지 않아도 알 수 있다. 관계가 진전될수록 함께 대화하고 경험하면서 피상적 관찰만으로는 알 수 없는 부분까지 알게 된다. 상대에 대해 속속들이 알아갈수록 관계가 진전한다. 어떤 면에서 진지한 대화란 나의 내밀한 부분까지도 모두 보여주는 것이다. 한쪽만 자신의 내면을 보여주고 다른 쪽은 자신을 은폐하는 비대칭적인 관계가 되면 그 관계는 친밀한 사이로 발전하기 어렵다. 친한 사이라면 내가 속속들이 보여주는 만큼 상대도 그렇게 할 것이라고 기대하게 된다.

만일 소셜미디어에 올린 내 메시지가 넓은 범위의 사람들에게까지 도달한다면 나는 할 말과 못할 말을 가려서 하게 된다. 그 많은 사람들에게 나의 속내를 속속들이 드러내기는 쉽지 않다. 대개 누구에게나 할 수 있는 수준의 이야기만 나누는 게 정상이다. 그러므로 통상의 진지한 관계나 대화는 제한적으로만 가능하다. 더구나 소셜미디어'만'으로 인간관계가 이뤄지는 것이 아니므로 인간관계의 일부분만 소셜미디어가 담당할 것이다.

소셜미디어에서 주로 이뤄지는 교류나 관계는 서양의 스탠딩 파티형 사교를 연상시킨다. 파티룸에 있는 누구에게나 반갑게 '하이' 하고 웃으며 인사한다. 누구와도 청산유수로 대화를 이어가고 한때를 즐겁게 보내지만 그 누구와도 각별히 깊은 관계는 아니다. 크게 싸우거나 갈등할 일도 없다. 잔소리하거나 화내거나 할 일도 없다. 그러나 사실 현실에서 깊은 관계는 서로 소리 지르고 화내고 갈등을 겪으면서 깊어진다. 이런 깊이 있는 관계는 소셜미디어에서 가능하지 않을 것이다. 어빙 고프만에 따르면 자신을 드러내는 방식(self-presentation)이 고도화한 사회일수록 문명화 단계에서 상위에 속한다. 이런 사회에서는 무언가 끈적끈적한 인간관계는 아니지만 서로 세련된 모습으로 가벼운 관계를 유지한다.

현실에서보다 오히려 온라인상에서 더 진솔하고 속을 터놓는 고백이 터져나오는 현상을 지나치게 과대평가할 필요는 없다. 서로 처음 보는 기차 옆자리 승객들끼리 자신의 인생이나 연애담을 터놓을 수 있는 것처럼, 어쩌면 소셜미디어에서도 어느 정도 익명성이 있기 때문에 진솔한 대화가 가능한지 모른다. 물론 소셜미디어에서도 솔직한 자기 고백이나 독백이 이뤄지기는 하지만 지속적으로 진지한 대화가 오가기는 어렵다. 진지한 대화는 선택, 차별, 집중이 요구된다. 누구에게나 할 수 있는 이야기는 진지한 이야기일 수 없다. 선택하고 집중해 차별적으로 할 수 있는 이야기야말로 진지한 대화다.

진지한 대화가 지속되지 않는다고 해서 소셜미디어에서 거짓대화만 오간다는 말은 아니다. 예를 들어 누가 아프다고 독백했는데 다른 누군가 빈말이지만 '힘내라'고 하면 굉장히 위안이 될 수도 있다. 오히려 친분관계가 약한 사람에게 이런 말을 들었을 때 더 위안이 될 수도 있다.

스몰토크의 피상성에 대해 비판만 할 수 없다. 스몰토크는 깊이가 없고 저급하다고 성급히 진단하는 것은 마치 대중문화와 고급문화를 애써 구분해 대중문화는 저급한 것이라고 치부해버리는 것과 비슷하다. 사람들은 전에 없던 익숙지 않은 것이 등장하면 기존의 것과 차별하기 위해 일부러 거리를 둔 채 더 저급하거나 열등한 것으로 비하하려는 태도를 보이기도 한다. 인터넷 토론방이나 게시판에서 사람들이 모여 정치토론을 벌이게 되자 '그게 무슨 토론이라고 할 수 있는가?' 하는 비판이 나왔던 것도 비슷한 경험이라고 생각한다.

관계의 진전이나 깊이를 위해 소셜미디어가 큰 기여를 하지 못하는 것은 사실일 수 있다. 하지만 그냥 알 수는 없었던 수많은 사람들을 소셜미디어를 통해 알 수 있다는 점만으로도 기존 미디어에 비해 큰 장점이다. 현실세계에서는 도저히 마주칠 수 없는 사람들을 접할 수 있게 한다는 점에서 소셜미디어는 적어도 관계 혹은 면식의 초기 단계에 위력적인 힘을 발휘할 수 있다. 특히 인맥이 부족한 청년층에게는 소셜미디어가 제공하는 관계 자원의 가능성이 큰 기회로 다가올지 모른다. 이미 다양한 인맥을 쌓은 사람들과 달리 소셜미디어의 효용이 이들에게는 더 크게 나타날 것이다. 이렇게 보면 다양한 계층적 차이가 소셜미디어를 어떻게 사용하는지에 차이를 가져올 수도 있다. 소셜미디어는 인맥, 즉 관계자본이 이미 있는 사람들에게는 가벼운 이야기를 쉽게 할 수 있도록 할 것이고, 그렇지 않은 사람들에게는 적극적으로 관계를 만들어가

도록 할 것이다. 새로운 사람을 알게 되는 것은 분명 누구에게나 어려운 일이다. 소셜미디어는 새로운 사람에게 코멘트 하고 '꾸벅!' 인사하기 쉽게 만든다. 결국 소셜미디어는 관계를 탐색하는 데 큰 도움이 된다. 일단 사람들을 알아야 그 다음으로 진지한 관계가 될지 아닐지 따질 수 있기 때문이다.

낯선 사람을 처음 만나 얼굴을 트는 일은 누구에게나 매우 부담스러운 일이다. 소셜미디어는 익명이 아닌 실명으로 자신을 드러내며 첫 대화를 쉽게 해 준다. 소셜미디어에서 맺어진 관계는 깊은 관계의 부담이 없으니 관계를 끊는 것도 부담스럽지 않다. 미국의 정치학자, 로버트 푸트남(Robert Putnam)은 이러한 관계를 '넘나드는 관계'(in-and-out relationship) 라 부르며 깊이가 '없는' 관계로 낮춰 보기도 했지만, 다른 기준에서 보면 이는 그냥 형태가 다른 관계일 뿐이라고 할 수도 있다. 사람들은 소셜미디어를 통해서만 인간관계를 맺고 유지하는 것이 아니므로 결국 총체적으로는 다양한 형태의 관계들을 맺을 수 있는 기회가 늘어난 셈이다.

소셜미디어가 등장한 것은 기존의 인간 커뮤니케이션 형태가 잘못된 것이어서 대체하기 위함이 아니다. 기존의 커뮤니케이션을 보완하는 성격이 오히려 더 강하다. 일상생활에서 하는 모든 이야기가 진지하다면 우리는 너무나 긴장된 삶을 살아야 한다. 그런 삶은 가치가 있을지 모르지만 너무나 피곤한 삶이 될 것이다. 때때로 농담도 하고 신소리도 해야만 유쾌하게 살 수 있는 것이 우리 삶의 이치가 아니겠는가? 소셜미디어가 담당해야 될 부분은 진지한 삶의 영역이 아니라 가볍고 편한, 그러면서 즐거운 삶의 영역이다. 물론 이 두 영역이 완벽하게 구별될 수는 없을지라도 최소한 방점은 후자에 찍히는 것이 소셜미디어다. 소셜미디어가 우리 삶에 기여하는 바는 어쩌면 지나치게 진지한 우리의 삶, 특히 인적 관계에서 덜 진지한 면의 중요성을 일깨워 주는 데서 찾아야 할지도 모른다.

정체성을 선별적으로만 드러낸다는 것은 과연 가능할까?

그렇다

소셜미디어의 세계는 서로 자신의 진면목을 숨기고 위장하면서 소통하는 가장무도회 같은 사회가 될 것이다. 인간사회란 원래 모든 사람이 상황에 따라 자신의 모습을 나름대로 관리하고 위장하며 때로는 거짓말로 남을 속이는 일이 일상적인 곳이었다. 하지만 소셜미디어 환경에서는 이처럼 사람들이 자신을 드러내고 숨기는 방식에서 획기적인 변화를 가져왔다.

　최근의 한 신문기사[1]에 따르면, '시크릿 가든'의 등장인물이 보여주는 캐릭터를 소셜미디어를 통해 재현하는 인물이 폭발적인 인기를 끌고 있다고 한다. 이 사람이 보여주는 '차도남'(차가운 도시 남자)의 이미지는 철저하게 연출된

1　강혜란(2010.12.16), "'차도남' 짝퉁 트위터가 그녀를 흔드는 이유", 〈중앙일보〉.

것으로, 사람들은 이것이 가짜인줄 알면서도 열광하고 있다는 것이다. 텔레비전 드라마의 캐릭터 자체가 현실이 아니라 연기를 통해 창출된 이미지에 불과하며, 사람들은 이를 알면서도 극중 인물에 빠져든다. 그런데 이 차도남은 소셜미디어 메시지 관리를 통해 바로 이러한 극중 캐릭터를 다시 재현하고, 사람들은 연출된 이미지의 재연출에 다시 열광하고 있는 셈이다.

소셜미디어 환경에서 사람들은 자신의 모습이 어떻게 드러날 것인지 항상 사고하는 습관이 내재화해 있다. 이러한 환경에서 자신의 진면목과 생각을 숨기는 일은 그리 어렵지 않으며, 자신의 어떤 측면을 보여줄 것인지 선별하는 행위가 가능하다. 이렇게 타인에게 보여주는 자신의 모습을 관리하는 소셜미디어의 세계에서는 과연 어떤 게 숨기는 거고 어떤 게 드러내는 건지 오히려 불분명해진다는 지적이 설득력을 얻고 있다. 더구나 이처럼 자신의 정체성을 위장하고 관리하는 일이 일반화한 환경에서 사람들의 관계 역시 진정성을 띠기는 어렵다. 비록 자주 소통하며 '친하게' 지내는 사이라도 이들의 관계는 애초부터 미지근한 사이에 불과하며, 관계의 단절이라는 극단적 행위조차 사실은 상대에 대한 관심이 식어버리는 행위에 불과할 수 있다.

이런 이유에서 소셜미디어를 통해 형성되는 신뢰의 본질을 되짚어볼 필요가 있다. 소셜미디어에 대해 긍정적인 평가를 내리는 사람들은 빈번한 인맥쌓기 노력을 통한 신뢰 형성과 이를 바탕으로 한 정보교환과 마케팅에서 그 가치를 찾고 있다. 그런데 이 과정에서 형성되는 신뢰가 한계를 지니고 있음을 사람들이 인식하게 되면 점점 소셜미디어의 영향력에 대한 믿음이 약해질 수 있다. 이것은 결국 이전의 많은 뉴미디어가 초기의 기대에 비해 실제로 충족되는 부분이 적다는 인식이 퍼진 순간 그 생명을 다하고 더 새로운 뉴미디어에게 그 자리를 내준 것처럼, 소셜미디어도 바로 이 선별적 드러내기 때문에 생각보다 일찍 사양길에 접어들 수 있을 것이라는 예상이 가능하다.

소셜미디어의 세계에서 사람들이 서로 자신의 모습을 선별적으로 보여주려 노력하기는 하나 결국 이러한 행위는 무위로 그칠 수밖에 없다. 선별적 보여주기란 다름 아니라 온라인·오프라인에서 취하는 모습이 다르다는 것을 의미한다. 하지만 일반인이 소셜미디어에서 일상적으로 보여주는 말 한마디까지 일일이 검토, 관리하면서 철저하게 자기검열하기란 매우 힘들다. 더욱이 시간이 흐르면서 자신이 의식적으로 표현한 것뿐 아니라 무의식적으로 '흘린' 것까지 누적되기 때문에 그렇다.

사람들의 이미지란 결국 미세하고 사소한 정보와 단서들이 장기적으로 누적돼 형성되는 것이다. 결정적인 정보를 숨기거나 거짓말로 속일 수는 있지만, 소셜미디어에서 자신의 수많은 행위나 발언을 일일이 다 위장하기란 불가능하다. 소셜미디어에 남기는 말이나 사진 등 모든 것을 훑어보면 대략 그 사람의 성향을 추정해볼 수 있다. 이러한 읽기에 대비해서 자신을 계산적으로 연출하기란 설혹 잠시 가능하다고 할지라도 대단히 피곤한 일일 수밖에 없다. 말하자면 소셜미디어의 세계는 길게 보면 투명한 사회로 가는 길을 열어준다고 보아야 할 것이다.

결국 선택적으로 드러내기를 시도하더라도 결국은 다 알려질 것이라는 점을 깨닫는 순간 사람들은 선택의 기로에 놓이게 된다. 즉 감추고 싶은 부분을 철저히 감추기 위해 아예 소셜미디어에 글 남기기를 중단하거나 이왕 드러날 거라면 남이 찾기 전에 내가 스스로 드러내 보이겠다는 마음으로 처음부터 선택적 드러내기를 하지 않거나 하는 선택이 가능하다. 여기서 후자보다는 전자를 선택하는 사람들이 많게 되면 소셜미디어를 대체할 새로운 미디어가 탄생할 수 있는 기반이 조성되는 것으로 볼 수 있다.

소셜미디어는 '홀로족'을 위한 소통방식인가?

그렇다

전 세계적으로 혼자 사는 사람이 늘어나고 있다. 2010년도 국내 인구주택총조사를 따르면, 서울에 사는 가구 가운데 1인 가구가 차지하는 비율은 23.8%로서 네 가구 중 한 가구가 1인 가구인 것으로 나타났다. 평균 가구원 수도 1980년 4.47명이었으나 2010년도에는 2.76명으로 크게 줄어들었다. 따라서 홀로족은 핵가족, 대가족, 혹은 다른 형태의 동거보다 보기 흔한 주거 형태가 됐다.

그런데 전통적인 가족 형태가 차지하는 비율이 줄어들고 결혼이 필수가 아닌 선택 사항이라고 답하는 젊은이들이 늘어나고 있는 지금은 역설적으로 소셜미디어가 가장 활발하게 이용되고 있는 시대다. 푸트남은 '나 홀로 볼링'이라는 표현을 통해 전통적 공동체의 와해와 현대인의 소외된 삶을 그리고 있지만, 사람들은 소셜미디어 덕분에 혼자 살면서도 적극적인 사교 활동을 해나갈 수 있게 된다. 〈히트 웨이브〉의 저자인 에릭 클리넨버그(Eric Klinenberg)는 한 인터뷰에서 "공동체를 갖기 위해 더 이상 전통적인 라이프스타일을 고집할 필요가 없어졌다. 사실 혼자 사는 사람이 결혼한 사람보다 친구나 이웃과 더 잘 어울리며 사는 것을 볼 수 있다"고 말한다. 2

개인의 경제력과 경쟁력을 중시하는 신자유주의 질서의 세계 속에 개인의 자유, 통제력, 자아실현 등을 추구하는 홀로족의 라이프스타일이 점차 확대되고 있다. 많은 대학생들이 혼자서 하는 활동(게임하기, 공부하기, 쇼핑하기, 영화보기, 식사하기, 여행하기 등)에 익숙해졌다. 과거의 공동체 문화나 동아리 문화가 해체되는 가운데 소셜미디어는 개인의 사회적, 사교적 욕구를 풀며 사람들을 만나고 이야기하고 친교를 맺는 공간을 제공해준다. 이러한 점을 보면 소셜미디어야말로 홀로족에 적합한 소통방식이자 홀로살기가 지배적으로 돼가는 사회에서 가장 전형적인 소통방식인 것 같다.

다른 시각에서 본다면…

소셜미디어는 가구 형태나 가족 구조의 변화에 따른 사회적 요구를 반영하는 것일 수 있고, 또한 이러한 사회적 변화를 지지하고 강화할 수도 있다. 다시 말해 홀로 살게 되는 개인의 사회적 소통 욕구를 만족시키면서도 이러한 욕구를 만들어 내는 사회적 흐름의 기반이 되고 있다. 그런데 젊은이들에게는 사실 트위터와 같은 소셜미디어의 이용이 개인의 필요에 의해서라기보다는 사회적 압박에 의해 이뤄지는 사례도 많다. 우리는 여러 담론을 통해 취업을 위

---

2 Rotella, C.(2010.11.10), "The new normal: living alone", *The Boston Globe.*

해 혹은 성공적 사회생활을 위해 소셜미디어 이용이 필수적이라는 소리를 종종 듣는다. 사회 초년생 입장에선 소셜미디어를 통해 자신에게 도움이 될 만한 정보와 인맥을 최대한 많이 그리고 효율적으로 쌓을 수 있다는 이야기는 솔깃할 수밖에 없다. 이러한 종용을 통해 이해 타산적이고 도구적인 만남이나 관계를 자연스럽게 받아들이게 하는지도 모른다.

한편 개인은 소셜미디어를 통해 자기만족적인 네트워크를 유지하는 동시에, 새로운 형식의 공동체 단위를 만들 수도 있다. 트위터에서의 '당'처럼 특정한 주제, 관심사, 취향, 배경 등을 중심으로 느슨하게 엮여있던 개인들의 관계가 좀더 구조화된 방식으로 모일 수도 있다. 개인은 '당'에 가입해 활동하면서 집단적 소속감을 느끼면서 개인의 친분관계나 인맥을 넓힐 수 있다. 이는 현실사회에서 집단화하기가 쉽지 않았던 사람들에게는 새로운 기회의 공간이 되기도 한다.

소셜미디어는 공동체의 상징인 광장이 될 수 있을까?

그렇다

유럽 도시들을 방문해보면 도시 구석구석에 광장이 있다. 중세 이후 도시인들의 삶의 과정에서 광장은 평상시에는 휴식과 유흥의 공간이자 상인과 농민들이 생필품을 사고파는 시장터 구실을 하기도 했으며, 때로는 마녀사냥의 불길이 타오르거나 귀족들의 피가 흐르는 대중적 분노와 혁명의 상징적 공간이기도 했다. 하지만 현대인들에게 광장이란 사회갈등이라는 부정적인 이미지보다는 시민들이 경험과 정보, 활동의 공유를 통해 공동체를 함께 만들어가는 민주적인 상호작용의 장이라는 비유로 자주 쓰이고 있다.

현대 사회에서 광장이란 대개 실체라기보다는 문화적, 정치적 은유 형태로 남아 있다. 민주적인 여론 형성 과정에 관한 사상가들(가령 하버마스나 아렌트)

의 책에서 '공론장'(*public sphere*)이니 공공영역(*public realm*)이니 하는 용어들이 중심 개념으로 사용되고 있는 것만 보아도 잘 알 수 있다. 이는 인터넷 시대에 들어와서도 마찬가지다. 이제는 인터넷 토론'방'이니 사이버 '공간'이니 하는 공간적 은유들은 인터넷 시대의 현실과 다소 동떨어진 점이 적지 않지만, 어떤 면에서는 아직도 과거의 기억을 환기시키는 언어적 유물로 남아 있다. 사이버 공간은 사람들의 사회관계를 제약하던 지리적 거리나 공간적 존재감을 더 이상 필요 없게 만들어버렸다. 사람들이 서로 모이는 데에는 함께 공유할 장소가 아니라 같은 시간대와 공통된 관심사만이 필요할 뿐이다.

소셜미디어를 통한 사회관계 맺기에 관해 논의할 때에도 광장의 비유는 종종 보인다. 어떤 이는 소셜미디어 시대를 맞아 변화하고 있는 '소셜'의 세상에 관해 서술하면서, 책의 제목을 《모두가 광장에 모이다》라고 붙이기도 했다.[3] 어떤 면에서 이 제목은 책의 주장과 어울리게 적절히 붙인 것이라고 생각한다. 이 책은 소셜미디어가 가져오는 세상은 경쟁과 갈등이 사라지고 협력과 조화가 삶의 지배적 원칙으로 부상하는 아주 이상적인 모습을 띠게 될 것이라고 주장한다.

이와 같은 낙관적인 견해는 오늘날 세상을 움직이는 원리가 과거와 달라졌다는 점에서 출발한다. 과거에는 재화를 생산하는 데 드는 비용이 너무 비쌌기 때문에, 한정된 자원을 놓고 사람들이 치열하게 싸울 수밖에 없는 무한경쟁의 시대였다. 하지만 현대 사회에서 기술이 발전하면서 재화의 추가 생산 비용이 저렴해져 0에 가까워졌고, 이제는 경제적 부가가치를 생산하는 것은 바로 무형의 아이디어다. 그런데 아이디어란 나눌수록 고갈되기는커녕 더 많은 풍요를 가져온다는 것이다. 이 때문에 소셜미디어로 대표되는 앞으로의 사회에서 우리는 상호협력이 지배적인 삶의 원리가 되는 세상에서 살게 될 것

---

3 송인혁 · 이유진 외(2010), op. cit.

이라고 낙관하고 있다. 이러한 관점에서 볼 때, 서로 정보와 대화를 나누고 새로운 지식과 관계를 창출해가는 소셜미디어라는 광장이야말로 장밋빛 미래의 가능성을 열어주는 희망이라는 것이다.

다른 시각에서 본다면…

하지만 이러한 주장은 미래사회를 해석하는 시각으로는 지나치게 낙관적이고 현실의 중요한 측면들을 놓치고 있다고 생각한다. 앞서 언급한 광장이란 공간적 은유 역시 사람들 간의 관계를 지배하는 복합적인 성격을 묘사하는 데에는 지나치게 단순하다고 생각한다. 광장이라는 비유는 사람들 간의 관계에서 지나칠 정도로 평화롭고 조화로운 삶의 패턴을 연상시키기 때문이다. 물론 소셜미디어에서의 소통양상만 보면 사람들 간의 관계에서 긍정적이고 조화로운 측면들이 두드러지게 나타나는 것은 사실이다. 앞서 언급했듯 소셜미디어를 통한 소통과 대인관계에서는 격려성 인사가 주된 분위기를 형성한다고 할 정도로 친밀함이 의례화돼 있음을 볼 수 있다.

위의 책에서 인용한 두산 박용만 회장의 사례를 다시 살펴보자(《모두가 광장에 모이다》 153~155쪽). 박 회장은 짧은 시간에 트위터에서 화제를 불러일으키는 명사로 부상했다. 그러다 두산의 해군 고속정 엔진 납품비리 의혹사건이 언론에 연일 보도되면서 그는 사방에서 쏟아지는 비판에 시달리는 처지로 전락했다. 하지만 트위터에서 박 회장에게 쏟아진 메시지는 주로 '힘내시라'고 지지와 응원을 보내는 내용이었다. 이처럼 동일한 사람이 소셜미디어와 여론에서 상반된 반응과 마주치게 되는 모순된 상황을 어떻게 해석해야 할까? 적어도 트위터에서는 악플러가 보이지 않고 서로 격려하고 도와주는 협력의 공동체가 형성됐으며, 이는 소셜미디어가 사람들 간에 새로운 방식의 공동체를 만들어가고 있다고 말할 수 있을까? 아니면 트위터라는 소셜미디어가 만들어가는 공동체는 사람들 간의 관계에서 (주로 긍정적인) 한 측면만 부각해서 보여줄 뿐, 다면적인 현실의 모습과는 다소 동떨어진 곳이라고 할 수 있을까?

우리가 소셜미디어에서 흔히 보는 협력적 관계의 공동체는 우리가 사회구성원으로서 맺는 수많은 관계 유형의 일부에 불과하다고 생각한다. 소셜미디어에서는 사람들이 서로 웃는 좋은 모습을 보여주려 한다는 점에서 '친밀함의 의례화'가 일반화했다고 볼 수 있지만, 이러한 협력관계가 다른 사회관계의 경로에도 그대로 옮겨질 수 있을 것 같지는 않다. 트위터에서는 유명인사인 박 회장에게 격려메시지를 보내면서, 여론재판을 통해서는 그를 비난하고 단죄하려 하는 모순되고 양면적인 태도는 아마 우리 사회구성원들의 정서에 자연스럽게 공존할 것이다. 만일 그렇다면 소셜미디어 소통의 증가는 상호협력에 기반을 둔 공동체의 외양에도 불구하고 어떤 면에서는 소속감 없는 네트워크를 조장하지 않을까? 또한 이 경우 활발한 소통을 통해 대인관계의 친밀도가 증가한다 해도 실제적인 유대감은 없는 공허한 공동체를 조장할 수도 있지 않을까 하는 심각한 의문을 갖게 된다.

나아가 소셜미디어라는 열린 소통구조는 새로운 사회적 문제를 낳을 수도 있다. 과거의 미디어와 같은 제한된 통로를 거치지 않고도, 이제 사람들은 자신의 관심사와 의견을 전파할 수 있으며 새로 열린 방대한 소통의 공간에는 온갖 메시지가 넘치고 있다. 이렇게 해서 생겨난 다양성이 여론 형성에서 반드시 조화로운 결말로 이어지리라고 낙관할 수는 없다.

우선 소셜미디어라는 새로운 광장은 서로 나누고 소통하는 공동체가 아니라 각자 자신의 좁은 세계에만 몰두하고 서로 관심을 두지 않은 파편화된 집단들로 분화할 수 있다. 소셜미디어 기능의 기술적 진화 역시 이러한 추세를 조장할 수 있다. 가령 페이스북에서 메시지가 범람하면서 사람들은 소통에 대한 피로감을 절실하게 느낄 수 있으며, 따라서 소통상대를 세분화해 자신의 노출을 최소화하고 싶은 욕구를 갖게 될 것이다. 실제로 최근 페이스북은 Groups 기능을 추가해 친구들을 유형화해 접촉을 세분화, 차등화할 수 있게 하고 있다. 이러한 흐름들은 결국 사회를 관심과 인맥의 소집단으로 파편화하는 결과를 가져오지 않을까 하는 우려를 낳을 수 있다.

나아가 소통의 파편화와 다양화는 갈등과 공포조성과 같은 병리현상으로 발전할 수도 있다. 2009년 10월 우리 사회를 공포로 몰아넣었던 '신종플루 괴담' 사건은 이러한 우려를 뒷받침해주는 사례다. 당시 한 고등학교 남학생이 신종플루 백신의 위험성에 관한 괴담을 인터넷 유명가수 팬클럽 사이트에 올렸다.[4] 이 글은 포털 사이트의 연예인 정보 카페에 옮겨졌고, 이 카페의 주요 방문자인 10대들을 중심으로 급속하게 번져나갔다. 특히 이 글은 어떤 여학생이 친구 30여 명에게 문자로 발송하면서 상당수의 학생들 사이에서 비슷한 방식으로 퍼져나갔다. 비록 당시에는 인터넷과 휴대폰 문자를 통해 괴담이 확산됐지만, 트위터라는 편리한 매체 역시 비슷한 목적에 악용될 우려가 있음은 부인할 수 없다. 광장은 조화와 협력의 공동체가 아니라 때로는 폭력과 공포, 마녀사냥의 장으로 바뀔 수도 있다.

---

4 강인식 · 장주영 · 이현택(2009.10.30), "공포 → 과장 → 퍼나르기 … '괴담' 디지털 핵분열", 〈중앙일보〉.

소셜미디어는 관계를 수평화·평등화하는가?

그렇다

물론 소셜미디어의 세계에서 소수의 활동이 두드러진다고 해서 이러한 특징이 반드시 사람들 간의 관계에서 위계적이고 수직적인 구조를 가져올 것이라고 장담할 수는 없다. 실제로 소셜미디어의 사회적 영향에 관한 논의에서 관계의 수평화·평등화의 신화는 의외로 폭넓은 공감대를 형성하고 있다. 이는 특히 한국 사회의 두드러진 특성인 권위주의적 문화가 소셜미디어라는 새로운 소통 채널을 통해 크게 변화할 수 있지 않을까 하는 희망사항을 담고 있다. 물론 기술결정론적 사고라는 비판을 받을 수도 있지만, 소셜미디어가 의존하는 개방적 네트워크 중심의 테크놀로지는 민주화의 잠재력을 많이 갖고 있다.

실제로 한국사회에서도 소셜미디어가 가져오는 민주적 가능성의 조짐이 어느 정도 보이는 것은 사실이다. 네덜란드의 비교문화학 전문가인 헤이르트 호프스테더(Geert Hofstede)의 연구에 따르면, 한국은 '권력 간격'(power distance)이 비교적 멀다는 점에서 위계질서와 권위를 중시하는 사회로 분류된다. 여기서 권력 간격이라는 개념은 사회구성원들이 권력의 불공평한 배분을 수용하고 인정하는 정도를 말하는데, 권위주의적 사회일수록 이러한 권력 간격이 넓게 나타난다.[5] 많은 학자들이나 미래학자들이 소셜미디어의 잠재력으로 주목하는 부분은 트위터나 페이스북 등 소셜미디어에서는 '대화상대'나 친구를 사회적 지위나 거리의 제한 없이 자유롭게 선택하기 때문에 이러한 권력 간격을 줄일 수 있을 것이라는 점이다.

다른 시각에서 본다면…

실제로 트위터의 이용사례를 보면, 많은 사람들은 박근혜나 노회찬 같은 거물 정치인이나 피겨선수 김연아 등 사회명사들과 트위터로 메시지를 주고받으면서 그간 어렵고 멀게만 느껴졌던 이들과 아주 가까운 친분관계를 맺은 것처럼 느끼게 됐다. 신입사원이 사장과, 학생이 원로교수와 친구가 될 수도 있다. 바로 이러한 편의성과 접근가능성 때문에 사람들은 평소 어렵게 여기던 사람들과 친밀하다는 환상을 갖기 쉽다. 하지만 온라인에서 형성된 친밀도가 반드시 오프라인의 관계에도 이전돼 근본적인 관계의 변화를 가져온다고 할 수는 없다. 트위터나 페이스북에서 친구 사이라도 사장은 사장일 뿐이다. 그래서 실제로 많은 사람들은 이들과 소통하면서 자신의 생각과 느낌을 위장하거나 아니면 관계를 회피하기도 한다. 실제로 페이스북에서 교수와 학생들 사이의 대화를 보면 천편일률적일 정도로 의례적인 인사말(대인 커뮤니케이션

---

5 김상훈 · 김상운(2010.9.9), "페이스북—트위터가 바꾼 인간관계 '빛과 그림자'", 〈동아일보〉.

에서 흔히 *phatic communion*이라 부르는 행위) 성격의 내용이 많다. 심지어 직장 상사가 소셜미디어에 가입하면 아이디를 바꾼다는 사례도 있는 것을 보면, 상하 간에 진솔한 대화는 현실적으로 그리 쉽지 않은 것 같다.

이렇게 볼 때 소셜미디어를 통해 소통이 증가하면 양자 간의 권력관계나 지위 격차가 완화될 것이라는 기대는 아직 지나치게 성급한 낙관론이라 해도 될 것 같다. 소셜미디어에서 사람들 간에 소통이 증가하면, 이들 간의 관계는 오프라인에서보다는 수직적 관계가 다소 느슨해지겠지만, 진정한 의미에서 권위의 평준화를 기대하기는 어렵다.

더구나 소셜미디어에서의 소통은 새로운 형태의 불평등한 권력관계를 조장하기도 한다. 소셜미디어에서 친구(혹은 팔로어)의 수는 단순히 교류와 소통의 활성화를 의미하는 데 그치지 않고, 그 사람이 보유한 사회자본의 규모를 과시하는 지표 구실도 한다. 오프라인의 세계에서 폭넓은 사회자본을 보유한 사람은 소셜미디어에서도 친밀함의 네트워크를 확장하기에 훨씬 유리한 위치에 있다. 하지만 이렇게 축적된 온라인 사회자본은 오히려 '디지털 무산자'와 '유산자'를 가르는 또 하나의 신분 지표로 전락하지 않을까 하는 우려를 갖게 된다. 어떤 면에서 소셜미디어의 과도한 유행과 이에 대한 찬사는 소통 증가를 통한 평등사회의 도래라는 허상과 신화를 조장하면서, 현실의 중요한 측면을 보지 못하게 하고 있다는 생각을 지울 수 없다.

그렇다

앞으로 소셜미디어의 시대는 아마 사실이 사라진 불확실성의 시대가 될 것이
다. 본래 의견과 사실의 구분은 좀더 근본적으로 파고 들어가면 그 선이 모호
한 존재였다. 그런데 소셜미디어라는 새로운 정보유통 구조의 특성 때문에
이러한 구분이 더욱 모호하게 변질됐다.

　사실 여부를 판단하고 인정하는 일은 그 절차와 권위와 직결된 문제라 할
수 있다. 과거에는 정보에 권위를 부여한다고 인정받던 사회적 기관들이 존
재했다. 예컨대 정부의 공식적 발표라든지 언론보도, 특정 분야에서 자격을
갖춘 전문가들이 여기에 해당한다. 좀 극단적인 사례이긴 하지만 한때 신문
에 난 일은 모두 사실이라 믿던 순진한 시절도 있었다. 그렇지만 인터넷이나

소셜미디어처럼 극단적으로 분산된 정보 생산·유통 네트워크에서는 사실의 출처와 권위를 확인하기가 어려워졌다. 즉 정보 판단의 권위가 붕괴하는 시절이 도래한 것이다.

한국사회에서는 과거 권위주의 시대의 역사적인 경험 때문에 언론에 대한 불신이 극단적으로 커져 사람들은 언론보도를 신뢰하지 않게 됐고, 그 대신 인터넷이나 트위터를 통해 누구든지 목소리를 낼 수 있게 됐다. 이런 풍토에서는 누구의 의견이든 평등하게 인정을 받아야 마땅할 것 같은 극단적인 상대주의가 일종의 사회규범처럼 부상하고 있다. 공식기관이나 전문가의 의견은 권위를 인정받지 못하고, 잘 모르는 분야라도 나의 의견은 전문가와 똑같은 의견으로 존중받아야 하는 것처럼 여기는 풍토가 만연하게 됐다. 이러한 분위기는 한편으로는 새로운 소통구조를 가능케 하는 기술적 토대 덕분이기도 하고 다른 한편으로는 전통적인 언론매체 시절의 왜곡된 경험에서 유래하는 부분도 있다.

원래 어떤 주제에 관한 권위 있는 존재(가령 전문가)란 그 내용에 대해 일반인은 판단을 내릴 만한 위치에 있지 않기 때문에 성립하는 것이었다. 그런데 사회적 불신의 분위기 탓에 조·중·동으로 대표되는 주류 매체가 보도하는 내용이라면 '사실'조차도 믿지 않는 사람이 많아졌다. 이 때문에 언론보도에서 의견과 팩트가 구분되지 않은 채 통용됐고, 사실 자체도 정파성을 띤다는 인식이 널리 퍼졌다. 이러한 사회적 분위기에서 소셜미디어라는 새로운 소통구조는 기존의 문제점을 더 악화시키는 데 기여할 수도 있다.

이제 사람들은 공식적 사회기관이 아니라 자신이 신뢰하는 주변사람들에게서 얻은 정보에 권위를 부여하는 현상이 생겨났다. 즉 사람들은 소셜미디어에서 어떤 문제와 이해관계가 없는 다양한 사람들에게서 이야기를 들으면 이를 쉽게 믿어버리게 된 것이다. 이는 출처가 불분명한 채 사람들 사이에서 돌아다니던 이야기를 사실이라고 믿어버리게 되는 태도로, 여론형성이라는 측면에서는 대단히 위험한 일일 수 있다.

과거에는 출처가 믿을 만하고 사실검증이라는 절차를 거친 것만 사실이라고 믿었지만, 이제는 출처의 신뢰성(source credibility)이란 전혀 다른 방식으로 규정되고 있다. 즉 권위와 전문성을 갖춘 인물이 인정한 것을 사실이라고 보지 않고, 그것을 사실이라 믿는 사람이 많으면 그게 바로 진실로 둔갑하는 세상이 된 셈이다. 이렇게 되면 권위와 전문성이 설 자리는 없다.

물론 과거에도 사람들은 언론에서 들은 정보를 바로 믿기보다는 다른 주변 사람들에게서 재확인한 후 수용하는 경향이 있었다. 오래 전에 라자스펠트(Paul Lazarsfelt)와 캇츠(Elihu Katz) 등이 제시한 '2단계 흐름'(two step flow) 가설은 바로 이러한 특징을 개념화한 것이다. 전통적인 대중매체 시대에는 정보를 1차적으로 제공하는 언론매체와 수용자들 사이에 정보를 확인하고 판단해주는 '여론지도자'(opinion leaders)가 존재했다는 것이다. 하지만 지금과 같은 회의주의와 상대주의 시대의 사람들은 이러한 여론지도자가 아니라 여기저기서 주워들은 이야기로 진실과 사실을 판단한다. 어떤 점에서 이들은 진짜 믿을 만한 사람이라기보다는 내가 사실로 믿고 싶어 하는 이야기를 해주는 사람들로서, 내가 이들을 선택적으로 인정하고 이들의 말을 사실로 간주하게 된 것은 아닌지 모르겠다. 말하자면 이들은 특정 문제에 관해 잘 아는 진짜 여론지도자가 아니라 나의 욕구에 맞춘 '주문형 여론지도자'(customized opinion leaders)로 구성된 존재라 불러야 맞을 것 같다.

이런 왜곡된 소통구조에서는 정보의 출처를 확인하기가 점점 어려워진다. 가령 어떤 정보가 트위터에서 리트윗이 됐을 때 소스가 뭔지 확인할 수가 있을까? 아마 출처가 불확실한 게 태반일 것이다. 그리고 때로는 일상적으로 수많은 정보를 건성건성 훑어보면서, 출처를 확인하지도 않은 채 다른 사람에게 전파하는 일도 쉽게 일어나게 된다. 과거 언론보도에서는 기사의 출처를 명확하게 밝히게 돼 있었지만, 소셜미디어를 통해 이렇게 수집한 정보들은 정보의 경로가 다양할 뿐 아니라 출처를 밝히는 게 관행화되어 있지 않다.

소셜미디어 소통구조에서는 정보의 출처와 우리가 정보라고 믿는 것 간의 간극이 점점 더 넓어지고 있다. 어떤 사실에 대한 신뢰는 단지 그 정보의 원 출처만의 문제는 아니며, 내가 어떤 사람에게서 직접 들었는지가 판단의 중요한 요인이 된다. 원 출처의 신뢰성과 내가 들은 사람에 대한 신뢰가 더해지면 더 큰 신뢰가 형성될 수 있을 것이며, 아니면 그 반대의 현상이 발생할지 모른다. 소셜미디어라는 환경에서는 사실성의 판단과정을 과거와 전혀 다른 새로운 방식으로 규정하고 있으며, 이러한 풍토는 더 확산될 것이다. 이것이 모두 소셜미디어 탓이라 할 수는 없겠지만, 적어도 소셜미디어가 사실에 대한 회의주의를 극단적으로 몰고 가는 데 기여했다고는 할 수 있다.

다른 시각에서 본다면…

소셜미디어는 많은 사람들의 참여와 그들의 수다로 이뤄진다. 열심히 참여하고 퍼 나르고, 올리고 또 그것을 소비한다. 일단 열심히 떠들어대고 나중에 평가가 이뤄지고, 정리가 되는 방식이다. 과거 언론이나 출판이라는 관문을 통해서 어떤 아이디어나 의견이 전파되던 시기에는 이러한 단계에서 정보와 의견이 걸러져서 일단 정리되고 일정한 잣대로 평가된 산물이 쏟아져 나왔다. 소셜미디어에서는 일단 모든 것이 빠르게 전파되고 나중에 정리된다. 그렇다면 원래 우리가 팩트라고 인정해왔던 것은 그 자체가 팩트여서가 아니라 우리가 생각하는 어떤 기준이 있고 그 기준에 따라 팩트와 아닌 것을 가려내 인정하는 체계가 있어서였다. 만일 변한 게 있다면, 오늘날에는 단지 그 체계가 달라진 것이다. 사라진 것은 사실 자체가 아니라 우리가 사실이라 부르는 것을 발견하는 과정만 바뀌었을 뿐이다. 사실의 기준이란 고정된 상태가 아니라 지속적으로 또 빠르게 수정되고 보완되는 과정을 의미하게 됐다. 그래서 사실에서 오류가 발견되면 바로 수정이 가능하기 때문에, 어떤 사실에 대한 사람들의 신뢰는 더 높아질 수 있다. 이를 사실이라 부르지 않는다면 과연 어떤 것을 사실로 볼 수 있겠는가?

더구나 이제는 기술적으로도 소셜미디어를 통해 하나의 사실에 대한 검증이 철저하게 이뤄질 수 있다. 18세기 사상가들의 책에서나 나오던 '사상의 자유시장'(*the marketplace of ideas*)이란 게 뭔가? 바로 수많은 사실과 의견이 쏟아져 나와 서로 충돌하는 과정에서 사실과 의견이 검증되고, 그런 와중에 진리가 가려지는 게 아닌가? 이런 아이디어는 역사적으로 볼 때 한 번도 제대로 실현되거나 실험된 적이 없다. 현실여건이나 사회제도가 뒷받침해주지 못했기 때문이다. 그런데 인터넷이 등장하고 더구나 사람들이 모바일로 소셜미디어를 활용하게 되면서, 그 꿈이 실현될 수 있는 구조적인 기반이 처음으로 마련된 것이다.

소셜미디어의 확대는 우리를 훌륭한 시민으로 만들까?

그렇다

소셜미디어는 물론 일상 대화의 장소에 가깝지, 정치활동을 위한 장은 아니다. 하지만 소셜미디어가 민주주의를 발전시키는 데 기여할 부분이 적지 않다는 점은 부인할 수 없다. 소셜미디어를 통해 사람들은 일상사뿐 아니라 언론보도나 중요한 정치현안에 관해 대화를 나누기도 한다. 미디어가 스스로 권력화해서 자신의 이익을 추구한다는 비판은 과거 많이 있었다. 정부도 마찬가지다. 그런데 소셜미디어를 통해 시민들은 언론이나 정부가 권력을 남용하지 않도록 감시, 비판, 저지하는 활동을 벌일 수 있다.

가령 천안함 사건의 사례를 보면, 천안함이 침몰하게 된 이유가 무엇이든지 간에 언론과 정부가 안보 패러다임을 과다하게 사용하는 데에 많은 사람들이 거부감을 느꼈다. 과거에는 이런 경우에 그저 침묵할 수밖에 없었지만 이제 사람들은 추가적인 정보를 요구하고 발표된 정보에 대해 의문을 제기할 수 있다. 사실을 거부하는 것이 아니라 사실에 접근하는 방식에 대해 다양한 목소리를 내고 있는 것이다. 이것은 보수적인 미디어의 안보 의제 설정에 대한 저항이자 거부의 성격을 띤다고 볼 수도 있다. 바로 이런 점에서 우리 사회에서 훨씬 폭넓은 의제가 훨씬 다양한 시각에서 다뤄지도록 하는 데 소셜미디어가 기여하는 것으로 볼 수 있다.

다른 시각에서 본다면…

말콤 글래드웰(Malcolm Gladwell)은 〈뉴요커〉에 기고한 "작은 변화, 왜 혁명은 트윗되지 못할 것인가"라는 글을 통해 소셜미디어의 부정적 영향력에 대해 비판했다. 즉 소셜미디어가 효율적으로 정보를 전파하거나 힘없는 사람들이 자신의 목소리를 낼 수 있게 해줄지는 모르지만, '위험부담이 큰 투쟁'을 이끌지는 못한다고 주장한다. 힘없는 사람들이 더 수월하게 자신들의 관심사에 대해 협력하고 조정하며 목소리를 내도록 해줄 수는 있지만, 정작 기존 사회질서를 더 효율적으로 돕는 데만 적합할 뿐 근본적으로 변화시키지는 못한다는 것이다.

그는 진정한 사회적 변화는 가벼운 유대에서 나오는 것이 아니라 강한 유대나 실체를 가진 조직과 목적에서 나올 수 있다고 본다. 소셜미디어는 사람들의 정치적 관여가 손쉽게 이뤄질 수 있게 한다. 리트윗이나 '좋아요' 버튼을 누르기만 해도 특정 정치적 의견에 힘을 실어주고 여론을 형성하는 데 도움을 줄 수 있다. 특정 쟁점에 사람들의 이목을 집중시키고 집단적 행동을 촉구할 수 있다. 하지만 이렇게 네트워크를 통해 힘을 받은 집단의 목소리가 지속적

활동으로 이어지기는 쉽지 않다. 사람들의 시선은 끊임없이 올라오는 크고 작은 쟁점들 사이를 쉽게 옮겨 다니며 분산되기 쉽기 때문에, 사회적으로 의미 있는 활동에 집중되기 어렵다. 아니 더 냉정하게 보자면 사람들은 가벼운 수다거리나 일상사의 즐거움에 빠져 골치 아픈 사회문제를 외면하게 될 가능성이 크다.

과거 웹 확산 초기에 정치토론이 활성화되고 각종 게시판에서 시민들의 의견 교환이 활발해지면서 조만간 숙의 민주주의가 도래할 것이라는 성급한 꿈에 부풀었던 시절이 있었다. 그러나 이러한 새로운 미디어의 장은 새로운 담론을 촉발시킬 수는 있어도 이를 지속적으로 어떤 사회적 집단행동으로 동원하기란 힘들다는 것을 알게 됐다. 사회변화란 미디어 한 영역의 변화만으로 일어나기 어려우며 사회 각 부문의 변화가 함께 뒷받침해주어야 한다는 점을 깨닫게 해준 뼈아픈 교훈이라 할 수 있다. 소셜미디어의 정치적 잠재력은 지나치게 부풀려져 있다.

강인식·장주영·이현택 (2009. 10. 30), "공포→과장→퍼나르기 … '괴담' 디지털 핵분열", 〈중앙일보〉.

강철원·좌훈승·한재웅, KAIST의 Computer Science Department에 개설된 "Computing Ethics and Social Issues" 수업과제.

강혜란 (2010. 12. 16), "'차도남' 짝퉁 트위터가 그녀를 흔드는 이유", 〈중앙일보〉.

고상민·황보환·지용구 (2010), "소셜네트워크서비스와 온라인 사회적 자본: 한국과 중국 사례를 중심으로", 〈한국전자거래학회지〉, 15권 1호, 103~118쪽.

김명숙 (2007), "Social network service", 〈Issue&Trend〉, KT 미래기술연구소.

김상훈·김상운 (2010. 9. 9), "페이스북—트위터가 바꾼 인간관계 '빛과 그림자'", 〈동아일보〉.

김소연 (2010), "SNS 인기 끄는 이유 … 카페서 수다 떨고 광장서 토론하고", 〈매경이코노미〉.

김윤현 (2008. 4. 8), "[커버·인터넷 인맥] SNS, 세상 모든 사람과 '접속'을 꿈꾼다", 〈주간한국〉.

김종목 (2010. 10. 5), "경향신문 64주년 창간특집: '의제의 패자부활전' 모바일 저널리즘으로 활짝", 〈경향신문〉.

김태균 (2010. 12. 17), "SNS 기업 소통의 키워드로 떠오르다", 〈경제투데이〉.

김태현 (2010. 2. 25), "실시간 소셜웹 주도권 경쟁", 〈Issue&Trend〉, KT경제경영연구소.

디지털조선일보 (2010. 10. 12), "한국 네티즌 '인터넷 친구' 적어".

마사토 마사키 (2009), 《트위터, 140자 문자가 세상을 바꾼다》, 경기: 김영사.

모바일 컨텐츠 이야기 (n. d.) (2010. 10. 20), "광장형 SNS와 로비형 SNS" from http://

mobizen. pe. kr/976

박윤선 (2010. 9. 6) , "140자로 관리하는 SNS … 사람 얻고 정보 얻는 황금 연줄", 〈매일경제〉.

박정일 (2010. 8. 17) , "SNS 활용 공동구매 쇼핑몰 인기", 〈아이뉴스24〉.

방송통신위원회·한국인터넷진흥원 (2010. 10) , "마이크로블로그 이용실태조사" 제2차 인터넷 이슈 기획조사.

블로그 '무상'(無想) , "SNS(Social network system 또는 service) 변천의 키워드", Retrieved 2010. 12. 1 from http://areatha. egloos. com/2877071

블로그 '미닉스의 작은 이야기들', "홈피에서 트위터까지, 가련한 블로깅의 역사", Retrieved 2010. 12. 4 from http://minix. tistory. com/176

블로그 '파란문어'(2010) , "Northern Light", Retrieved 2010. 10. 20 from http://blog. naver. com/classiceyes/90091124203

손경진 (2010. 8. 2) , "SNS 열풍은 미디어의 위기인가", 〈디지털타임즈〉.

송인혁·이유진 외 (2010) , 《모두가 광장에 모이다》, 서울: 아이앤유, 80~83쪽.

송지현 (2010. 10. 28) , "'버스남 찾아요' 공개구애에 네티즌 '찾을 때까지 고고!'", 〈아시아투데이〉.

안철우·박엘리 (2010. 08. 17) , "SNS 삼매경에 빠진 CEO들 … 왜? SNS 활용, 마케팅·위기관리 … 효과 톡톡", 〈이투데이〉.

에릭 퀄먼 (Erik Qualman) (2009) , 《소셜노믹스》, inmD 역, 에이콘 출판.

연합뉴스 (2010. 8. 29) , "'코피스족'의 천국 커피전문점 2천개 돌파", 〈부산일보〉.

윤덕환 (2010) , "한국인이 생각하는 SNS의 의미, 활용, 그리고 트위터의 미래", 〈Issue &Trend〉, KT경제경영연구소.

윤영민 (2010) , "페북 인맥쌓기, 쓸모가 있을까요?" from 정보사회학: http://www. facebook. com.

이새봄 (2010. 7. 16) , "한국의 남다른 트위터 문화", 〈매일경제〉.

이새봄 (2010. 7. 16) "[Cover Story]SNS 마케팅 제대로 활용하기", 〈매일경제〉.

이원태 (2011) , "트위터의 정치사회적 영향과 시사점", 〈KISDI Premium Report〉 10(6), 정보통신정책연구원.

이준웅·김은미·심미선 (2006) , "다매체 이용자의 성향적 동기", 〈한국언론학보〉 50(1), 252~285쪽.

이형효·최향창·김지혜·조상래·진승헌 (2009) , "SNS 환경의 아이텐티티 공유 및 보호에 관한 연구", 〈정보보호학회지〉 19(1), 103~114쪽.

정고은 (2010. 3. 24) , "소셜게임·위치기반 서비스 뜬다", 〈매경이코노미〉.

정고은 (2010. 3. 24) , "진화하는 세대별 SNS, 뛰는 미투데이 위에 나는 페이스북", 〈매경이코노미〉.

정성진 (2010. 10. 9), "이쯤은 돼야 '인맥의 달인'", 〈조선일보〉.

조희정 (2010), "트위터 (Twitter) 와 전자민주주의: 트위터의 국내외 정치적 활용사례와 규제를 중심으로", 한국지역정보화학회 춘계학술대회.

최순욱 (2010. 9. 26), "〔커버스토리〕SNS 토종들의 반격이 시작됐다", 〈매일경제〉.

칸다 토시아키 (2009), 《트위터 혁명》, 스텍트럼북스.

트렌드모니터 (2010), "트위터 이용 관련 조사" from 서울: 트렌드모니터 (http://www.trendmonitor.co.kr)

트렌드모니터 (2010), "Market Trend: SNS (Social network service) 관련 조사", Retrieved 2010. 10. 20 from http://www.trendmonitor.co.kr/market

한경닷컴 bnt 뉴스생활팀 (2010. 5. 19), "작가 이외수, 트위터로 기부메시지 전한다", 〈한국경제〉.

황유선 (2010), "소셜미디어와 휴머니즘의 발전", 〈한국언론학회 가을철 정기학술대회 발표논문집〉.

BlogOn (2005), "The BlogOn conference: Social media summit", Retrieved 2010. 12. 12 from http://www.blogonevent.com/blogon2005

Boyd, D. M. & Ellison, N. B. (2008), "Social network sites: Definition history, and scholarship", *Journal of Computer Mediated Communication*, 13, pp. 210~230.

Boyd, D. (2007), "Why youth (Heart) social network sites: The role of networked publics in teenage social life," In D. Buckingham, (Ed.), *Youth, identity, and digital media*, Cambridge, MA: MIT Press, pp. 119~142.

Boyd, D., Golder, S. & Lotan, G. (2010), "Tweet tweet retweet: Conversational aspects of retweeting on Twitter", Proceedings of HICSS-42, Persistent Conversation Track. Kauai, HI: IEEE Computer Society. January 5~8, 2010.

Bruns, A. (2005), *Gatewatching*, New York: Peter Lang.

Carr, N. (2010), *The Shallows: What the Internet is doing to our brains*, New York: W. W. Norton.

Castells, M. (2011), *Communication power*. Oxford University Press.

Deresiewicz, D. (2009, January 30), "The end of solitude", The Chronicle of Higher Education from http://chronicle.com

Do, J., Kim, D., Kim, D. Y., & Kim, E. (2009), "When mobile phones meet television …: An FGI analysis of mobile broadcasting users in Korea", *Media Culture & Society* 31 (4), pp. 669~679.

Duck, S. (1994), "Steady as (s)he goes: Relational maintenance as a shared meaning system", In Canary, D. J. & Stafford, L. (Eds.), *Communication and relational maintenance*, San Diego: Academic Press.

"Dunbar's number", [Online] Available:http://en. wikipedia. org

Dyer, R. (1979), *Stars*, London, BFI.

Gergen, K. (2002), "The challenge of the absent presence", In J. Katz & M. Aakhus(Eds.), *Perpetual contact: Mobile communication, private talk, public performance*, Cambridge University Press, pp. 227~241.

Goffman, E. (1959), *The Presentation of self in everyday life*. Garden City, NY: Doubleday Anchor.

Granovetter, M. S. (1973), "The strength of weak ties", *American Journal of Sociology*, 78(6), pp. 1360~1380.

Hampton, K., Sessions, L., Her, E. & Rainie, L. (2009, November), *Social Isolation and New Technology*, Pew Research Center from http://www. pew internet. org

iCrossing. (2008), "What is social media?" from http://icrossing. com

Jenkins, H. (2006), *Convergence culture: Where old and new media collide*, New York: New York University Press.

Kleiner, K. (2010. 11. 2), "Bogus grass-root politics on twitter", *Technology Review*.

Kwon, O. & Wen, Y. (2010), "An empirical study of the factors affecting social network service use", *Computers in Human Behavior* 26(2), pp. 254~263.

Lanham, R. (2008), Economics of attention. Chicago, IL: University of Chicago Press.

Livingstone, S. (2008), "Taking risky opportunities in youthful content creation: Teenagers' use of social networking sites for intimacy, privacy and self-expression", *New Media & Society* 10(3), pp. 393~411.

Madden, M. & Smith, A. (2010, May 26), *Reputation management and social media*, Pew Research Center from http://www. pewinternet. org.

Markham, A. N. (2005), "The methods, politics, and ethics of representation in online ethnography". In Denzin, N. & Lincoln, Y. (Eds.), *The Sage handbook of qualitative research*, London: Sage, pp. 793~820.

Marwick, A. & Boyd, D. (2010), "I tweet honestly, I tweet passionately: Twitter users, context collapse, and the imagined audience", *New Media and Society* 13(1), pp. 114~133

Mayer-Schönberger, V. (2009), *Delete: The virtue of forgetting in the digital age*, New Jersey: Princeton University Press.

Milner, M. (2005), "Celebrity culture as a status system", *Hedgehog Review* 7(1), pp.

66~77.

Nissenbaum, H. (2009), *Privacy in context: Technology, policy, and the integrity of social life*, Palo Alto, CA: Stanford University Press.

Our Blook (2010), "Rob Salkowitz on social media and society" from http://www.ourblook.com/Social-Media

Peters, J. D. (2010), "Broadcasting and schizophrenia", *Media, Culture & Society* 32 (1), pp. 123~140.

Pine, B. J. & Gilmore, J. H. (1998, July), "Welcome to the experience economy", *Harvard Business Review*.

Postman, N. (1992), *Technopoly: The surrender of culture to technology*, New York: Knopf.

Purcell, K., Rainie, L., Mitchell, A., Rosenstiel, T. & Olmstead, K. (2010, March 1) *Understanding the participatory news consumer*, Pew Research Center.

Rau, P. Q. & Ding, Y. (2008), "Relationship between the level of intimacy and lurking in online social network services", *Computers in Human Behavior* 24 (6), pp. 2757~2770.

Rotella, C. (2010, November 11), "Bowling alone, by choice", *International Herald Tribune*.

Rotella, C. (2010. 11. 10), "The new normal: living alone", *The Boston Globe*.

Senft, T. (2008), *Camgirls: Celebrity and community in the age of social networks*, New York: Peter Lang.

Shirky, C. (2010), Cognitive surplus, New York: Penguin Press.

Stelter, B. (2010, Februry 23), "Water-cooler effect: Internet can be TV's friend", *The New York Times*.

Steve Han (2010), "미투데이와 트위터" Retrieved from http://socialcomputing.tistory.com/39

Strate, L. (1994), "Heroes: a communication perspective", In S. Ducker & R. Cathcart. (Eds.), *American heroes in a media age*, Cresskill, NJ: Hampton Press, pp. 15~23.

The Huffington Post (2010, August 17), "Google CEO Eric Schmidt advises you change your name to escape online shame" from http://www.huffington post.com/2010

Thompson, C. (2007, November 7), "Clive Thompson on the age of microcelebrity: Why everyone is a little bit Brad Pitt", *Wired Magazine*.

Turkle, S. (2008), "Always-on/always-on-you: The tethered self", In Katz, J. (Ed.),

    Handbook of mobile communications and social change, Cambridge, MA: MIT Press, pp. 121~137.

Turner, G. (2004), *Understanding celebrity*, London: Sage.

Warren, S. & Brandeis, L. (1890), "The right to privacy", *Harvard Law Review* 4, pp. 193~220.

Wikipedia (n. d.), Social media, Retrieved 2010 Dec. 7 from http://en.wikipedia.org /wiki/Socila_media

Wolf, M. (2003), *The entertainment economy*, New York: Crown Books.

찾아보기

316

김은미

서울대 신문학과, 미국 노스웨스턴대 커뮤니케이션학과 박사

현 서울대 언론정보학과 부교수

《우리는 마이크로 소사이어티로 간다》(공저)

이동후

서울대 종교학과, 미국 뉴욕대 미디어생태학 박사

현 인천대 신문방송학과 교수

《미디어생태학사상》(역)

임영호

서울대 신문학과, 미국 아이오와대 언론학 박사

현 부산대 신문방송학과 교수

《신문원론》, 《저널리즘의 이해》(공저), 《민주화 이후의 한국언론》(공저),
《대처리즘의 문화정치》(역)

정일권

연세대 사회학과, 미국 오하이오주립대 커뮤니케이션학 박사

현 광운대 미디어영상학부 조교수

An approach for examining third-person effect hypothesis